LA

LEXICOLOGIE DES ÉCOLES

2me Année.

GUIDE DU MAITRE.

Chaque exemplaire est revêtu de la signature de l'Auteur et de celle de l'Éditeur. Nous poursuivrons les contrefacteurs et les débitants de contrefaçons de cette méthode toute nouvelle.

Larousse

Paris. — Typ. de Mme Ve Dondey-Dupré, rue Saint-Louis, 46, au Marais.

LA

LEXICOLOGIE DES ÉCOLES

COURS COMPLET

DE

LANGUE FRANÇAISE ET DE STYLE

DIVISÉ EN TROIS ANNÉES

ET RÉDIGÉ

SUR UN PLAN ENTIÈREMENT NEUF

PAR

M. P. LAROUSSE

Professeur, ancien élève de l'École normale de Versailles.

On a comparé l'éducation du perroquet à celle de l'enfant : il y aurait souvent plus de raison de comparer l'éducation de l'enfant à celle du perroquet. BUFFON.

Deuxième Année.

COURS LEXICOLOGIQUE DU STYLE.

GUIDE DU MAITRE.

PARIS

Mme Ve MAIRE-NYON,
Libraire-Éditeur.
QUAI CONTI, 13.

L'AUTEUR,
Au Dépôt central des Auteurs classiques,
BOULEV. BEAUMARCHAIS, 89.

1852

OPINION

DE MM. LES INSTITUTEURS

SUR LA MÉTHODE LEXICOLOGIQUE.

---

19 *novembre* 1849. — Je m'empresse de vous faire savoir l'arrivée des livres que vous m'avez expédiés. Je ne puis m'empêcher de vous exprimer l'estime que m'inspire un pareil ouvrage pour l'habileté de son auteur : sous une forme attrayante, éminemment méthodique, merveilleusement pratique, vous êtes parvenu à exprimer les plus pures théories grammaticales. Si votre livre est généralement adopté, c'en est fait de l'empirisme sous lequel étouffe et dégénère l'enseignement grammatical, que votre méthode rendra si fécond en heureux résultats. Permettez-moi, Monsieur, de vous engager à porter à la connaissance de tous les instituteurs, ou tout au moins de tous les cantons de la France, le plan et les dispositions de votre ouvrage. Je vous prie de m'expédier immédiatement, de nouveau, 20 exemplaires, et d'en adresser deux autres vingtaines à notre libraire, M. Antoine, pour les instituteurs de notre canton.

Nota. La dernière visite du comité de surveillance de notre école a valu à votre ouvrage le témoignage le plus flatteur. — M. Creutzer, instituteur communal à Bouzonville (Moselle).

15 *septembre* 1449. — Je crois votre ouvrage excellent par la raison qu'il ne renferme aucun précepte qui ne s'adresse à l'intelligence des élèves, et surtout parce que ces préceptes trouvent immédiatement leur application dans une série d'exercices parfaitement coordonnés. Mon opinion est partagée par un maître de pension de Laval, M. Mary-Beauchêne, qui vous prie de lui expédier quinze exemplaires accompagnés du guide. — M. Durget, professeur à l'école normale de Laval.

3 *octobre* 1849. — J'ai reçu le spécimen de vos exercices de grammaire, et je vous avoue que j'en ai été fort content; c'est bien ainsi que je comprends l'enseignement grammatical aux enfants. — M. Zanner, sous-inspecteur des écoles primaires de Saône-et-Loire.

5 *octobre* 1849. — Une pratique de vingt années dans l'enseignement, mes observations incessantes et le désir d'obtenir de bons résultats, m'ont fait essayer de bien des méthodes, et c'est ici le cas de confesser que j'ai éprouvé plus d'une déception. De sorte qu'aujourd'hui je ne m'arrête plus au style pompeux d'un prospectus. Avec vous, Monsieur, je ne crains point d'être trompé ; j'ai sous les yeux plusieurs applications de vos principes, qui me donnent une idée suffisante de la Lexicologie, pour que je ne puisse douter un seul instant du succès et de la valeur de cet intéressant ouvrage. — M. Delalande, instituteur communal à Brionne (Eure).

5 *octobre* 1849. — J'ai lu avec beaucoup d'attention votre Lexicologie, et je suis demeuré convaincu que la méthode que vous préconisez avec raison est excellente et convient beaucoup aux directeurs des jeunes intelligences. — M. Laginest, professeur au collége de Compiègne.

15 *octobre* 1849. — M. le sous-inspecteur de notre département vient de me donner connaissance du prospectus de la Lexicologie des écoles primaires. J'ai pu juger, par les exemples de devoirs qu'il renferme, de la valeur de l'ouvrage et de l'utilité qu'il peut avoir pour mes élèves. Je

viens donc vous prier de m'envoyer le plus promptement possible trente exemplaires. — M. Brocard, instituteur communal à Châlon-sur-Saône.

5 *avril* 1850. — Je vous prie d'agréer mes compliments sur l'excellence de la méthode suivie dans votre ouvrage, et de continuer votre œuvre si bien commencée et si digne d'être encouragée. — M. Brocard, idem.

6 *novembre* 1849. — Je souscris à la Lexicologie pour vingt exemplaires. Le mérite de cet ouvrage est inappréciable; par cette méthode, l'enseignement primaire entre dans une nouvelle voie qui est celle du progrès. — M. Piquemal, instituteur communal à Massat (Ariége).

11 *janvier* 1850. — Bien, Monsieur, bien! vous êtes incontestablement dans le vrai. Vous avez rempli une large lacune qui existait dans l'enseignement grammatical, et les services que votre méthode rendra à cette branche de l'enseignement sont éminents : pour moi, j'ai à constater dans mes classes d'immenses et rapides progrès dus uniquement à votre excellent ouvrage. J'en ai conféré avec M. l'inspecteur des écoles de l'Ariége, ce fonctionnaire se propose de le recommander expressément aux instituteurs, mes collègues, du département. — M. Piquemal, idem.

9 *octobre* 1850. — Avec la fin de l'année scolaire, je vois aussi arriver la 131e leçon de votre Lexicologie, 1re année. Inutile, Monsieur, de vous dire que grâce à votre ouvrage, mes élèves ont fait d'immenses progrès en grammaire, pendant l'année que nous venons de finir; mais ils n'en sont encore qu'au tiers de leur éducation; vienne la 2e année, vienne enfin la 3e année de votre Cours lexicologique, et ils pourront dire, sans prétention aucune, qu'ils ont fait un cours complet de langue française. — M. Piquemal, idem.

11 *novembre* 1849. — Cet ouvrage réalise toutes les espérances que le prospectus m'en avait fait concevoir : mis en pratique dans toutes les écoles, il épargnerait à l'enfance beaucoup de peine, et comblerait de joie tous les instituteurs amis du progrès. — M. L'Hotellerie, maître de pension à Roubaix (Nord).

22 *décembre* 1849. — J'ai lu avec intérêt le résultat de vos travaux et de votre expérience; vos leçons bien comprises et bien appliquées peuvent produire de grands avantages. Vous avez en vue de forcer les élèves à réfléchir et à se rendre compte des opérations de leur intelligence. C'est substituer la méthode à la routine; c'est exercer le jugement et ne pas faire de l'étude de la grammaire un exercice purement machinal. C'est en procédant comme vous le faites que l'enseignement peut seul porter de bons fruits. — M. Prat, inspecteur des écoles du département de Loir-et-Cher.

27 *janvier* 1850. — Je suis charmé de vos procédés pour l'enseignement de la grammaire. Depuis longtemps, je désirais un ouvrage dans ce genre. Veuillez donc m'expédier deux exemplaires du *Manuel de l'élève* et un de la *Clé du maître*. — Le directeur des écoles chrétiennes d'Avignon, frère Trivier.

12 *février* 1850. — Mes confrères ont tous reconnu que votre grammaire peut rendre de grands services à l'enseignement de notre belle langue. Veuillez faire remettre aux Messageries vingt exemplaires, partie de l'élève, et un Guide. — Idem, Avignon.

23 *juin* 1850. — Expédiez-moi immédiatement cinquante exemplaires de la partie de l'élève et douze de la partie du maître, car je suis de plus en plus satisfait de votre savante méthode. — Idem, Avignon.

15 *octobre* 1850. — Veuillez m'expédier pour nos établissements. 1° six douzaines de vos Lexicologies, partie de l'Élève; 2° douze exemplaires du Guide du Maître. En répandant votre méthode, je n'ai d'autre but que celui d'être utile, car je crois toujours de plus en plus rendre un grand service à mes confrères en leur faisant connaître votre Grammaire. Idem, Avignon.

31 *mai* 1850. — Monsieur, je crois vous faire plaisir en vous donnant textuellement copie de la lettre que je viens de recevoir de mon inspecteur, à l'égard de votre Lexicologie ; ses sentiments sont les miens : « Plus je » vois de près la Lexicologie de M. Larousse, plus j'en apprécie l'avantage » et le mérite. C'est bien là, comme je vous l'ai déjà dit, un enseignement » rationnel et raisonné, qui doit être riche et fécond en progrès pour les » enfants, dont il a pour but de former le jugement et de développer l'in- » telligence. Cette grammaire, qui n'a presque rien de commun avec nos » grammaires ordinaires, doit doubler, tripler les résultats d'une école, » même avec *beaucoup moins de peine* de la part du maître. Il serait à dé- » sirer qu'elle pût être introduite dans toutes nos écoles rurales. »

Lettre de M. Fosseyeux, inspecteur du département de l'Aube, à M. Coquart, instituteur communal à Ervy (Aube).

19 *juin* 1850. — Votre Lexicologie, que j'ai eu l'occasion de voir à Paris chez M. Troncheau, instituteur de mon fils, m'a paru heureusement conçue. Je crois que cette méthode doit initier graduellement et sans peine, les enfants à la connaissance et surtout à l'intelligence des mots, qu'ils sont amenés *à découvrir eux-mêmes*, et que, par conséquent, ce livre peut être fort utile dans les classes élémentaires. — M. GRANET, sous-chef au ministère de l'instruction publique.

16 *août* 1850. — Votre GRAMMAIRE LEXICOLOGIQUE est destinée à rendre d'immenses services aux instituteurs. La méthode en est excellente, et son application doit amener nécessairement de rapides et solides progrès. — Suit une commande. — M. BOMPARD, directeur de l'Ecole supérieure du collége du Vigan (Gard).

22 *septembre* 1850. — Monsieur, mon libraire, auquel j'avais demandé votre cours complet de langue française, c'est-à-dire les trois années, ne m'a envoyé, je ne sais pourquoi, que la partie de l'élève pour la première année seulement. Ce fragment de votre ouvrage a suffi pour me donner une haute idée de son utilité et le désir de vous dire que je vous conserve ma part de reconnaissance, pour le service que vous avez rendu aux enfants, en leur offrant des exercices qui mettent en jeu leur intelligence, et adoucissent, par l'attrait d'une sorte d'amusement, l'âpreté des règles. Je ne doute pas que vous n'aidiez ainsi d'une manière puissante au développement de leur raison, tout en apportant une grande amélioration dans un genre d'étude dont ils sont généralement effrayés. — Suit une demande de 20 exemplaires. — Mme Eulalie MAZENS, maîtresse de pension à Toulouse.

14 *novembre* 1850. — Expédiez-moi, je vous prie, 3 *Lexicologies* (partie de l'Elève) ; je m'en suis déjà procuré une douzaine d'exemplaires par l'entremise de M. Gallienne, libraire au Mans. J'en ai été très-satisfait ; la partie lexicologique de votre ouvrage est admirablement traitée, et pourra développer les facultés intellectuelles de l'enfant. Dorénavant, je veux mettre votre livre entre les mains de tous mes élèves qui étudieront notre belle langue. — M. MOISAN, instituteur à Grand-Lucé (Sarthe).

15 *janvier* 1851. — Je n'ai qu'à me féliciter des résultats obtenus par votre *Méthode lexicologique* ; elle est parfaitement propre à développer les facultés intellectuelles des élèves, et elle a cet avantage sur tous les autres procédés, qu'elle leur rend aimable l'étude de notre langue, d'ailleurs si surchargée de difficultés. — Suit une nouvelle commande. M. MOISAN, instituteur à Grand-Lucé (Sarthe),

22 *novembre* 1850. — J'ai parcouru le prospectus de votre Grammaire Lexicologique. Je trouve le plan de cet ouvrage si propre à développer l'intelligence des enfants, que je viens vous prier de m'en envoyer cinq exemplaires pour les communiquer à plusieurs de mes confrères et à deux de mes parentes qui sont institutrices. — F^re^ LÉON, secrétaire du f^re^ PHILIPPE, supérieur des Ecoles chrétiennes de France. Paris, rue Plumet, 33.

7 *décembre* 1850. — Le plan que vous avez suivi dans votre Grammaire Lexicologique me paraît réunir deux avantages précieux : celui d'abord de ne pas, comme nos autres grammairiens, ennuyer et fatiguer l'attention

des enfants par une foule de règles que leur jeune intelligence ne peut ni comprendre ni retenir; en second lieu, de les forcer à réfléchir et à se former une idée nette et précise de la valeur des mots. Honneur vous soit donc rendu pour un travail aussi utile, et que j'apprécie d'autant plus, qu'il entre tout-à-fait dans ma manière d'enseigner. — Commande de 12 exemplaires. — Sœur Marie-Agathe Deshayeux, directrice du couvent des Dames-de-Saint-Joseph, à Brioude.

28 *janvier* 1851. — A mes yeux, ce qui caractérise votre Cours, c'est l'association habilement combinée de la théorie à la pratique. Les hautes pensées, les nobles sentiments exprimés dans vos leçons, nourrissent incontestablement l'âme des élèves, forment leur jugement, et développent leur intelligence. J'ai la conviction profonde que tous les éducateurs qui auront le bonheur de connaître vos ouvrages, s'empresseront de les adopter dans leurs établissements. Ce sera un témoignage de sympathie bien mérité qu'ils offriront à l'auteur, et un service signalé qu'ils rendront à la jeunesse. — M. Paul-André Ambrogi, instituteur de l'Ile-Rousse (Corse).

29 *janvier* 1851. — Mon opinion est formée sur votre ouvrage, que je ne connais que depuis trois mois. Dans mon intime conviction, je pense que la Lexicologie laisse loin derrière elle toutes les autres méthodes grammaticales. Par leur nature et par leur diversité, les exercices que vous employez intéressent continuellement l'élève, stimulent son raisonnement, font travailler son imagination et concourent puissamment à former son jugement. Votre méthode doit infailliblement conduire les élèves à la composition, parce quelle fait naître les idées et connaître l'acception des mots. Enfin, je crois, Monsieur, que le succès ne peut manquer de récompenser votre travail minutieux, mais coordonné avec l'intelligence de l'homme qui possède son plan. — M. Moret, directeur du collége libre de Tours.

22 *avril* 1851. — C'est avec bonheur que je vois votre méthode sortir de l'ornière de la routine et tendre à faire des enfants, non des machines *parlantes*, mais des intelligences *pensantes*. Je ne doute nullement qu'avec le temps et les améliorations dont elle est susceptible, elle ne fasse une révolution dans l'enseignement; révolution bien désirable, puisque jusqu'à présent on ne s'est guère servi de la grammaire que pour apprendre l'orthographe, tandis qu'on peut fort bien, et qu'on doit même la faire servir à former le cœur et l'esprit de l'enfance. — F[re] Aribert, directeur de l'École chrétienne des Sables-d'Olonne.

25 *mai* 1851. — Mon attente n'a pas été trompée. Comme vous le dites, l'intelligence, la raison, le bon sens des enfants sont mis en jeu, et j'ajoute, moi, l'amour-propre; car nos petites filles sont bien humiliées quand il m'arrive de rire de leurs petites absurdités, et c'est bien plus terrible encore quand le rire vient d'une compagne. Je ne puis donc que me féliciter d'avoir mis votre Lexicologie entre les mains de mes élèves. — Mme Landoussy, maîtresse de pension à Pau.

LA

LEXICOLOGIE

DES ÉCOLES.

CHAPITRE PREMIER.

DES SYNONYMES.

« L'expérience, dit d'Alembert, nous a appris qu'il n'y a pas dans notre langue deux mots qui soient parfaitement synonymes, c'est-à-dire qui, en toute occasion, puissent être substitués indifféremment l'un à l'autre. Je dis *en toute occasion*, car ce serait une imagination fausse et puérile que de prétendre qu'il n'y a aucune circonstance où deux mots puissent être employés sans choix l'un à la place de l'autre ; l'expérience prouverait le contraire, ainsi que la lecture de nos meilleurs ouvrages. Deux mots exactement et absolument synonymes seraient sans doute un défaut dans une langue, parce qu'on ne doit point multiplier sans nécessité les mots, non plus que les êtres, et que la première qualité d'une langue est de rendre clairement toutes les idées avec le moins de mots qu'il est possible ; mais ce ne serait pas un moindre inconvénient que de ne pouvoir jamais employer un mot à la place d'un autre. Non-seulement l'harmonie et l'agrément du discours en souffriraient, par l'obligation de répéter souvent les mêmes termes ; mais encore une telle langue serait nécessairement pauvre et sans aucune finesse. Car, qu'est-ce qui constitue un ou plusieurs mots synonymes ? C'est un sens général qui est commun à ces mots. Qu'est-ce qui fait ensuite que tous ces mots ne sont pas toujours synonymes ? Ce sont des nuances souvent délicates et quelquefois presque imperceptibles qui modifient ce sens primitif et général. Donc, toutes les fois que, par la nature du sujet qu'on traite, on n'a point à exprimer ces nuances, et qu'on n'a besoin que du sens général, chacun des synonymes peut être indifféremment employé. Donc, réciproquement, toutes les fois qu'on ne pourra jamais employer deux mots l'un pour l'autre dans une langue, il s'ensuivra que le sens de ces deux mots différera, non par des nuances fines, mais par des différences très-marquées et très-grossières : ainsi les mots de la langue n'exprimeront plus ces nuances, et dès lors la langue sera pauvre et sans finesse. »

PREMIÈRE LEÇON.

ACCUSATEUR, DÉLATEUR.

Le front du coupable est un terrible *accusateur*. Les *délateurs* abondent où la *délation* est récompensée. Le *délateur* est un odieux personnage qui est à la solde d'un gouvernement soupçonneux et tyrannique. Quand les mœurs ont été outragées, tout bon citoyen doit s'ériger en *accusateur* public.

FINESSE, RUSE.

Quand on est *rusé*, on est bien près de devenir fripon. On peut être plus *fin* qu'un autre ; on n'est jamais plus *fin* que tous les autres. Si vous ajoutez quelque chose à la *finesse*, vous tombez dans la *ruse*, voisine de la fourberie.

AJUSTEMENT, PARURE.

Un simple *ajustement* est plus avantageux à la beauté qu'une riche *parure*.

ARRACHER, RAVIR.

Les loups rôdent autour des habitations, et *ravissent* les animaux abandonnés. Quand un vice a pris racine dans le cœur, on parvient difficilement à l'*arracher*. Philoctète s'aperçut en s'éveillant qu'on lui avait *ravi* ses flèches pendant son sommeil. Il vaudrait mieux *arracher* la vie à quelqu'un que de lui *ravir* l'honneur.

LACHE, POLTRON.

Celui qui s'ôte la vie est un *lâche* qui abandonne son poste. Un soldat qui tremble avant la bataille est un *poltron;* s'il se sauve pendant l'action, c'est un *lâche*. On dit proverbialement qu'il vaut mieux être *poltron* et vivre longtemps.

BAISSER, ABAISSER.

Les rivières *baissent* en été. La modestie *abaisse* son voile; la coquetterie relève le sien. Les bons maîtres sont ceux qui savent *s'abaisser* jusqu'au niveau de l'esprit de leurs élèves. Il ne faut ni *s'abaisser* ni chercher à *abaisser* autrui. Le métier de l'orgueilleux est d'*abaisser* les autres; mais il s'attire souvent des affronts qui l'obligent à *baisser* la tête.

BATTRE, FRAPPER.

Un général *battu* a toujours tort. Si quelqu'un vous *frappe* sur une joue, tendez l'autre, a dit Jésus-Christ. On *bat* le blé dans les granges avec des fléaux. César, pour arriver à *battre* ses ennemis, commandait à ses soldats de *frapper* au visage.

CHARGE, FARDEAU, FAIX.

La vie est souvent pour le malheureux un *faix* sous lequel il succombe. La *charge* d'un baudet ne saurait être celle d'un éléphant.

Le chêne un jour dit au roseau :
Un roitelet pour vous est un pesant *fardeau*.

CHATIER, PUNIR.

Dieu nous *châtie* en père pour n'avoir pas à nous *punir* en juge. Les parents qu'un excès de tendresse empêche de *châtier* leurs enfants, sont souvent *punis* de leur folle indulgence par l'ingratitude et le mauvais naturel de ces mêmes enfants.

COLLÈGUE, CONFRÈRE.

Cambacérès et Lebrun étaient les *collègues* de Bonaparte au consulat. Quand un instituteur écrit à un de ses *confrères*, et qu'il commence par cette formule : *mon cher* COLLÈGUE, il n'emploie pas le terme propre.

DEVIN, PROPHÈTE.

Perdait-on un chiffon, chez la *devineresse* on courait. Longtemps à l'avance, la ruine de Jérusalem avait été prédite par les *prophètes*.

DEUXIÈME LEÇON.

CHEVAL, COURSIER, ROSSE.

L'Arabe est souvent plus attaché à son fidèle *coursier* qu'à sa propre famille. L'homme s'est servi du chien et du *cheval* pour dompter et vaincre les autres animaux. Quand un *cheval* se fait vieux, on le chasse de l'écurie en disant qu'il est aveugle. Le *cheval* le plus vigoureux n'est plus qu'une *rosse* à quinze ans.

DÉBRIS, DÉCOMBRES, RUINES.

Carthage en *ruines* faisait encore peur aux Romains. Je plains les malheureux mineurs ensevelis sous les *décombres*. Le navigateur Dumont d'Urville retrouva quelques *débris* des vaisseaux du malheureux La Peyrouse. Toutes ces grandes villes, Palmyre, Ninive, Babylone, ne sont aujourd'hui que des *ruines* solitaires. Pendant le tremblement de terre de Lisbonne, un nombre considérable de personnes périrent sous les *décombres*.

DEVANCER, PRÉCÉDER.

Si cet écolier continue dans ses progrès, il *devancera* bientôt son maître. On pense généralement qu'Hésiode et Homère vivaient dans le même temps, mais qu'Hésiode a *précédé* Homère de quelques années. Dans une marche militaire, le tambour-major *précède* tout le régiment. Marius *a précédé* Sylla au pouvoir ; mais Sylla *a* ensuite *devancé* Marius dans la tyrannie.

PRÉSENT, DON.

L'usage de se faire des *présents* à la nouvelle année est très-ancien. Les riches faisaient autrefois des *dons* considérables aux églises. La fée fit à Florise un *don* funeste en lui accordant la beauté. Cérès prodigue ses *dons* au cultivateur diligent. Dans l'Orient, on n'aborde les princes que les mains chargées de *présents*.

ÉLOIGNER, ÉCARTER.

La nature ne s'*écarte* jamais des lois que le Créateur lui a prescrites. La pauvreté *éloigne* les amis.

ÉTUDIER, APPRENDRE.

C'est avoir bien *étudié* que d'avoir *appris* à douter. On *apprend* plus en *étudiant* les hommes qu'en *étudiant* les livres. Le plus savant n'est pas celui qui a le plus *étudié*, mais celui qui a le plus et le mieux *appris*. Certains hommes *étudient* toute leur vie ; à la mort, ils n'ont rien *appris*.

GAGES, APPOINTEMENTS, HONORAIRES.

Un domestique infidèle trouve cent moyens d'augmenter ses *gages*. Les *appointements* des fonctionnaires publics doivent toujours être proportionnés aux revenus de l'État. Un instituteur communal donne des *gages* à sa domestique ; il reçoit des *honoraires* de ses élèves, et il touche des *appointements* (1) de la commune.

ESPRIT, GÉNIE.

On n'aime pas ceux qui n'ont que de l'*esprit*. Le plus grand des sots est celui qui veut faire de l'*esprit*. C'est le *génie* qui fait les grands hommes. Les hommes de *génie* sont beaucoup plus rares que les hommes d'*esprit*. L'esprit enfante des choses agréables ; il n'appartient qu'au *génie* d'en produire d'utiles.

FRIAND, GOURMAND, GOULU, GLOUTON.

Lucullus est le roi des *gourmands*. Les dames ont la réputation d'être *friandes*. C'est le propre du *goulu* de s'indigérer

(1) *Traitement* est le mot propre.

en mangeant. Le loup a un appétit si véhément pour la chair qu'il passe pour être le plus *glouton* des animaux.

HAMEAU, VILLAGE, BOURG.

Le *hameau* se composait de trois ou quatre misérables huttes couvertes de chaume. On se repent presque toujours de quitter le *village* où l'on est né. Le dimanche, toute la famille allait à la messe au *village* des Pamplemousses. Nous remarquions des *bourgs* qui égalaient des villes.

TROISIÈME LEÇON.

NEUF, NOUVEAU, RÉCENT.

Il est d'usage dans les campagnes de donner à Pâques un habit *neuf* aux enfants. Un proverbe défend d'attacher une pièce *neuve* à un vieil habit. Voulez-vous réussir en France, débitez du *nouveau*. Puisque tout dégénère, la noblesse la plus *récente* doit être la meilleure.

PIRE, PIS.

Il y a de mauvais exemples qui sont *pires* que des crimes. Le monde va de mal en *pis*. La crainte de la mort est *pire* que la mort même. L'égoïste est ennuyé, et, qui *pis* est, ennuyeux. La timidité est un défaut dont il est dangereux de reprendre les enfants : le remède peut être *pire* que le mal. Qui choisit prend souvent le *pire*. Si ton voisin tombe dans le malheur, ne te contente pas de dire : Tant *pis*. Il n'y a *pire* eau que l'eau qui dort.

PLIER, PLOYER.

Un nombre considérable de femmes et d'enfants sont employés à Paris à *plier* les journaux. On a *déployé* partout l'étendard de la révolte. Les convenances veulent que nous *pliions* notre serviette après le repas. Plus un jonc *ploie*, meilleur il est. L'homme faible *plie* sous le fardeau qui fait *ployer* un homme fort.

MÊLER, MÉLANGER.

On corrige un vin trop couvert en le *mélangeant* avec un vin plus faible. Les enfants ne doivent boire le vin que fortement *mêlé* d'eau.

QUALITÉ, TALENT.

L'éloquence est le premier des *talents*. La première et la plus importante *qualité* d'une femme est la douceur. Toutes les *qualités* réunies ne valent pas une vertu. Les *qualités* du cœur sont les plus essentielles. On se fait aimer ou haïr par ses *qualités*; on se fait rechercher par ses *talents*.

SONGE, RÊVE.

Il y avait déjà longtemps que Télémaque était agité pendant toutes les nuits par des *songes* qui lui représentaient son père Ulysse. Les *songes* de Pharaon amenèrent l'élévation de Joseph. Chacun *rêve* en veillant; il n'est rien de plus doux.

VAINCRE, SURMONTER.

Le vice est un ennemi qu'on ne peut *vaincre* qu'en le fuyant. La religion nous fait *surmonter* toutes les disgrâces. Celui qui a su se *vaincre* lui-même, est bien fort contre les autres. Nos rameurs avaient de la peine à *surmonter* l'effort des vagues.

SÉPULCRE, SÉPULTURE, TOMBE, TOMBEAU.

Abraham dit aux habitants du pays de Heth : Je suis parmi vous comme un étranger et un voyageur; donnez-moi droit de *sépulture* au milieu de vous. Un homme d'Arimathie, nommé Joseph, alla demander à Pilate le corps de Jésus, et le déposa dans le *sépulcre*. Une reine de Carie fit élever un *tombeau* magnifique à son époux. L'Envie s'assied à côté de la *tombe* des grands hommes, et remue leurs cendres avec un poignard. En Égypte, les mauvais rois étaient privés des honneurs de la *sépulture*. Dans nos cimetières de campagne, plus d'une *tombe* modeste marque la place d'un Homère ou d'un Cicéron ignorés.

ZÉPHYR, ZÉPHYRE.

Tout vous est aquilon, tout me semble *zéphyr*. *Zéphyre* folâtre caresse les fleurs. On n'entendait que la douce haleine des *zéphyrs* qui se jouaient au milieu des arbres.

S'AMUSER, SE DIVERTIR.

La lecture *amuse*, la danse *divertit*. On va au spectacle pour se *divertir*, et à la promenade pour *s'amuser*. Cette pièce m'a assez *amusé*, mais cette autre m'a fort *diverti*.

ANE, IGNORANT.

A quoi bon parler science devant des *ânes?* leurs oreilles ne sont point faites pour ce langage. Les princes despotes aiment les peuples *ignorants*. Celui qui ne veut pas étudier restera *ignorant* toute sa vie.

QUATRIÈME LEÇON.

BEAUCOUP, PLUSIEURS.

Beaucoup de personnes croient que le bonheur est dans la richesse; elles se trompent. La fortune ne se présente jamais *plusieurs* fois; saisissez-la donc aux cheveux.

DÉVELOPPEMENT. *Plusieurs* exprime le nombre; son opposé est *un*. *Beaucoup* exprime la quantité; son opposé est *peu*.

ANIMAL, BÊTE, BRUTE.

L'homme est un être raisonnable, l'*animal* un être sans raison. Le despotisme fait de l'homme une *bête* de somme. Les noms ou substantifs sont des mots qui servent à nommer les hommes, les *animaux* et les choses. L'ivrogne, qui s'abandonne à tous ses penchants, ressemble à la *brute*. L'*animal* vit, agit et se meut de lui-même.

DÉVELOPPEMENT. Le mot *animal* désigne un règne particulier de la nature, par opposition à végétal et à minéral; c'est le nom du genre. Le mot *bête* caractérise une classe d'animaux par opposition à l'homme ; c'est le nom de l'espèce. La bête s'appelle *brute* dans son dernier degré de stupidité. Cependant *bête* et *animal* ont d'autres significations très-diverses et très-nombreuses que l'usage seul peut apprendre.

CURE, GUÉRISON.

Opérer la *guérison* d'un phthisique, ce serait faire une *cure* merveilleuse.

DÉVELOPPEMENT. On procure, on opère une *guérison* ; on fait une *cure*.

ENVIEUX, JALOUX.

Les républiques se sont toujours montrées *jalouses* de leur liberté. Bion disait d'un *envieux*: Quand on le voit triste, on ne sait s'il lui est arrivé du mal ou du bien aux autres. Le général Walstein était *envieux* de la gloire d'autrui et *jaloux* de la sienne.

DÉVELOPPEMENT. On est *jaloux* de ce qu'on possède, et *envieux* de ce que possèdent les autres.

FERMETÉ, ENTÊTEMENT.

La *fermeté* est la première qualité d'un chef. L'*entêtement* est le vice des ignorants et des sots.

DÉVELOPPEMENT. La *fermeté* est une qualité dont l'*entêtement* est en quelque sorte le défaut.

GARDER, RETENIR.

Le mauvais débiteur *retient* ce qui ne lui appartient pas. L'avare *garde* ses trésors. Il vaut mieux *garder* son secret que de le donner à *garder* aux autres. *Garder* pour soi une découverte utile, c'est *retenir* le bien d'autrui.

DÉVELOPPEMENT. On *garde* ce qui est à soi ; on refuse de le donner. On *retient* ce qui est à autrui ; on refuse de le rendre.

NUE, NUÉE, NUAGE.

Il n'est point de beaux jours sans *nuages*. L'empire romain fut envahi par une *nuée* de Barbares. On ne voyait au ciel que de petits *nuages* cuivrés, semblables à des vapeurs rousses, qui le traversaient avec plus de vitesse que celle des oiseaux. Cette mère élève son fils jusqu'aux *nues*.

DÉVELOPPEMENT. *Nue* éveille une idée d'élévation ; *nuée* une idée de quantité ; *nuage* une idée de condensation, d'obscurité. L'oreille se trompe rarement sur l'emploi de ces trois mots.

JOIE, GAÎTÉ.

Les grandes *joies* durent peu. Un homme enjoué jette de la *gaîté* dans les entretiens. Un événement heureux répand la *joie* jusqu'au fond du cœur. On peut mourir d'une trop grande *joie*. On plaît aux autres par sa *gaîté*. Ne faites pas votre *joie* du malheur d'autrui.

DÉVELOPPEMENT. La *joie* vient d'un sentiment plus fort, d'une satisfaction plus pleine que la *gaîté*. La première est dans le cœur, la seconde dans les manières.

JOUR, JOURNÉE.

La mort est une bête féroce qui fait sa ronde *jour* et nuit. Le *jour* est de vingt-quatre heures. Cet ouvrier a reçu vingt francs pour huit *journées* de travail. L'hirondelle annonce le retour des beaux *jours*. La *journée* de Malplaquet fut désastreuse pour la France. Une seule *journée* d'un sage vaut mieux que toute la vie d'un sot.

DÉVELOPPEMENT. Le *jour* est l'élément astronomique du temps ; il est de vingt-quatre heures. La *journée* est l'espace qui s'écoule depuis le lever jusqu'au coucher.

RISIBLE, RIDICULE.

On se rend *ridicule* en parlant toujours de soi. L'histoire de Don Quichotte est très-*risible*. Si vous racontez des choses *ridicules*, que ce soit d'une manière *risible*.

DÉVELOPPEMENT. Ce qui est *ridicule* excite la risée ; ce qui est *risible* excite le rire. *Risible* se prend en bonne et en mauvaise part ; *ridicule* est toujours pris en mauvaise part.

SIGNE, SIGNAL.

La corruption dans les mœurs d'un peuple est un *signe* certain de décadence. Dans toute condition, l'orgueil est un *signe* de bassesse. La reine Catherine de Médicis donna le *signal* de la Saint-Barthélemy. Tous les conjurés devaient se réunir à un *signal* convenu. On voit souvent, dans un cercle nombreux, deux personnes se faire des *signes* d'intelligence.

DÉVELOPPEMENT. Le *signe* fait connaître; le *signal* avertit; il est de convention.

SURFACE, SUPERFICIE.

L'ignorance complète de certaines sciences vaut mieux que la *superficie*. L'homme va chercher au centre de la terre des biens imaginaires à la place des biens réels qu'elle lui offre d'elle-même à sa *surface*.

DÉVELOPPEMENT. La *surface* est la partie extérieure et visible; *superficie* a le même sens; mais il s'emploie, à l'exclusion de *surface*, quand on veut mettre en opposition la partie extérieure, avec la partie intérieure. C'est aussi de ce mot que l'on fait usage quand on parle d'une connaissance que quelqu'un ne possède pas à fond.

CINQUIÈME LEÇON.

AIMER, CHÉRIR.

Notre patrie est ce que nous devons *chérir* le plus. On n'*aime* pas longtemps ceux que l'on n'estime pas. L'enfant *chéri* est souvent celui de la famille qui *aime* le moins son père et sa mère. Il ne suffit pas qu'un prince *aime* son peuple, il faut qu'il le *chérisse*.

DÉVELOPPEMENT. *Chérir* exprime un attachement plus fort que *aimer*.

CHANTEUR, CHANTRE.

Les *chantres* d'église ont ordinairement la voix plus forte qu'harmonieuse. L'âne dit au coq : Viens avec nous, beau *chanteur* à la crête rouge.

DÉVELOPPEMENT. On dit *chanteur* pour le chant profane, et

chantre pour le chant d'église. On appelle cependant le rossignol le *chantre* des forêts.

CHOQUER, HEURTER.

Certains hommes qui *heurtent* tout le monde, ne souffrent pas même qu'on les *choque*. Dans les discussions politiques, on commence par se *choquer*, on finit par se *heurter*. En ne voulant que *choquer* nos verres, nous les avons *heurtés*, et ils se sont brisés.

DÉVELOPPEMENT. *Heurter*, c'est *choquer* rudement.

LAID, DIFFORME.

Le vice nous rend *difformes*. L'habitude de faire des grimaces peut rendre un enfant très-*laid*. Une maison sans proportions est une maison *difforme*. Ésope était *laid* de visage et *difforme* de corps.

DÉVELOPPEMENT. La *difformité* est un défaut dans les proportions, et la *laideur* un défaut dans les traits.

DIVISER, PARTAGER.

C'est doubler son bonheur que de le *partager* avec un ami. Un père *partage* également sa tendresse entre tous ses enfants. *Diviser* pour régner, voilà tout le secret de la politique.

DÉVELOPPEMENT. On *divise* un tout en parties égales ; on le *partage* en parts ou portions. Une chose *divisée* reste encore entière ; une chose *partagée* cesse de former un tout. On *divise* l'année, un cercle, etc. ; on *partage* un gâteau, une pomme.

FÉCOND, FERTILE.

La France est *fertile* en blé, en vin et en fruits. La terre est une mère *féconde* qui nous ouvre ses entrailles pleines des plus riches trésors. Le laboureur *fertilise* la terre ; la chaleur et la rosée la *fécondent*.

DÉVELOPPEMENT. « *Fécond* est le synonyme de *fertile* quand il s'agit de la culture des terres : on peut dire également un terrain *fécond* et *fertile*, *fertiliser* et *féconder* un champ. La maxime qu'il n'y a point de synonymes veut dire seulement qu'on ne peut se servir indifféremment des mêmes mots dans toutes les occasions. Ainsi une femelle, de quelque espèce qu'elle soit, n'est point *fertile*, elle est *féconde*. On *féconde* des œufs, on ne les *fertilise* pas. La nature n'est pas *fertile*, elle est *féconde*. » VOLTAIRE.

GASPILLER, DISSIPER, DILAPIDER.

Les héritiers d'un avare *dissipent* son héritage s'ils ont souffert de son avarice. Combien n'a-t-on pas vu de fonctionnaires *dilapider* la fortune publique! Les domestiques ont bientôt *gaspillé* les plus grands revenus d'une maison, si le maître n'en est pas le premier économe.

DÉVELOPPEMENT. Les jeunes gens *dissipent* leurs revenus, les fonctionnaires *dilapident* ceux de l'État, et les domestiques *gaspillent* ceux de leur maître.

UNIVERS, MONDE.

Il s'en faut que le plus honnête homme de la cour soit le plus honnête homme du *monde*. Notre terre n'est qu'un point imperceptible dans l'*univers*. De grands philosophes ont pensé que l'*univers* est un être qui a la matière pour corps, et pour âme, Dieu!

DÉVELOPPEMENT. *Monde* n'exprime souvent qu'une partie du tout. *Univers* n'excepte rien : c'est tout ce qui est.

PROCHAIN, PROCHE, VOISIN.

La ruse est si *voisine* de la friponnerie que le rusé peut se tromper de porte. Regnard est l'auteur comique le plus *proche* de Molière. Les astrologues politiques nous prédisent de grands événements dans un avenir très-*prochain*.

(Pour l'emploi de ces mots, l'usage tiendra lieu de la règle.)

VERSER, RÉPANDRE.

Répandez vos bienfaits, ne les semez pas. La Marne *verse* ses eaux dans la Seine. La violette *répand* un parfum délicieux. Les eaux du Nil se *répandent* périodiquement dans les campagnes de l'Égypte. Napoléon a *répandu* ses soldats dans toute l'Europe. Le maladroit! il a *répandu* sur lui une partie de l'huile qu'il voulait *verser* dans la lampe.

Développement. *Verser* signifie transvâser ; *répandre* signifie éparpiller. Il est quelques-cas cependant dans lesquels on peut employer indifféremment *verser* et *répandre*. Ainsi on dit *verser* ou *répandre* du sang, des larmes, etc.

PORTER, APPORTER, EMPORTER.

En Asie, les personnes de distinction se font *porter* en palanquin. Un chien *portait* à son cou le dîner de son maître.

Là-dessus au fond des forêts
Le loup l'*emporte* et puis le mange
Sans autre forme de procès.

Le sage de Mitylène *portait* tout son bien avec lui. Sésostris *apportait* tous ses soins à rendre son peuple heureux. Les naturels de l'île *apportaient* au vaisseau des fruits, des cochons, des dents d'éléphant, et ils en *emportaient* des verroteries et quelques pièces d'étoffe que nous leur avions données en échange.

Développement. *Porter* n'a rapport qu'au fardeau ; *emporter* signifie porter loin de... ; *apporter* signifie porter vers, près de... Les crocheteurs *portent* les fardeaux. Le vent *emporte* mon chapeau ; un passant le ramasse et me l'*apporte*.

SIXIÈME LEÇON.

CASSER, ROMPRE, BRISER.

Il suffit de choquer légèrement un verre pour qu'il se *casse* ; s'il tombe de haut, il se *brise*. Jésus prit du pain, le *rompit*, et le donna à ses Apôtres. Notre navire, jeté sur un rocher par un vent impétueux, se *brisa*. Un petit morceau de plomb *casse* la plus importante tête du monde.

Développement. *Rompre* et *casser* ont à peu près la même signification, quoiqu'ils aient un emploi différent ; c'est l'oreille qui décide. *Briser* signifie mettre en pièces.

SUR, CERTAIN.

L'homme ne vivrait pas, s'il connaissait l'époque *certaine* de sa mort. Les amis *sûrs* sont rares. L'astrologie n'est rien moins qu'une science *certaine*. Cette nouvelle est *certaine*, car elle me vient d'une voie très-*sûre*.

DÉVELOPPEMENT. En général, *sûr* se dit en parlant des personnes, et *certain* en parlant des choses.

ENTRETIEN, CONVERSATION.

Le ministre a eu un *entretien* avec le roi. La liberté et l'aisance doivent régner dans la *conversation*. La *conversation* doit être comme ces jeux où l'on jette sa carte chacun à son tour. Les personnes qui ont l'esprit léger préfèrent les *conversations* aux *entretiens*.

DÉVELOPPEMENT. *Entretien* éveille l'idée d'un discours sérieux; *conversation* a moins d'importance.

DANGER, PÉRIL, RISQUE.

Quand la patrie est en *danger*, on place des drapeaux noirs sur les monuments publics. Qui compte sur les souliers d'un mort court *risque* d'aller longtemps nu-pieds. A la guerre, le cheval voit le *péril* et l'affronte. Un général court le *risque* d'une bataille pour se tirer d'un mauvais pas, et il est en *danger* de la perdre, si ses soldats l'abandonnent dans le *péril*.

DÉVELOPPEMENT. Courir le *risque* signifie courir la *chance*; il peut donc se prendre en bonne part. *Péril* est plus fort que *danger*: s'il y va de la vie, on est en *péril*. Perrette, qui a répandu son lait,

> Va s'excuser à son mari
> En grand *danger* d'être battue.

TROUVER, INVENTER, DÉCOUVRIR.

Plusieurs fous se sont vantés d'avoir *trouvé* la pierre philosophale. Les ballons ont été *inventés* par Montgolfier. On *inventait* chaque jour de nouveaux plaisirs pour me rendre la vie plus agréable. On a *inventé* des lunettes à l'aide desquelles la science a pu *découvrir* de nouvelles planètes ; peut-être *trouvera*-t-on, par la suite, le moyen d'apercevoir des hommes dans la lune.

(La lecture des bons auteurs guidera les élèves dans l'emploi quelquefois difficile de ces trois termes.)

PRÉSERVER, GARANTIR.

Les chevaliers avaient pour se *garantir* des coups de l'ennemi des cuissards, des brassards et un bouclier. Les paratonnerres *préservent* de la foudre. L'économie *préserve* de la misère. Les chaussures en caoutchouc *garantissent* de l'humidité.

DÉVELOPPEMENT. Ce qui couvre et protége *garantit*; ce qui prémunit *préserve*.

RECUEILLIR, RÉCOLTER.

Recueille comme autant de pierres précieuses les paroles du sage. On parvient difficilement à *recueillir* les débris d'une armée en déroute. Celui qui parle sème; celui qui écoute *récolte*. Dans les provinces méridionales de la Russie, on *récolte* du blé en abondance.

DÉVELOPPEMENT. *Récolter*, c'est recueillir selon les procédés de l'économie rurale ; *recueillir* est d'usage dans la plupart des autres cas. On *récolte* du blé, des foins, des fruits; on *recueille* des suffrages, une succession. Les Hébreux *recueillaient* la manne.

SAVOUREUX, SUCCULENT.

Il faut à un convalescent une nourriture très-*succulente* pour réparer ses forces. Les palais blasés trouvent peu de mets *savoureux*. Les plaisirs ressemblent à certains fruits *savoureux* qui laissent un goût très-amer. Artaxerxès-Mnémon, réduit en fuyant à manger du pain d'orge et des figues sèches, ne put s'empêcher de reconnaître qu'il n'avait jamais rien goûté de si *savoureux;* et cependant ce repas n'était pas *succulent*.

DÉVELOPPEMENT. Ce qui est *savoureux* a beaucoup de saveur; ce qui est *succulent* est plein de suc. Un fruit est *savoureux*; une viande est *succulente*.

VENIN, POISON.

La vipère a le *venin* dans les dents. Les minéraux ne sont

pas des aliments; on n'en a tiré jusqu'ici que des remèdes et des *poisons*. Le plus mortel de tous les *poisons* est celui de la calomnie. La ciguë est un *poison* dont certains animaux peuvent se repaître impunément. Auprès de la Mort, volait l'Envie, qui verse son *venin* mortel autour d'elle. Qu'on apporte le *poison* s'il est prêt, s'écria Socrate; et s'il ne l'est pas, qu'on le broie au plus tôt.

DÉVELOPPEMENT. *Poison* se dit plus particulièrement des plantes, et *venin* des animaux.

VOIR, REGARDER, APERCEVOIR.

L'équité défend de *voir* un coupable dans un accusé. Les Hollandais *aperçurent* la Nouvelle-Hollande en 1605. L'aigle, dit-on, *regarde* fixement le soleil. La faim *regarde* à la porte de l'homme laborieux. Quand on *regarde* la lune avec un fort télescope, on y *aperçoit* de hautes montagnes. Christophe Colomb promit une récompense à celui de ses compagnons qui *apercevrait* le premier la terre. Les hommes *voient* les choses différemment, parce que chacun les *regarde* au point de vue de son intérêt particulier.

DÉVELOPPEMENT. On peut *voir* avec indifférence sans aucune intention de voir. On *regarde* par curiosité; en regardant attentivement, on finit par *apercevoir*.

VITE, TÔT, PROMPTEMENT.

Si vous ne marchez pas plus *vite*, vous n'arriverez jamais assez *tôt*. Nos moments les plus heureux sont ceux qui passent le plus *vite*. Soyez longtemps à délibérer; mais, ensuite, exécutez *promptement*. Qui commence *tôt* et travaille *vite*, achève *promptement*.

DÉVELOPPEMENT. Le mot *vite* exprime le mouvement, son opposé est *lentement*; le mot *tôt* regarde le moment de l'action, son opposé est *tard*; *promptement* a plus de rapport au temps qu'on emploie, son opposé est *longtemps*.

SEPTIÈME LEÇON.

FOUDRE, TONNERRE.

Dieu commande à la mer et à la *foudre*. Les paratonnerres préservent les édifices de la *foudre*. Chemin faisant, nous crûmes entendre rouler le *tonnerre*. Il poussait des hurlements semblables au bruit du *tonnerre*.

PLAIE, BLESSURE.

Dieu frappa Job d'une effroyable *plaie*. Je me suis toujours imaginé que si Moïse avait affligé l'Égypte d'une onzième *plaie*, il l'aurait couverte d'usuriers. Les flèches d'Hercule, trempées dans le sang de l'hydre de Lerne, faisaient des *blessures* incurables. Les *blessures* les plus sensibles sont celles du cœur.

BATAILLE, COMBAT.

Alexandre prédit à ses généraux qu'ils célébreraient ses funérailles par des *batailles* sanglantes. Fabius n'engageait avec Annibal que des *combats* insignifiants ; Varron livra la *bataille*. On voit en Angleterre des *combats* de coqs dans lesquels un des champions reste toujours sur le champ de *bataille*.

AMASSER, ENTASSER.

La fourmi *amasse* l'été pour l'hiver. L'avare insensé *entasse* des biens dont il ne jouira pas.

GROTTE, CAVERNE, ANTRE.

La *grotte* de la déesse était située sur le penchant d'une colline. Jésus chassa du temple les marchands qui prenaient la maison de Dieu pour une *caverne* de voleurs. L'infâme Cacus dévorait les troupeaux qu'il avait conduits dans son *antre*.

AGRANDIR, AUGMENTER.

Le général a *agrandi* son camp et *augmenté* son corps d'armée.

HUITIÈME LEÇON.

VENIMEUX, VÉNÉNEUX.

Ces deux mots signifient l'un et l'autre qui a du venin ; mais *venimeux* ne se dit que des animaux, et *vénéneux* ne se dit que des plantes.

INHUMER, ENTERRER.

Inhumer et *enterrer* expriment l'action de mettre en terre ; mais *enterrer* signifie simplement l'acte matériel de mettre en terre, et *inhumer* l'acte religieux de donner la sépulture. On *enterre* partout : un assassin *enterre* le cadavre de la personne qu'il a tuée. On n'*inhume* que dans les lieux consacrés à cet acte pieux : les ministres de la religion *inhument* les fidèles.

EMPIRE, ROYAUME.

Un *empire* est un état vaste composé de plusieurs peuples, le *royaume* est un état borné à une nation seule. L'*empire* suppose la diversité ; le *royaume* l'unité, ou du moins l'uniformité dans toutes les parties. On dit l'*empire* d'Autriche, de Russie, de Turquie ; et le *royaume* de Portugal, d'Angleterre, d'Espagne.

DÉSERTEUR, TRANSFUGE.

Ces deux termes désignent un soldat qui abandonne sans congé le service militaire, avec cette différence que le *transfuge* passe à l'ennemi. Le *déserteur* est infidèle à son drapeau ; le *transfuge* est traître à sa patrie.

DÉTRUIRE, ANÉANTIR.

Anéantir dit plus que *détruire*. Un conquérant *détruit* une ville ; il ne l'*anéantit* pas, puisqu'il en reste toujours quelques vestiges. Appliquées à l'homme, les actions de créer et d'*anéantir* ne peuvent avoir qu'un sens hyperbolique.

ACCOMPAGNER, ESCORTER.

On *accompagne* par égard ou par amitié ; on *escorte* par précaution, pour mettre quelqu'un à couvert de l'insulte et pour lui prêter main-forte. Un ami nous *accompagne*, des hommes d'armes nous *escortent*.

NEUVIÈME LEÇON.

Alarmé, effrayé, épouvanté.
Amasser, entasser, accumuler.
Défaire, détruire, anéantir.
Détestable, abominable, exécrable (1).
Bête, stupide, idiot.
Plaisir, bonheur, félicité, béatitude.
Rive, rivage.
Vieillesse, caducité, décrépitude.
Carnivore, carnassier.
Casser, briser, broyer.
Choquer, heurter.
Ferme, inébranlable, inflexible.
Satisfait, content.
Contraindre, forcer, violenter.
Creuser, approfondir.
Défaite, déroute.
Déconcerté, interdit.
Barbarie, cruauté, férocité.

---

(1) Ces trois mots servent à marquer les divers degrés d'excès d'une chose très-mauvaise. Cette gradation est observée dans l'exemple suivant :

Denys le Tyran, informé qu'une femme très-âgée priait les dieux chaque jour de conserver la vie à son prince, et fort étonné qu'un de ses sujets daignât s'intéresser à son salut, interrogea cette femme sur les motifs de sa bienveillance. « Dans mon enfance, dit-elle, j'ai vu régner un prince *détestable* : je souhaitai sa mort; il périt; mais un prince *abominable*, pire que lui, lui succéda ; je fis contre celui-ci les mêmes vœux ; ils furent remplis ; mais nous eûmes un tyran pire que lui encore; ce monstre *exécrable*, c'est toi. S'il est possible qu'il y en ait un plus méchant, je craindrais qu'il ne te remplaçât, et je demande au ciel de ne pas te survivre. »

Tristesse, affliction, désolation.
Effrayant, épouvantable, effroyable.
Surprise, étonnement, consternation.
Étudier, apprendre.
Excuser, pardonner.
Exiler, bannir.
Déraciner, extirper.
Fabrique, manufacture.
Outil, instrument, machine.
Fleur fanée, fleur flétrie.
Fatal, funeste.
Homme heureux, homme fortuné.
Talent, esprit, génie.
Hameau, village, bourg, ville.
Commune, canton.
Province, contrée.
Guère, pas, point.
Savetier, cordonnier, bottier.
Roturier, bourgeois, noble.
Grand, gigantesque, incommensurable.
Marcher, courir, voler.

DIXIÈME LEÇON.

Écolier, élève, disciple.
Impertinent, insolent.
Impoli, grossier.
Las, fatigué, harassé.
Libertin, vagabond, bandit.
Accident, malheur, désastre.
Malin, malicieux, méchant.
Massacre, carnage, boucherie, tuerie.
Menterie, mensonge.
Métier, profession, art.
Artisan, artiste.
Manœuvre, ouvrier.
Mont, montagne.

Plaisanterie, raillerie, moquerie.
Sombre, obscur, ténébreux.
Odorant, odoriférant.
Pâle, blême, livide.
Paresseux, fainéant.
Pauvreté, indigence.
Peur, frayeur, terreur.
Poltron, lâche.
Prier, supplier.
Prodigue, dissipateur.
Économe, avare.
Émeute, insurrection, révolution.
Servitude, esclavage.
Singulier, extraordinaire.
Vitesse, vélocité.
Imperfection, défaut, vice.
Talent, qualité, vertu.
Vieux, ancien, antique.
Prompt, emporté, violent.
Hutte, chaumière, maison, château, palais.
Reconnaissance, gratitude.
Respect, vénération.
Utile, nécessaire, indispensable.
Inutile, nuisible, funeste.

ONZIÈME LEÇON.

courage	bravoure, intrépidité, valeur.
orgueilleux	vaniteux, présomptueux, prétentieux.
craintif	timide, peureux, pusillanime.
historiette	conte, anecdote, fable.
hasard	fortune, sort, destin.
bataille	engagement, combat, lutte.
Dieu	Créateur, Tout-Puissant, Être-Suprême.
visage	figure, physique, physionomie.
Satan	Diable, Démon, Lucifer.
haine	inimitié, aversion, antipathie.

adulateur	flatteur, flagorneur, louangeur.
terreur	peur, frayeur, effroi.
ravager	ruiner, dévaster, saccager.
bref	court, succinct, concis.
respect	considération, égards, déférence.
instruit	savant, docte, érudit.
tristesse	peine, affliction, chagrin.
fantasque	capricieux, bizarre, original.
badin	folâtre, enjoué, plaisant.
politesse	civilité, honnêteté, courtoisie.
impertinent	insolent, impudent, arrogant.
importun	fâcheux, ennuyeux, incommode.
imprévu	inattendu, soudain, subit.
indolent	nonchalant, paresseux, mou.
bagatelle	minutie, vétille, futilité.
obscur	sombre, ténébreux, noir.
injure	outrage, insulte, affront.
pâle	livide, blême, blafard.
portion	part, partie, ration.
sommet	cime, faîte, extrémité.
maintenant	à présent, actuellement, tout de suite.
rivage,	bord, côte, rive.
déguiser	cacher, voiler, dissimuler.
flatter.	caresser, flagorner, cajoler.

DOUZIÈME LEÇON.

casser	rompre, fracasser, briser.
détroit	bosphore, défilé, pas.
entêté	opiniâtre, têtu, obstiné.
entourer	environner, enceindre, enclore.
aride (*terrain*)	stérile, sec, improductif.
assassiner	poignarder, massacrer, égorger.
auberge	hôtellerie, cabaret, taverne.
babiller	cailleter, jaser, bavarder.
exiler	bannir, expatrier, déporter.
drapeau	enseigne, bannière, étendard.

festin	repas, banquet, noce.
barque	gondole, nacelle, chaloupe.
maison	bâtisse, bâtiment, édifice.
bâtir	construire, élever, édifier.
benêt	niais, nigaud, badaud.
biffer	effacer, raturer, rayer.
bon (*fruit*)	délicieux, excellent, exquis.
boue	fange, limon, bourbe.
caillé (*adjectif*)	coagulé, figé, congelé.
durillon	cal, cor, ognon.
calèche	phaéton, tilbury, berline.
motif	cause, sujet, raison.
vitesse	célérité, diligence, promptitude.
cloître	couvent, monastère, abbaye.
concurrent	émule, rival, compétiteur.
enterrement	convoi, funérailles, obsèques.
javelot	dard, flèche, trait.
de sorte que	en sorte que, de façon que, de manière que.
domicile	habitation, séjour, demeure.
discorde	dissension, désunion, division.
dictionnaire	vocabulaire, glossaire, lexique.
impotent	infirme, paralytique, invalide.
emploi	fonction, charge, office.
obligeant	officieux, serviable, complaisant.
orage.	tempête, ouragan, bourrasque.

TREIZIÈME LEÇON.

Le rossignol est le chantre des *forêts*. La colombe appelle son ramier d'une voix *plaintive*. *Pense* à ta mère, c'est la meilleure distraction contre les pensées *mauvaises*. Le jeune prince vit avec *surprise* l'ordre, le soin et le travail de cette petite république. Dans la prospérité, il est *facile* de trouver un ami. Le jour *diminue*. Le soleil *décline*. Isaïe *annonça* les malheurs de Jérusalem. L'éléphant *redoute* le serpent. La lionne défend courageusement ses *petits*. Les canaux font la *richesse* des États. Les sables du Nil *contiennent* des œufs de crocodile. La chaleur *corrompt* la viande. Il ne faut pas *blesser* ses amis, même en *plaisantant*. Le castor *construit* avec sa queue et ses pieds de devant. La plupart des hommes sont les uns envers les autres *trompés* ou *trompeurs*. La *manière* de donner vaut mieux que ce qu'on donne. Nul ici-bas n'est *satisfait* de sa *destinée*. La *mort* vient tout guérir. *Il vaut mieux* souffrir que mourir. Un astrologue se laissa *tomber* au fond d'un puits. La soif *contraignit* le renard et le bouc à descendre dans un puits. Remuez votre champ dès qu'on aura fait la *moisson*. Il ne faut jamais se moquer des *malheureux*. Rien ne sert de courir, il faut partir à *temps*. La renommée est une grande *bavarde*. La charité est la *principale* des vertus. Le doigt de Dieu a marqué des *limites* à l'*Océan*. Mon malheur *augmentait* toujours ; je n'avais plus la misérable consolation d'*opter* entre l'*esclavage* et la mort. Cet esclave s'*appelait* Butis. Les cieux *proclament* la gloire de Dieu. La douceur *calme* la colère. Le vrai courage nous *élève* au-dessus du sort. Je ne *comprends* pas l'athée. Cette lecture est *attrayante*. Les hommes s'*accoutument* au mal comme au bien. La médiocrité *procure* le bonheur. Mes malheurs commençaient à me rendre expérimenté sur tout ce qui *concerne* la navigation. L'*instant* où je parle est déjà loin de moi. Tout ce qui *reluit* n'est pas or. Il faut *restituer* à César ce qui *est* à César. Un homme *prévenu* en vaut deux. La grandeur et les richesses ne font pas le *bonheur*. On n'a jamais vu personne *regretter* d'avoir fait une bonne action. On fait son bonheur en s'occupant de celui *d'autrui*. La crainte de *Dieu* est la *source* de la sagesse. La *société* des honnêtes gens est un trésor. Une grenouille *aperçut* un bœuf qui lui *parut* de belle taille. La modestie *augmente* le mérite. Le *manque* de jugement fait l'obstination. Chaque *militaire* a dans son sac le bâton de maréchal de France. C'est moins la vérité qui *choque* que la manière dont on la dit. Une excellente femme *disait* : « Je n'ai pas d'enfants, malheureusement pour eux ! » Les oiseaux *becquettent* les meilleurs fruits. Deux renards *pénétrèrent* la nuit dans un poulailler. On *attrape* plus de mouches avec du miel qu'avec du vinaigre. Il n'est bon cheval qui ne *bronche*. Dis-moi qui tu *fréquentes*, je te dirai qui tu es. Quelle que soit l'origine d'un bienfait, il ne *convient* pas à la reconnaissance d'en scruter les motifs. Je compris alors par expérience ce que j'avais souvent *entendu* dire à Mentor, que les hommes mous et abandonnés aux plaisirs manquent de *cœur* dans le *péril*. L'ambitieux veut tout, *par conséquent* il n'aura rien. Le rat de ville *convia* le rat des champs à manger des *restes* d'ortolans. *Malgré* sa toute-puissance, Dieu ne peut rien *créer* qui ne soit infiniment au-dessous de lui. La mort de Jean lapin *de nouveau* est vengée. Le temps *rectifie* les erreurs. On *dirige* les buffles au moyen d'un anneau qu'on leur passe dans le nez. Le vice est une plante étrangère qui *meurt facilement*, si l'on se donne quelque peine pour l'*arracher*. Cet enfant *fait* de la peine à sa mère.

QUATORZIÈME LEÇON.

La vertu et la santé *embellissent* le soir de la vie. Les fruits hâtifs ne *sont* pas *savoureux*. Calypso *était inconsolable* du départ d'Ulysse. Si tu es élevé, *comporte-toi de manière* que les autres ne *souhaitent* pas de te voir tomber. *Personne* n'est prophète *dans son pays*. Il ne faut pas vendre la peau de l'ours avant de l'avoir *tué*. *Obliger* promptement, c'est *obliger doublement*. En tout, un peu de bon sens est *préférable à* beaucoup de finesse. La prière est la *vie* de l'âme. On a souvent besoin d'un plus *faible* que soi. Le printemps *succède à* l'hiver. Les talents *rapportent* suivant la culture. Les talents produisent *selon* la culture. Les hommes faibles ne *cèdent* jamais quand ils le doivent. Périclès s'applaudissait en mourant de n'avoir *causé la mort* d'aucun citoyen. Les amis devraient s'*entendre* pour mourir *ensemble*. Il n'y a rien qui *rende heureux* comme une bonne action. L'avare *ne se fie à personne*. Diogène ayant vu un *archer* maladroit, se *plaça* sur le but en disant : De cette façon, il ne m'*attrapera* pas. Je *suis convaincu* que le bonheur dépend du travail. Le désœuvrement *engendre* les soucis. La fierté du paon est *proverbiale*. Le temps et la patience *surmontent* tous les obstacles. Son courage le poussait au hasard, et la sagesse ne *modérait* point sa valeur. Les courtisans *gâtent* par leurs flatteries les plus *heureux* naturels. La fierté est permise *quand on est malheureux*. La *gourmandise* date de loin : Esaü *céda* son droit d'aînesse *moyennant* un plat de lentilles. La gloire est *fugitive*. Le sage *est maître de* ses passions. Dans le *chemin* de la vertu, plus on *marche*, moins on est *fatigué*. La vertu n'est solide que quand *elle s'appuie sur la religion*. La gloire n'*appartient* qu'à un cœur qui sait *supporter* la peine et *mépriser* les plaisirs. La mauvaise plaie se guérit, la mauvaise réputation *est incurable*.

QUINZIÈME LEÇON.

Le froid ne pénètre pas dans les retraites des écureuils. Celui qui aime Dieu ne peut haïr son prochain. Il vaut mieux être muet que menteur. On ne s'ennuie jamais quand on travaille. Si les passions n'obéissent pas, elles commandent. Nous nous rappelons longtemps ce que nous avons appris dans notre jeunesse. On ne tient pas tout ce que l'on promet. Les gens habiles profitent des malheurs qui leur arrivent. Fiez-vous aux actions plus qu'aux paroles. L'avare ne fait une bonne action qu'en mourant. On admire les gens vertueux, mais on ne les imite pas. Le travail garde la vertu. L'étude adoucit toutes nos peines. L'adresse triomphe toujours de la force. Le travail et l'économie nous rendent indépendants. Un cœur très-dur se cache souvent sous des manières polies. Une mère qui voit mourir ses enfants, meurt deux fois. Le bien mal acquis ne profite jamais. On entend partout le langage du cœur. Saisissez toutes les occasions de faire le bien. Le pauvre a souvent plus de bonheur que le riche. Ne négligez pas vos amis. Les conquérants détruisent tout sur leur passage. Un fils ingrat est quelque chose de hideux. Employez bien votre temps. Quand on est riche, on oublie de se souvenir.

SEIZIÈME LEÇON.

La sécheresse détruit tout. La peur conseille mal. On accueille toujours bien la fortune. Les fontaines d'eau vive ne gèlent jamais. Nous espérons jusqu'à la mort. Cet homme ne doit sa fortune qu'à lui seul. Le mensonge mène à tous les vices. Aux yeux de l'ambitieux, la fin justifie les moyens. Le plus fort a toujours raison. Nous sommes souvent pris dans nos propres filets. Le temps de la jeunesse dure peu. L'amitié ne vieillit pas. Dieu est éternel. La paresse est un fardeau lourd à porter. La jouissance que l'on tire du pardon est éternelle. Le riche meurt comme le pauvre. L'âme survit au corps. Le sage ne rit pas, il sourit. Nul n'est heureux s'il ne jouit de sa propre estime. L'expérience est un maître qui fait payer cher ses leçons. La sévérité et la bonté peuvent aller de compagnie. Nous sommes aveugles sur nos défauts. Ne comptez pas trop sur la vie. La fortune est inconstante.

DIX-SEPTIÈME LEÇON.

L'ACADÉMIE SILENCIEUSE.

Il existait à Amadan une Académie fameuse dont le premier statut était ainsi conçu : « Les académiciens réfléchiront beaucoup, écriront peu, et ne parleront que le moins qu'il sera possible. » On la nommait l'*Académie silencieuse,* et il n'était point en Perse de véritable savant qui n'eût le désir d'en faire partie. Le docteur Zeb, auteur d'un petit ouvrage excellent, intitulé *le Bâillon*, sut, au fond de sa province, qu'il vaquait une place à l'Académie silencieuse. Il part immédiatement ; il arrive à Amadan, et, se présentant à la porte de la salle où les académiciens sont réunis, il charge l'huissier de porter au président ce billet : « Le docteur Zeb sollicite humblement la place vacante. » L'huissier s'acquitta aussitôt de la commission ; mais le docteur et son billet venaient trop tard, la place se trouvait déjà occupée.

L'Académie fut désespérée de ce contre-temps ; elle avait admis un peu contre son gré, un bel-esprit de la cour, dont l'éloquence vive et futile faisait l'admiration de toutes les ruelles, et elle se voyait obligée de refuser le docteur Zeb, l'ennemi des bavards, une tête si bien faite, si bien ornée ! Le président, chargé d'apprendre au docteur cette fâcheuse nouvelle, ne pouvait presque s'y déterminer, et ne savait comment s'y prendre. Après avoir un peu réfléchi, il fit remplir d'eau un grand vase, mais si complètement rempli, qu'une goutte de plus eût fait déborder le liquide; ensuite il fit signe qu'on introduisît le postulant. Il se présenta avec cet air simple et modeste, qui indique presque toujours le vrai talent. Le président se leva, et, sans prononcer un seul mot, il lui désigna d'un air désolé la coupe symbolique, cette coupe si parfaitement pleine. Le docteur comprit qu'il ne restait plus de place à l'Académie; mais, sans se décourager, il songeait à faire entendre qu'un membre surnuméraire n'y gâterait rien. Il aperçoit à ses pieds une feuille de rose : il la ramasse, et la place légèrement sur la surface de l'eau, et s'y prend si adroitement qu'il n'en sort pas une seule goutte.

A cette réponse spirituelle, tout le monde applaudit ; on laissa dormir le règlement pour ce jour-là, et le docteur Zeb fut reçu avec enthousiasme. On lui apporta le registre de l'Académie, sur lequel les récipiendaires devaient écrire leur nom. Il s'y inscrivit donc; et il ne lui restait plus qu'à adresser, suivant l'habitude, une phrase de remercîment. Mais, en académicien véritablement silencieux, le docteur Zeb remercia sans prononcer une parole. Il posa en marge le nombre 100, c'était celui de ses nouveaux collègues; puis, plaçant un zéro devant le chiffre (0100), il écrivit au-dessous : *Ils n'en vaudront ni moins ni plus*. Le président répondit au savant modeste avec autant de courtoisie que d'à-propos. Il mit le chiffre *un* devant le nombre *cent* (1100), et il écrivit : *Ils en vaudront dix fois plus*.

CHAPITRE II.

DES ACCEPTIONS ET DES CONTRAIRES.

Ce n'est que par l'étude profonde et sérieuse de la langue qu'on arrive à l'emploi du mot propre. La Bruyère fait observer qu'entre toutes les différentes expressions qui peuvent rendre une seule de nos pensées, il n'y en a jamais qu'une qui soit la bonne, qu'on ne la rencontre pas toujours en parlant et en écrivant, et que cet embarras vient de ce qu'on ignore la juste valeur des termes, et qu'on n'en apprécie pas les différences.

Ce chapitre, qui traite tout entier des acceptions, est donc le plus important de la méthode lexicologique. Il doit conduire inévitablement les élèves à la véritable connaissance des mots, partant à la composition. Nous prions les Instituteurs d'y rester longtemps, de recommencer plusieurs fois la même leçon, d'abord oralement, ensuite par écrit. Il est des cas, nous le savons par expérience, où les élèves se tromperont dix fois avant de trouver le terme convenable; qu'importe, si chacune de ces erreurs est pour le maître le sujet d'un commentaire instructif?

Ces leçons nous ont valu les moments les plus heureux que nous ayons goûtés dans l'instruction : en voyant se développer à chaque leçon l'intelligence de nos enfants, nous éprouvions ce sentiment de satisfaction que goûterait un jardinier qui *verrait* croître ses jeunes plantes. C'est une jouissance bien réelle que nous serions heureux de faire partager à nos honorables confrères.

DIX-HUITIÈME LEÇON.

Vrai	faux	pleurer	rire
long	court	la naissance	la mort
fort (*adjectif*)	faible	guerre	paix
joyeux	triste	belliqueux	pacifique
laid	beau	précéder (*quelqu'un*)	suivre
affamé	rassasié	avancer (*horloge*)	retarder
abondance	stérilité	avancer (*lutteur*)	reculer
lourd (*fardeau*)	léger	allumer	éteindre
naître	mourir	récompenser	punir
absent	présent	résister	céder
le tout	la partie	augmentation	diminution
ouvert (*livre*)	fermé	augmenter	diminuer
ouverte (*guer.*)	sourde	mauvais	bon
large	étroit		
protecteur	persécuteur		
protéger	persécuter		

malédiction	bénédiction
maudire	bénir
je le maudis	je le bénis
ici-bas	là-haut
lentement	rapidement
avec (*lui*)	sans lui
tôt	tard
toujours	jamais
beaucoup	peu
trop	pas assez
moins	plus
bien	mal
loin	près
y compris	non compris
inférieur	supérieur
intérieur	extérieur
partout	nulle part
claire (*eau*)	trouble
claire (*définition*)	embrouillée
clair (*robe bleu*)	foncé
clair (*tissu*)	serré
le passé	l'avenir
maigre (*jour*)	gras
maigre (*faire... chère*)	bonne
sévère	indulgent
dormante (*eau*)	courante
glorieuse (*mort*)	honteuse
nécessaire	inutile
sauvages (*peuples*)	civilisés
sauvages (*animaux*)	domestiques
tranquille (*vie*)	agitée
publiques (*vertus*)	privées
réussir	échouer
blanc (*pain*)	bis
blanc (*vin*)	rouge
blanc (*linge*)	sale

blanc (*sel*)	gris
blanche (*peau*)	brune
blanches (*armes*)	à feu
blanches (*viandes*)	rouges
blanc (*papier*)	écrit
blanche (*encre trop...*)	noire
s'approcher	s'éloigner
se montrer	se cacher
se taire	parler
richesse	pauvreté
riche	pauvre
richement	pauvrement
s'enrichir	s'appauvrir
fausse (*voix*)	juste
faux (*diamant*)	véritable
fausse (*nouvelle*)	vraie
faux (*avoir le jugement...*)	droit
fausses (*dents*)	naturelles
profond (*esprit*)	superficiel
profond (*sommeil*)	léger
acheteur	vendeur
captif	libre
captivité	liberté
jeunesse	vieillesse
perfidie	loyauté
perfidement	loyalement
condamner	absoudre
descendre	monter
méfiance	confiance
se méfier de	se fier à
méfie-toi de lui	fie-toi à lui
à gauche	à droite
civile (*guerre*)	étrangère
civile (*autorité*)	militaire

louange	blâme	offensives (*armes*)	défensives
louable	blâmable		
louer	blâmer	glorieuse (*mort*)	honteuse
sur-le-champ	tout à l'heure	la vengeance	le pardon
souvent	rarement	se venger	pardonner
minimum	maximum	le doute	la certitude
forte (*terre*)	légère	distrait	attentif
planter	déraciner	pâle	coloré

DIX-NEUVIÈME LEÇON.

Ennuyer	amuser	lâche	brave
ennuyeux	amusant	tendre (*pain*)	rassis
ami	ennemi	impie	religieux
sobriété	gourmandise	imbécile	spirituel
sobre	gourmand	agile	lourd
accorder	refuser	infirme	valide
froid	chaud	partial	impartial
froid (*accueil*)	gracieux	effrayer	rassurer
la sécheresse	l'humidité	consoler	désoler
fécond	stérile	échouer	réussir
adroit	maladroit	commencer	finir
semblable	dissemblable	fortifier	affaiblir
paraître	disparaître	la clarté	l'obscurité
régulier	irrégulier	la lumière	les ténèbres
mortel	immortel	prompt	lent
mortel (*péché*)	véniel	arriver	partir
originel (*péché*)	actuel	accélérer	ralentir
facile	difficile	de mieux en mieux	de mal en pis
content	mécontent		
constant	inconstant	de bon cœur	à contre-cœur
avantageux	désavantageux	la civilisation	la barbarie
légal	illégal	permettre	défendre
enterrer	déterrer	permission	défense
inhumer	exhumer	perdre (*au jeu*)	gagner
sanguinaire	humain	perdre (*un objet*)	trouver

secs (*fruits*)	verts
sec (*terrain*)	humide
sec (*cœur*)	sensible
hier	demain
la veille	le lendemain
l'avant-veille	le surlendemain
le jour	la nuit
le soir	le matin
midi	minuit
hiver	été
printemps	automne
devant	derrière
avant	après
dessus	dessous
oui	non
l'estime	le mépris
estimable	méprisable
estimer	mépriser
tu l'estimes	tu le méprises
estimons-le	méprisons-le
la fatigue	le délassement
en mouvement	en repos
vide	plein
stérilité	fertilité
stérile	fertile
fondateur	destructeur
fonder	détruire
la paix fonde	la guerre détruit
les douceurs de la paix	les rigueurs de la guerre
vieux (*vin*)	nouveau
vieux (*homme*)	jeune
vieux (*meuble*)	neuf
épaisse (*encre*)	claire
épaisse (*lang.*)	déliée
épaisse (*planche*)	mince

doux (*fruit*)	amer
douce (*haleine*)	forte
douce (*eau*)	salée
douce (*peau*)	rude
douce (*pente*)	rapide
douce (*vie*)	agitée
doux (*caractère*)	violent
doux (*regard*)	dur
doux (*anima.*)	féroces
douce (*mort*)	violente
doux (*vin*)	fermenté
gai	triste
gaîté	tristesse
gaîment	tristement
égayer	attrister
modeste	orgueilleux
adoucir	aigrir
applaudir	siffler
sur (*fruit*)	doux
sûr (*chemin*)	dangereux
sûre (*réussite*)	douteuse
grossier (*homme*)	poli
grossière (*étof.*)	fine
grossière (*faute*)	légère
petit (*sou*)	gros
petit (*logement*)	grand
sain (*fruit*)	gâté
sain (*jugement*)	faux
sain (*temps*)	malsain
saine (*doctrine*)	mauvaise
propre (*enfant*)	malpropre
propre (*c'est le terme...*)	impropre

VINGTIÈME LEÇON.

Géant	nain
s'épanouir	se faner
pupille	tuteur
opaque	transparent
péroraison	exorde
débiteur	créancier
scandaleuse (*conduite*)	édifiante
aphélie	périhélie
apogée	périgée
exotique (*plante*)	indigène
absolu (*roi*)	constitutionnel
absolu (*terme*)	relatif
principale (*proposition*)	secondaire
monarchie	république
la fable	l'histoire
fabuleux (*récit*)	historique
prolixe	laconique
houleuse (*mer*)	calme
la prose	les vers
multiplication	division
addition	soustraction
entier (*nombre*)	fractionnaire
infernal	céleste
méchanceté infernale	bonté céleste
boréal	austral
nouvelle (*lune*)	pleine
nord	midi
septentrional	méridional
l'est	l'ouest
orient	occident
oriental	occidental
le levant	le couchant

un nègre	un blanc
en particulier	en général
particulariser	généraliser
cisalpine	transalpine
majuscule	minuscule
campagnard	citadin
obligatoire	facultatif
favorables (*vents*)	contraires
durable (*bonheur*)	éphémère
sympathie	antipathie
synthèse	analyse
décadence	prospérité
roturier	noble
sacrée (*histoire*)	profane
ancienne (*histoire*)	moderne
ancienne (*méthode*)	nouvelle
lac	île
détroit	isthme
golfe	cap
source (*d'un fleuve*)	embouchure
concave	convexe
un thème	une version
initiale (*lettre*)	finale
dièse	bémol
temporel	spirituel
nomade	fixe
se lever (*de son lit*)	se coucher
se lever (*de sa chaise*)	s'asseoir

physique (*douleur*)	morale
enflammé (*volcan*)	éteint
serein (*ciel*)	couvert
ange	démon
créer	anéantir
précédent (*chapitre*)	suivant
antérieurement	postérieurement
exclusivement	inclusivement
subséquent	antécédent
majeur	mineur
majorité	minorité
grave (*maladie*)	légère
grave (*son*)	aigu
bonne (*lieue*)	petite
le célibat	le mariage
vieux célibataire	jeune marié
frais (*air*)	chaud
frais (*hareng*)	salé
fraîche (*rose*)	flétrie

frais (*œuf*)	vieux
fraîches (*troupes*)	fatiguées
rares (*visites*)	fréquentes
rare (*air*)	dense
rare (*chose*)	commune
dur (*lit*)	mou
dur (*bois*)	tendre
dure (*oreille*)	fine
bas (*lieu*)	élevé
basse (*Bourgogne*)	haute
basse (*expression*)	noble
faible (*lumière*)	vive
faible (*vue*)	bonne
faible (*voix*)	forte
faible (*père*)	ferme
la moitié	le double
le tiers	le triple
le quart	le quadruple
le cinquième	le quintuple
le sixième	le sextuple
le dixième	le décuple
le centième	le centuple

VINGT-ET-UNIÈME LEÇON.

Le plus *fort* a toujours *raison*.	Le plus faible a toujours tort.
Pauvreté n'est pas *vice*.	Richesse n'est pas vertu.
La *richesse* est fille de l'*économie*.	La pauvreté est fille de la prodigalité.
En *été*, on recherche l'*ombre*.	En hiver, on recherche le soleil.
Évitez la société des *méchants*.	Recherchez la société des bons.

Dieu *accorde* ses biens aux hommes *vertueux*.	Dieu refuse ses biens aux hommes vicieux.
Celui qu'on *aime* n'a point de *défauts*.	Celui qu'on hait n'a point de qualités.
On *retient* ce que l'on a *bien* appris.	On oublie ce que l'on a mal appris.
Les *méchants* meurent toujours trop *tard*.	Les bons meurent toujours trop tôt.
Un bienfait *mal* placé est une *mauvaise* action.	Un bienfait bien placé est une bonne action.
Le *riche dissipateur* *n*'en a *jamais* assez.	Le pauvre économe en a toujours assez.
Le *prodigue* est pauvre parce qu'il *ne* se prive de *rien*.	L'avare est pauvre parce qu'il se prive de tout.
Peu d'hommes sont *bons*.	Beaucoup d'hommes sont méchants.
Une *facile* conquête offre *peu* de gloire.	Une conquête difficile offre beaucoup de gloire.
Voltaire a dit : Soyons *indulgents* envers les *vivants*.	Voltaire a dit : Soyons sévères envers les morts.
C'est la *plus mauvaise* roue du carrosse qui fait le *plus* de bruit.	C'est la meilleure roue du carrosse qui fait le moins de bruit.
Le plus *libre* des hommes est celui qui *commande* à ses passions.	Le plus esclave des hommes est celui qui obéit à ses passions.
La terre *ne* refuse *rien* au *travail*.	La terre refuse tout à la paresse.
Les occasions de *mal* faire sont *nombreuses; évitez*-les.	Les occasions de bien faire sont rares; recherchez-les.
Le souvenir d'une *mauvaise* action revient à tout moment nous *punir* de l'avoir faite.	Le souvenir d'une bonne action revient à tout moment nous récompenser de l'avoir faite.
Il y a des personnes à qui certains *défauts* siéent *bien*.	Il y a des personnes à qui certaines qualités siéent mal.
Vous *n*'aurez *jamais* besoin de richesses, si vous êtes *instruit*.	Vous aurez toujours besoin de richesses, si vous êtes ignorant.
La *guerre* est le plus grand des *maux*.	La paix est le plus grand des biens.

On s'*ennuie* presque toujours avec ceux que l'on *ennuie*.	On s'amuse presque toujours avec ceux que l'on amuse.
Il est *consolant* pour un père de voir ses enfants se porter au *bien*.	Il est désolant pour un père de voir ses enfants se porter au mal.
Le cœur de l'homme *indiscret* est un livre *ouvert* où *tout le monde* peut lire.	Le cœur de l'homme discret est un livre fermé où personne ne peut lire.
Ces demoiselles sont fort *jolies*, mais *malheureusement* fort *sottes*.	Ces demoiselles sont fort laides, mais heureusement fort spirituelles.
Le *soir*, le soleil se *couche* à l'*occident*.	Le matin, le soleil se lève à l'orient.
Les livres qui *amusent* le plus les enfants ne sont pas toujours les *plus* utiles.	Les livres qui ennuient le plus les enfants ne sont pas toujours les moins utiles.
Haïr est un *tourment*.	Aimer est un plaisir.
Le *bonheur allonge* la vie.	Le malheur abrége la vie.
La *mort* est *la fin* de nos maux.	La naissance est le commencement de nos maux.
Quelque *grande* que soit votre fortune, elle sera *insuffisante* si vous en usez *follement*.	Quelque médiocre que soit votre fortune, elle sera suffisante si vous en usez sagement.
Les *méchants* te chercheront des *défauts* qu'ils puissent *critiquer*.	Les bons te chercheront des qualités qu'ils puissent louer.
La *bonne* foi *débrouille* les affaires les plus *compliquées*.	La mauvaise foi embrouille les affaires les plus simples.
La *jeunesse* regarde en *avant*.	La vieillesse regarde en arrière.
Les *jeunes gens* sont *heureux*, parce qu'ils regardent l'*avenir*.	Les vieillards sont malheureux, parce qu'ils regardent le passé.
L'*enfance* est *heureuse*, parce qu'elle sait *peu*.	La vieillesse est malheureuse, parce qu'elle sait beaucoup.

1. ***Rien ne*** plaît à celui qui est ***mécontent*** de lui-même.
2. ***Rien ne plaît*** à celui qui est mécontent de lui-même.
3. Rien ne ***plaît*** à celui qui est ***mécontent*** de lui-même.

1. Tout plaît à celui qui est content de lui-même.
2. Tout déplaît à celui qui est mécontent de lui-même.
3. Rien ne déplaît à celui qui est content de lui-même.

VINGT-DEUXIÈME LEÇON.

La main qui *hait* le travail produit l'*indigence*.

A la *ville*, on se *couche tard*.

Les hommes *sobres* ont une *longue* vie.

Ce sont toujours les *meilleurs* fruits que les oiseaux becquettent les *premiers*.

L'esprit *sans* la raison n'arrive à *rien*.

On *loue* la *modestie* du *savant*.

Le *savoir* est *modeste*.

Notre *corps* est *mortel*.

L'enfant qui *obéit* à ses parents et qui les *respecte* sera un *bon* citoyen.

La *jeunesse* est le temps propre au *travail*.

Le *pauvre* est *souvent* charitable.

Il n'y a rien de si *timide* qu'une *mauvaise* conscience.

Nous devrions *aimer* des *ennemis sévères*.

Lorsque le soleil est *levé*, les chauves-souris *rentrent* dans leurs trous.

On ne *hait* pas tous ceux que l'on *méprise*.

La main qui aime le travail produit la richesse.

A la campagne, on se lève tôt.

Les hommes intempérants ont une courte vie.

Ce sont toujours les plus mauvais fruits que les oiseaux becquettent les derniers.

L'esprit avec la raison arrive à tout.

On blâme l'orgueil de l'ignorant.

L'ignorance est orgueilleuse.

Notre âme est immortelle.

L'enfant qui désobéit à ses parents et qui les méprise sera un mauvais citoyen.

La vieillesse est le temps propre au repos.

Le riche est rarement charitable.

Il n'y a rien de si hardi qu'une bonne conscience.

Nous devrions haïr des amis indulgents.

Lorsque le soleil est couché, les chauves-souris sortent de leurs trous.

On n'aime pas tous ceux que l'on estime.

La vie la plus *longue* est souvent la *moins* remplie.

La *reconnaissance ennoblit* l'homme.

Dans l'*adversité*, on *se ressouvient* de ses amis : l'*infortune rend* la mémoire.

Fuyez les plaisirs *coupables*.

Ce qui est *inutile* est *toujours* trop cher.

Les *honnêtes gens* se lient par leurs *vertus* et s'accordent pour faire le *bien*.

La *vertu* est un *bien ;* or la *tempérance* est une *vertu :* donc la *tempérance* est un *bien*.

Le *pauvre* est souvent malade par *manque* de nourriture.

Celui qui *regorge* peut mourir d'*indigestion*.

Il y a de la *lâcheté* à *craindre* la mort.

Le *travail* cause *moins* de peine que de plaisir.

Les richesses *mal* acquises sont *fragiles*.

Les *petits* États se *fortifient* par la *concorde*.

Blâme en secret.

Une femme qui apporte *beaucoup* dans la maison la *ruine* bientôt, si elle y introduit une *folle prodigalité*.

L'*indigence* est la juste *punition* de la *fainéantise*.

Souviens-toi d'un service *reçu*.

Méfions-nous de la *déloyauté*.

La vie la plus courte est souvent la plus remplie.

L'ingratitude avilit l'homme.

Dans la prospérité, on oublie ses amis : la richesse ôte la mémoire.

Recherchez les plaisirs innocents.

Ce qui est utile n'est jamais trop cher.

Les scélérats se lient par leurs vices et s'accordent pour faire le mal.

Le vice est un mal; or l'intempérance est un vice : donc l'intempérance est un mal.

Le riche est souvent malade par trop de nourriture.

Celui qui manque peut mourir de faim.

Il y a du courage à braver la mort.

L'oisiveté cause plus de peine que de plaisir.

Les richesses bien acquises sont solides.

Les grands États s'affaiblissent par la discorde.

Loue publiquement.

Une femme qui apporte peu dans la maison l'enrichit bientôt, si elle y introduit une sage économie.

La richesse est la juste récompense du travail.

Oublie un service rendu.

Fions-nous à la loyauté.

Louons le *bon*, le *vrai*, le *bien*, le *beau*.

Blâmons le mauvais, le faux, le mal, le laid.

Cet enfant a été le *premier* en *thème*.

Cet enfant a été le dernier en version.

L'*enfer* est un lieu de *supplices*.

Le paradis est un lieu de délices.

Le vent du *nord* est *froid* et *sec*.

Le vent du midi est chaud et humide.

Celui qui sème la *paresse* récoltera la *famine*.

Celui qui sème le travail récoltera l'abondance.

Ce qui est *utile* se place *facilement*.

Ce qui est inutile se place difficilement.

Un *bon* fils reçoit la *bénédiction* de son père.

Un mauvais fils reçoit la malédiction de son père.

Dieu *bénit* et *récompense* les *bons* cœurs.

Dieu maudit et punit les mauvais cœurs.

Le temps *mal* employé paraît *long*.

Le temps bien employé paraît court.

Le *riche* a ses *peines*.

Le pauvre a ses plaisirs.

1. Les *méchants* se *réjouissent* du malheur d'autrui.
2. Les *méchants* se réjouissent du *malheur* d'autrui.
3. Les méchants se *réjouissent* du *malheur* d'autrui.

1. Les bons s'attristent du malheur d'autrui.
2. Les bons se réjouissent du bonheur d'autrui.
3. Les méchants s'attristent du bonheur d'autrui.

VINGT-TROISIÈME LEÇON.

Le *pauvre vend* le *nécessaire*.

Le riche achette le superflu.

Le *courage* excite l'*admiration*.

La lâcheté excite le mépris.

Le *travail fortifie* et *délasse* le corps.

L'oisiveté affaiblit et fatigue le corps.

Parler *beaucoup*, réfléchir *peu* est la preuve d'un esprit *étroit* et *superficiel*.

Parler peu, réfléchir beaucoup est la preuve d'un esprit vaste et profond.

Un *bon* cœur ne conçoit pas l'*égoïsme*.	Un mauvais cœur ne conçoit pas le désintéressement.
Le langage de la *vérité* est *clair* et *facile*.	Le langage du mensonge est obscur et embarrassé.
La *société* d'un ami dans le malheur *diminue* le mal de *moitié*.	La privation d'un ami dans le malheur augmente le mal du double.
Taire un service rendu, c'est *ajouter* au bienfait.	Proclamer un service rendu, c'est ôter au bienfait.
Les âmes *faibles cèdent* à leurs passions.	Les âmes fortes résistent à leurs passions.
Je *plains* le sort de celui qui est l'*esclave* de ses passions.	J'envie le sort de celui qui est le maître de ses passions.
Le *sage craint* la richesse.	L'insensé désire la richesse.
Celui qui désire *toujours* est *pauvre*.	Celui qui ne désire jamais est riche.
Les *pauvres* ont aussi leurs jours de *tranquillité*, de *joie* et de *bonheur*.	Les riches ont aussi leurs jours d'agitation, de tristesse et de malheur.
Nous *végétons loin* des personnes qui nous sont chères.	Nous vivons près des personnes qui nous sont chères.
L'*économie* est un *raisonnable* emploi de son bien.	La prodigalité est un fol emploi de son bien.
On redresse *facilement* un *jeune* arbre.	On redresse difficilement un vieil arbre.
Le langage de la *vérité* est *hardi*.	Le langage du mensonge est timide.
Une faute *involontaire* est *excusable*.	Une faute volontaire est inexcusable.
La *chaleur dilate* les corps.	Le froid condense les corps.
A mesure qu'il *chauffe*, un corps *augmente* de volume.	A mesure qu'il refroidit, un corps diminue de volume.
Quand le temps est *humide* les portes se ferment *difficilement*.	Quand le temps est sec les portes se ferment facilement.
Vous *commencez tout*.	Vous ne finissez rien.
La *vérité* inspire de la *confiance*.	Le mensonge inspire de la défiance.
Quelque méchants que soient les hommes, ils n'osent paraître *ennemis* de la *vertu*.	Quelque méchants que soient les hommes, ils n'osent paraître amis du vice.

Oublie ce que tu *donnes*.

Un enfant *studieux* s'acquitte avec *plaisir* de ses devoirs.

Une *mauvaise* conscience *n*'est *jamais* tranquille.

La mort est *cruelle* pour celui qui a *mal* vécu.

Ceux qui parlent le *mieux* sont ordinairement ceux qui parlent le *moins*.

Souvent le *riche n'*a *pas assez* avec *beaucoup*.

Un *bon* fils fait l'*orgueil* et la *consolation* de ses parents.

Le règne d'un prince *guerrier* est toujours trop *long*.

Le *vice* est *effronté*.

Riche et *heureux* ne sont pas synonymes.

Quand on est *unis* on est *forts*.

L'*union* fait la *force*.

S'*unir*, c'est se *fortifier*.

L'armée a été *victorieuse* parce que ses chefs étaient *unis* entre eux.

Le vieillard dit à ses enfants : Vous romprez *difficilement* ces dards parce qu'ils sont *unis*.

Souviens-toi de ce que tu reçois.

Un enfant inappliqué s'acquitte avec peine de ses devoirs.

Une bonne conscience est toujours tranquille.

La mort est douce pour celui qui a bien vécu.

Ceux qui parlent le plus mal sont ordinairement ceux qui parlent le plus.

Souvent le pauvre a trop avec peu.

Un mauvais fils fait la honte et le désespoir de ses parents.

Le règne d'un prince pacifique est toujours trop court.

La vertu est timide.

Pauvre et malheureux ne sont pas synonymes.

Quand on est divisés on est faibles.

La division fait la faiblesse.

Se diviser, c'est s'affaiblir.

L'armée a été vaincue parce que ses chefs étaient divisés entre eux.

Le vieillard dit à ses enfants : Vous romprez facilement ces dards parce qu'ils sont séparés.

1. Il est *agréable* de passer l'*été* à la campagne.
2. Il est *agréable* de passer l'été à la *campagne*.
3. Il est agréable de passer l'*été* à la *campagne*.

1. Il est ennuyeux de passer l'hiver à la campagne.
2. Il est ennuyeux de passer l'été à la ville.
3. Il est agréable de passer l'hiver à la ville.

VINGT-QUATRIÈME LEÇON.

Sois *sévère* pour *toi*.	Sois indulgent pour les autres.
L'*oisiveté* et l'*intempérance* sont *nuisibles* à la santé.	Le travail et la tempérance sont favorables à la santé.
La justice doit *condamner* les *coupables*.	La justice doit absoudre les innocents.
La *vie* est *amère* pour le *coupable* que l'on *absout*.	La mort est douce pour l'innocent que l'on condamne.
Le *sage* trouve la cause de ses fautes en *lui-même*.	L'insensé trouve la cause de ses fautes en autrui.
Les enfants *laborieux*, *honnêtes*, *obéissants* et *propres* seront *récompensés*.	Les enfants paresseux, malhonnêtes, désobéissants et malpropres seront punis.
La *propreté* est la plus *précieuse qualité* des enfants.	La malpropreté est le plus fâcheux défaut des enfants.
Les peuples les plus *heureux* sont ceux dont parle le *moins* l'histoire.	Les peuples les plus malheureux sont ceux dont parle le plus l'histoire.
J'*envie* le sort des peuples dont l'histoire est *ennuyeuse*.	Je plains le sort des peuples dont l'histoire est attrayante.
Ce que l'on conçoit *bien* s'énonce *clairement*, et les mots pour le dire arrivent *aisément*.	Ce que l'on conçoit mal s'énonce obscurément, et les mots pour le dire arrivent difficilement.
L'infortune fait *fuir* les *faux* amis.	L'infortune fait accourir les vrais amis.
On *réussit* malgré ses *ennemis* quand on joint le *travail* à la *bonne* conduite.	On échoue malgré ses amis quand on joint la paresse à la mauvaise conduite.
On n'est jamais si *bien* qu'on ne puisse être *mieux*.	On n'est jamais si mal qu'on ne puisse être pis.
Que l'*amitié* ne t'empêche pas de reconnaître les *défauts* de ton *ami*.	Que l'inimitié ne t'empêche pas de reconnaître les qualités de ton ennemi.
Se venger d'une offense, c'est	Pardonner une offense, c'est

se mettre *au-dessous* de l'offenseur.	se mettre au-dessus de l'offenseur.
Le *savant* est *riche* au milieu de sa *pauvreté*.	L'ignorant est pauvre au milieu de ses trésors.
Une *joie* partagée *augmente* de moitié.	Une peine partagée diminue de moitié.
On *envie* le sort d'une *jeune* fille *riche* et *belle*.	On plaint le sort d'une vieille fille pauvre et laide.
Un *honnête homme* a *toujours* assez d'esprit.	Un fripon n'a jamais assez d'esprit.
Punir *rarement* et *à propos*, c'est le moyen de se faire *aimer* et d'être *toujours* obéi.	Punir souvent et mal à propos, c'est le moyen de se faire haïr et de n'être jamais obéi.
Le *sage* compte sur *soi*.	L'insensé compte sur les autres.
Les *bons* livres *vivent*.	Les mauvais livres meurent.
J'*aime*, je *recherche*, j'*achète* les livres *amusants*.	Je hais, je fuis, je vends les livres ennuyeux.
Adam disait à Ève : *Avec* toi, le *travail* même me semble *doux*.	Adam disait à Ève : Sans toi, le repos même me semble amer.
Tous les *biens* que Dieu nous envoie ne sont pas des *récompenses*.	Tous les maux que Dieu nous envoie ne sont pas des punitions.
Les hommes *vertueux* font *aimer* l'humanité.	Les hommes vicieux font haïr l'humanité.
Le *repos* est la *mort* de l'ambitieux.	Le mouvement est la vie de l'ambitieux.
J'apprends avec *joie* tout ce qui vous arrive de *favorable*.	J'apprends avec peine tout ce qui vous arrive de fâcheux.
La *reconnaissance* est la *vertu* des âmes *élevées*.	L'ingratitude est le vice des âmes basses.
Une âme *ingrate oublie* les services.	Une âme reconnaissante se souvient des services.
Cherchez toutes les occasions de *bien* faire.	Fuyez toutes les occasions de mal faire.
Heureux l'élève auquel son *travail*, son *application* et sa *bonne* conduite ont mérité l'*affection* de tous ses maîtres !	Malheureux l'élève auquel sa paresse, son inapplication et sa mauvaise conduite ont mérité l'aversion de tous ses maîtres !
Il y a *peu* de gens qui valent	Il y a beaucoup de gens qui

mieux que leur réputation.

La *liberté relève* l'homme.

Il est *facile* à l'*homme éclairé* d'échapper à l'ennui.

Un père se *réjouit* du *bonheur* et des *succès* de ses enfants.

Honte au *mauvais* cœur qui se *réjouit* du mal d'autrui.

Il est *fier* parce qu'il est *riche*.

Il y a des personnes qui se montrent d'autant plus *fières* qu'elles sont plus *pauvres*.

Nous *louons* tout en *nous*, même le *mal*.

Heureux, nous nous rappelons avec *plaisir* nos *malheurs* passés.

Si vous êtes *bon*, vous serez *aimé*.

La *pauvreté* est féconde en *vertus*.

La *liberté* est le plus grand de tous les *biens*.

L'*orgueil* et la *sottise* marchent toujours de compagnie.

En sacrifiant *tout* à son devoir, on devient *bon* citoyen et *honnête* homme.

Les marchands en *gros* achettent à *crédit*.

Les *anciens* nous paraissent *grands* jusque dans le *crime*.

L'*aigreur révolte* les caractères les plus *doux*.

La *modestie* accompagne presque toujours le *vrai* mérite.

valent moins que leur réputation.

L'esclavage ravale l'homme.

Il est difficile à l'ignorant d'échapper à l'ennui.

Un père s'afflige du malheur et des revers de ses enfants.

Honneur au bon cœur qui s'afflige du mal d'autrui.

Il est humble parce qu'il est pauvre.

Il y a des personnes qui se montrent d'autant plus modestes qu'elles sont plus riches.

Nous blâmons tout en autrui, même le bien.

Misérables, nous nous rappelons avec amertume notre bonheur passé.

Si vous êtes méchant, vous serez détesté.

La richesse est féconde en vices.

L'esclavage est le plus grand de tous les maux.

La modestie et le mérite marchent toujours de compagnie.

En ne sacrifiant rien à son devoir, on devient mauvais citoyen et malhonnête homme.

Les marchands en détail vendent au comptant.

Les modernes nous paraissent petits jusque dans la vertu.

La douceur apaise les caractères les plus violents.

La présomption accompagne presque toujours le faux mérite.

1. Tu ne seras jamais *pauvre* si tu vis *simplement.*
2. Tu *ne* seras *jamais* pauvre si tu vis *simplement.*
3. Tu *ne* seras *jamais pauvre* si tu vis simplement.

1. Tu ne seras jamais riche si tu vis somptueusement.
2. Tu seras toujours pauvre si tu vis somptueusement.
3. Tu seras toujours riche si tu vis simplement.

VINGT-CINQUIÈME LEÇON.

Rien n'est plus *doux* que le souvenir du *bien* qu'on a fait : une *bonne* action est un *doux* oreiller.

Le sommeil du *juste* est *paisible.*

Les œuvres de l'*homme* sont *périssables.*

Une naissance *obscure* est souvent un *bonheur.*

La *présence* du maître *engraisse* le cheval, *remplit* le grenier, *enrichit* la maison et *fonde* la fortune.

La *solitude attriste* la vie et *augmente* les peines.

Tu *dépiteras* ton ennemi si tu parais *indifférent* à ses offenses.

L'autorité qui s'appuie sur la *crainte périra.*

Les *mauvaises* fréquentations *corrompent* le *meilleur* naturel.

L'*âme commande.*

La *louange chatouille* et *gagne* les esprits.

L'*ignorance* est la *nuit* de l'esprit.

Rien n'est plus amer que le souvenir du mal qu'on a fait : une mauvaise action est un dur oreiller.

Le sommeil du méchant est agité.

Les œuvres de Dieu sont éternelles.

Une naissance illustre est souvent un malheur.

L'absence du maître amaigrit le cheval, vide le grenier, appauvrit la maison et détruit la fortune.

La société égaye la vie et diminue les peines.

Tu réjouiras ton ennemi si tu parais sensible à ses offenses.

L'autorité qui s'appuie sur l'amour subsistera.

Les bonnes fréquentations améliorent le plus mauvais naturel.

Le corps obéit.

Le blâme irrite et s'aliène les esprits.

Le savoir est la lumière de l'esprit.

La *gaîté* est la *santé* de l'âme.

L'*amitié* du méchant est une *injure*.

S'il tonnait à *gauche*, les anciens croyaient que c'était un *heureux* présage.

La nature *brute* est *hideuse* et *mourante*.

La *cruauté* est *contraire* à la nature de l'homme.

La *vertu* sous un habit *modeste* commande le *respect*.

Si tu *sais*, *parle*.

On se repent *souvent* d'*avoir parlé*.

L'histoire *flétrit* la mémoire des princes qui ont fait le *malheur* de leurs sujets et la *ruine* de leurs États.

On est toujours *content* de sa situation, quand on la compare à une *plus mauvaise*.

Le *peuple* est *brutal*, mais il est rarement *méchant*.

L'air est *vif* sur les *hautes montagnes*.

Puisque la *richesse* n'*ennoblit* pas, pourquoi l'*honore-t-on*?

L'*amour* et le *pardon* sont *descendus* du *ciel*.

La prière du *juste* est *agréable* à Dieu.

Un empire est *chancelant* quand les lois sont en *oubli*.

La meilleure marque de la *prospérité* d'un empire est le *respect* des lois.

Le bonheur des *honnêtes gens* est *durable*.

La tristesse est le poison de l'âme.

La haine du méchant est un éloge.

S'il tonnait à droite, les anciens croyaient que c'était un mauvais présage.

La nature cultivée est belle et vivante.

La sensibilité est conforme à la nature de l'homme.

Le vice sans un habit magnifique commande le mépris.

Si tu ignores, tais-toi.

On se repent rarement de s'être tu.

L'histoire honore la mémoire des princes qui ont fait le bonheur de leurs sujets et la fortune de leurs États.

On est toujours mécontent de sa situation, quand on la compare à une meilleure.

Les grands sont polis, mais ils sont rarement bons.

L'air est doux dans les basses vallées.

Puisque la pauvreté n'avilit pas, pourquoi la méprise-t-on?

La haine et la vengeance sont montées de l'enfer.

La prière de l'impie est désagréable à Dieu.

Un empire est solide quand les lois sont en vigueur.

La meilleure marque de la décadence d'un empire est le mépris des lois.

Le bonheur des scélérats est éphémère.

On a vu des armées se *fortifier* par une *défaite*.	On a vu des armées s'affaiblir par une victoire.
Ouvrir son âme à l'ambition, c'est *renoncer* au repos.	Fermer son âme à l'ambition, c'est aspirer au repos.
Ignorant et *présomptueux*, ce *méchant* enfant fait le *désespoir* de ses *malheureux* parents.	Instruit et modeste, ce charmant enfant fait le bonheur de ses heureux parents.
Une âme *noble* ne peut pas comprendre la *fourberie*.	Une âme basse ne peut pas comprendre la franchise.
Mon fils, tu te *repentiras* un jour de ton *oisiveté*.	Mon fils, tu te féliciteras un jour de ton application.
La *paresse* et la *prodigalité* mènent les hommes à la *ruine*.	Le travail et l'économie mènent les hommes à la fortune.
La *modestie*, *qualité rare*, *ajoute* au mérite.	L'orgueil, défaut commun, ôte au mérite.

1. ***Loin*** **d'un ami le** ***bonheur*** **que nous éprouvons semble moins** ***doux.***

2. *Loin* d'un ami le bonheur que nous éprouvons semble *moins* doux.

3. Loin d'un ami le *bonheur* que nous éprouvons semble *moins doux*.

1. Près d'un ami le malheur que nous éprouvons semble moins amer.

2. Près d'un ami le bonheur que nous éprouvons semble plus doux.

3. Loin d'un ami le malheur que nous éprouvons semble plus amer.

VINGT-SIXIÈME LEÇON.

Les *paroles s'envolent*.	Les écrits restent.
Tout *sourit* à la *jeunesse*.	Tout s'assombrit pour la vieillesse.
Le *vaincu* sortit *blessé* du combat.	Le vainqueur sortit sain et sauf du combat.
La fortune fait tourner tout	La fortune fait tourner tout

en faveur de ceux qu'elle *favorise.*	contre ceux qu'elle persécute.
Nous entendons avec *plaisir déprécier* le mérite de nos rivaux.	Nous entendons avec peine vanter le mérite de nos rivaux.
Un arbre *dépouillé* de feuilles est l'image de la *vieillesse* et de la *décrépitude.*	Un arbre garni de feuilles est l'image de la jeunesse et de la vigueur.
La *terre* est un *exil.*	Le ciel est une patrie.
Nous devrions *fuir* des *amis indulgents.*	Nous devrions souhaiter des ennemis sévères.
Un *mensonge flatteur caresse* l'amour-propre.	Une vérité dure blesse l'amour-propre.
La *liberté enflamme* et *vivifie* le génie.	L'esclavage glace et tue le génie.
La vie du *pécheur* est *misérable.*	La vie du juste est heureuse.
L'*impie blasphème* et *se venge.*	Le chrétien prie et pardonne.
La *vengeance* est le *vice* des *petites* âmes.	Le pardon est la vertu des grandes âmes.
Le temps *use l'erreur.*	Le temps fortifie la vérité.
Ce que l'on fait *malgré soi* est toujours *difficile.*	Ce que l'on fait de bon gré est toujours facile.
Évitez l'affectation.	Cherchez le naturel.
Le *bonheur* est une *chimère.*	Le malheur est une réalité.
Les hommes écrivent les *bienfaits* sur le *sable.*	Les hommes écrivent les injures sur l'airain.
Le *sang-froid* d'un accusé ne prouve pas qu'il soit *innocent.*	L'émotion d'un accusé ne prouve pas qu'il soit coupable.
La *science* nous *affranchit* des préjugés.	L'ignorance nous asservit aux préjugés.
La porte *large* mène à la *perdition.*	La porte étroite mène au salut.
La joie du cœur *augmente* si on la *communique.*	La joie du cœur diminue si on la contient.
La *résignation allége* l'infortune et *adoucit* les maux.	La plainte appesantit l'infortune et aigrit les maux.
L'or agit *puissamment* sur les âmes *vénales.*	L'or agit faiblement sur les âmes nobles.

La *douceur*, la *justice* et la *patience soumettent* les *plus mauvais* caractères.	La violence, l'injustice et la brusquerie révoltent les meilleurs caractères.
Tu es *libre* si ton cœur est *pur*.	Tu es esclave si ton cœur est corrompu.
Les *vieilles* gens sont *soupçonneux*.	Les jeunes gens sont confiants.
Quand on est *rassasié*, les mets les plus *délicats* semblent *mauvais*.	Quand on est affamé, les mets les plus grossiers semblent délicieux.
La *foi sauve* l'homme.	Le doute perd l'homme.
Toute autorité est *chérie* et *respectée*, quand elle est fondée sur la *justice* et exercée *paternellement*.	Toute autorité est méprisée, quand elle est fondée sur l'iniquité et exercée despotiquement.
Les *qualités* du langage sont la *brièveté*, la *clarté* et l'*harmonie*.	Les défauts du langage sont la diffusion, l'obscurité et la discordance.
La vie est *longue* pour l'*infortuné*.	La vie est courte pour l'homme heureux.
Le *courage affermit* un trône.	La lâcheté ébranle un trône.
Un *compliment immérité* nous *flatte*.	Un reproche mérité nous importune.
La *fausse* grandeur est *dure* et *inaccessible*.	La véritable grandeur est affable et familière.
Sous la constitution la plus *libérale*, un peuple *ignorant* reste toujours *esclave*.	Sous la constitution la plus despotique, un peuple éclairé reste toujours libre.

VINGT-SEPTIÈME LEÇON.

L'ÉCOLIER PARESSEUX.	L'ÉCOLIER LABORIEUX.
Je *hais* un *mauvais* élève, toujours *oisif*, *distrait*, *inappliqué*; il trouve que les heures s'écoulent trop *lentement*,	J'aime un bon élève, toujours occupé, attentif, appliqué ; il trouve que les heures s'écoulent trop rapidement,

car le temps *mal* employé paraît *long;* l'étude l'*ennuie*, la lecture le *fatigue*, le travail est une *peine* pour lui; il trouve tout *difficile*, et il *échoue* dans les choses les plus *simples;* aussi ses camarades le *méprisent*, son maître le *punit;* sa mère, qui est *malheureuse* de sa *mauvaise* volonté, lui adresse des *reproches:* ce sera plus tard un *ignorant orgueilleux;* car l'*orgueil* est le compagnon ordinaire de l'*ignorance*, ou, pour nous servir des paroles du sage : L'*orgueil* et la *sottise* marchent toujours de compagnie. Je *plains* le sort d'un semblable enfant; et qui ne le *plaindrait*, si l'on considère qu'une *mauvaise* éducation est la source du *vice* et le germe de tous les *maux?*

car le temps bien employé paraît court; l'étude l'amuse, la lecture le délasse, le travail est un plaisir pour lui; il trouve tout facile, et il réussit dans les choses les plus compliquées; aussi ses camarades l'estiment, son maître le récompense; sa mère, qui est heureuse de sa bonne volonté, lui adresse des éloges: ce sera plus tard un savant modeste; car la modestie est la compagne ordinaire du savoir, ou, pour nous servir des paroles du sage: La modestie et le talent marchent toujours de compagnie. J'envie le sort d'un semblable enfant; et qui ne l'envierait, si l'on considère qu'une bonne éducation est la source de la vertu et le germe de tous les biens?

VINGT-HUITIÈME LEÇON.

LE PRINTEMPS.

Le *joyeux printemps* est une saison de *vie* et de *mouvement;* les premières *chaleurs* sont le signal du *réveil* de la nature : tout *renaît;* les arbres se *couvrent* de leurs feuilles, et les bocages, *égayés* par le *chant* des oiseaux, *reprennent* leur verte parure. La

L'HIVER.

Le triste hiver est une saison de mort et de repos; les premiers froids sont le signal du sommeil de la nature: tout s'anéantit; les arbres se dépouillent de leurs feuilles, et les bocages, attristés par le silence des oiseaux, quittent leur verte parure. La sève long-

sève, longtemps *captive, circule* dans les vaisseaux et *va* nourrir les branches; les nombreux troupeaux *quittent* leurs étables et se *répandent* dans les campagnes; le laboureur s'arrache au *repos* et *retourne* aux travaux champêtres. Les jours sont plus *longs*, les nuits plus *courtes*; le soleil reste *plus* longtemps sur l'horizon, et nous envoie plus *perpendiculairement* sa lumière et ses rayons. Quels *riants* tableaux présente alors la nature *embellie!*

temps libre, s'arrête dans les vaisseaux et cesse de nourrir les branches; les nombreux troupeaux abandonnent les campagnes et rentrent dans leurs étables; le laboureur s'arrache au travail et quitte les travaux champêtres. Les jours sont plus courts, les nuits plus longues; le soleil reste moins longtemps sur l'horizon, et nous envoie plus obliquement sa lumière et ses rayons. Quels sombres tableaux présente alors la nature enlaidie!

VINGT-NEUVIÈME LEÇON.

LES FRANÇAIS ET LES ARABES.

Notre brave armée a vaincu l'ancienne régence d'Alger; mais nous n'avons pas conquis le cœur des Arabes. Il existe entre les deux peuples une grande dissemblance de caractère, de mœurs, de coutumes, de religion. Entre l'Arabe et nous, tout est contraste. Nous allons donner quelques-unes de ces oppositions; elles sont curieuses:

Nous sommes chrétiens.	Les Arabes sont mahométans.
Jésus nous promet un paradis tout spirituel.	Mahomet promet aux Musulmans un paradis tout sensuel.
L'Évangile défend de verser le sang humain: celui qui se sert de l'épée périra par l'épée.	Le Coran ordonne à ses sectateurs de tuer le plus grand nombre d'ennemis possible.
Le Français ne peut épouser qu'une seule femme.	Le Musulman peut épouser quatre femmes et prendre autant de concubines que sa fortune le lui permet.

Le Français se marie le plus tard possible.

L'Arabe se marie le plus tôt qu'il peut.

Les femmes françaises marchent la figure découverte et sont souvent dans les rues.

Les femmes arabes sont prisonnières dans leurs maisons, et, si elles sortent, ne peuvent sortir que voilées.

Le Français qui frappe une femme est déshonoré.

L'Arabe, si la paix est troublée dans son ménage, y ramène la paix à coups de bâton.

Demander à un Français, quand on le rencontre, des nouvelles de sa femme, c'est lui faire une politesse.

Demander à un Arabe des nouvelles de sa femme, c'est une des plus graves insultes qu'on puisse lui faire.

Nous buvons du vin.

Le vin est interdit aux Arabes.

Nous portons les habits serrés.

Ils les portent larges.

Nous disons qu'il faut avoir les pieds chauds et la tête froide.

Ils disent qu'il faut avoir la tête chaude et les pieds froids.

Nous saluons en ôtant notre chapeau.

Ils saluent en enfonçant leur turban sur leur tête.

Nous sommes rieurs.

Ils sont graves.

Nous demeurons dans des maisons.

Ils séjournent sous des tentes.

Nous mangeons avec une fourchette.

Ils mangent avec leurs doigts.

Nous buvons plusieurs fois en mangeant.

Ils ne boivent qu'une seule fois après avoir mangé.

Notre jeûne est doux.

Le leur est rude. Depuis la pointe du jour (c'est-à-dire depuis le moment où l'on peut distinguer un fil blanc d'un fil noir) jusqu'au soir (c'est-à-dire jusqu'au moment où il n'est plus possible de distinguer, etc., etc.), l'Arabe ne peut ni boire, ni manger, ni fumer, ni priser.

Nous enfermons les fous et nous en faisons un objet de moquerie et de risée.

L'Arabe les laisse libres et il les regarde comme sacrés.

Nous sommes familiers avec nos parents et nous les tutoyons.	L'Arabe est plein de respect pour son père : il ne peut ni s'asseoir, ni fumer, ni parler devant lui, ni même un frère cadet devant son frère aîné.
Nous aimons les voyages de fantaisie.	L'Arabe ne fait que des voyages d'utilité.
Nous connaissons toujours notre âge.	L'Arabe ignore toujours le sien.
Nous attachons notre honneur à ne pas reculer d'un pas dans la bataille.	L'Arabe fuit sans déshonneur.
Nous mangeons la viande des animaux assommés.	L'Arabe ne mange que la viande des animaux saignés.
Notre façon de rendre la justice est lente et pleine de formalités.	La leur est simple et très-expéditive.
Nous écrivons en allant de gauche à droite.	Ils écrivent en allant de droite à gauche.
Nos lettres sont petites et déliées.	Les leurs sont grandes et lourdes.
Nos lois défendent l'esclavage.	Les leurs le permettent.
Notre gouvernement paye ceux qu'il emploie.	Autrefois les chefs arabes payaient au dey l'honneur d'exercer un commandement.
Nous parlons beaucoup et souvent tous à la fois.	Ils parlent peu, et écoutent religieusement celui qui a la parole.
Nous avons la parole vive, légère et accompagnée de grands gestes.	L'Arabe parle gravement, lentement et sans le moindre geste. On dirait qu'il compte ses paroles.
Nous chérissons au même degré nos fils et nos filles.	L'Arabe n'aime que ses fils : ses filles sont si peu pour lui, que la plupart du temps il en ignore le nombre.
Le Français a souvent la faiblesse d'accorder une petite préférence au plus jeune de ses enfants, à son Benjamin, comme l'on dit proverbialement.	L'Arabe affectionne davantage son fils aîné. Il en fait le chef toujours respecté de la famille.

Nous nous inquiétons de tout.	Il ne s'inquiète de rien.
Nous sommes curieux, avides de nouvelles.	L'Arabe est indifférent pour tout ce qui ne concerne pas sa tribu.
Nous sommes providentiels.	L'Arabe est fataliste. S'il lui arrive quelque grand malheur : *Hakoun-Erbi,* dit-il ; ordre de Dieu.

Un Arabe disait : Mettez un Franc et un Arabe dans la même marmite ; faites-les bouillir pendant trois jours, et vous aurez deux bouillons séparés.

TRENTIÈME LEÇON.

Certains oiseaux de proie dorment le jour et veillent la nuit.

Et le riche, et le pauvre ; et le faible, et le fort,
Vont tous également de la vie à la mort.

Les petites causes produisent souvent de grands effets. Les mauvais exemples scandalisent plus que les bons exemples n'édifient. De loin, c'est quelque chose ; et de près, ce n'est rien. Les hommes sont si frivoles qu'une petite joie leur fait oublier un grand chagrin. Il y a du courage à pardonner une injure, et de la lâcheté à s'en venger. La fin du règne de Louis XIV fut aussi honteuse pour la France que le commencement avait été glorieux. Un petit gain qui est sûr vaut mieux qu'un grand gain qui est incertain. Tel est riche avec peu ; tel autre est pauvre avec beaucoup. Tu gagneras beaucoup si tu perds une fausse espérance. Tel commence bien, qui finit mal. Le bien succède au mal ; les ris succèdent aux larmes. Les lois sont faites pour défendre la faiblesse contre la force, la simplicité contre la ruse, la probité contre la friponnerie. L'amitié les a joints, la haine les sépare. Les hommes arrogants dans la prospérité sont rampants dans la disgrâce. La richesse attire les amis, et la pauvreté les éloigne. L'amitié finit où la défiance commence. Si tu obtiens l'amitié des gens de bien, tu te moqueras de la haine des méchants. Quel est le puissant architecte qui fait lever et coucher le soleil, qui donne la lumière du jour au travail, et l'obscurité de la nuit au repos ? Il entre quelquefois dans les vues mystérieuses de Dieu de rendre fécond ce qui paraissait stérile, de donner la force et la raison à ce qui n'était que faiblesse et que folie. Tous les enfants ont dans le cœur des germes de vertus et des germes de vices; c'est aux instituteurs à développer les uns et à étouffer les autres. Quand je dis oui, on ne doit pas répondre non ; et si je commande, il faut obéir. Un décor et un paysage sont beaux de loin et vilains de près. Le misanthrope fuit les hommes sans les haïr ; l'égoïste les recherche sans les aimer. L'ami qui nous cache nos défauts nous sert moins que l'ennemi qui nous les découvre. Selon que vous serez puissant ou faible, riche ou pauvre, grand ou petit, les jugements de cour vous rendront blanc ou noir. L'eau qui dort est pire que l'eau qui coule. La religion défend de faire le plus petit mal pour faire réussir le plus grand bien. Crains plus la louange que la critique : celle-là te voile tes défauts; celle-ci te les découvre. Celui qui aime tout le monde n'aime personne. Les flacons se vidèrent, et les têtes s'emplirent. Les plus grands et les plus forts ont souvent besoin des plus petits et des plus faibles. Celui qui croit tout savoir ne sait rien. Celui qui s'ennuie du bien tombe dans le mal ; il cherche le mieux et trouve le pire. Que d'hommes qui s'étaient endormis riches, se sont réveillés pauvres ! On dort mieux sous le chaume que dans un palais. A cuisine grasse testament maigre. Un bon père punit avec peine, et récompense avec plaisir. Les fruits tardifs sont meilleurs que les fruits hâtifs. Le sot ne sait ni parler ni se taire. Ils sont nés, ils sont morts : Seigneur, ont-ils vécu ?

TRENTE-ET-UNIÈME LEÇON.

Lâche qui veut mourir, courageux qui veut vivre. Qui peut dire : Pauvre je suis venu, riche je m'en irai ? Cette femme, qui est un diable chez elle, est un ange chez les autres. Charles XII, roi de Suède, éprouva ce que la prospérité a de plus doux, et ce que l'adversité a de plus cruel, sans avoir été aveuglé par l'une ni éclairé par l'autre. Les plaies du corps se ferment; celles de l'âme restent ouvertes. Arrière ceux dont la bouche souffle le froid et le chaud ! Quand l'admiration cesse d'augmenter, elle diminue. Voici le code de l'égoïste : Tout pour moi, rien pour les autres. J'aime mieux, disait Louis XII, voir mes courtisans rire de mon avarice, que mon peuple pleurer de ma prodigalité. Les caves sont froides en été et chaudes en hiver. Les hirondelles arrivent au printemps et partent en automne. Nous avons applaudi les bons acteurs et sifflé les mauvais. Pardonne beaucoup aux autres et peu à toi. Il emprunte à tout le monde et ne rend à personne. Les uns affirment ce que les autres nient. Le monde est économe d'éloges et prodigue de critiques. On estime les gens de cœur, et on méprise les lâches. L'intolérance n'a jamais fortifié une vérité ni affaibli une erreur. Partout le petit nombre qui commande vit aux dépens du grand nombre qui obéit. On monte lentement à la roue de la fortune, et l'on en descend rapidement. Il vaut mieux savoir peu et bien que de savoir beaucoup et mal. Il vaut mieux risquer d'absoudre cent coupables que de condamner un innocent.

Notre vie est un champ qu'il nous faut cultiver;
Les fleurs sont au printemps, les fruits sont en automne.
Le travail pour l'été, le repos pour l'hiver.
Des lauriers du matin, le soir fait sa couronne.

Les lois sont semblables à des toiles d'araignées, qui retiennent les petites mouches et laissent échapper les grosses. Un vieil ami est un trésor toujours nouveau. Certaines fleurs naissent le matin et meurent le soir. Il vaut mieux maigrir dans l'honneur que d'engraisser dans l'infamie. Je préfère être blâmé par les bons que d'être loué par les méchants. La chaleur de l'été n'est pas aussi incommode que le froid de l'hiver. L'adversité, qui abat les âmes faibles, relève les âmes fortes. Dire que peu d'hommes sont prophètes chez eux, ne signifie pas que beaucoup le soient chez les autres. L'homme est de glace aux vérités; il est de feu pour les mensonges. La langue est la meilleure et la pire des choses : si elle est l'organe de la vérité et de la raison, elle est aussi l'organe du mensonge et de la folie; par elle, on loue et on blasphème les dieux, on bâtit et on détruit les villes, on excite et on apaise les querelles.

TRENTE-DEUXIÈME LEÇON.

Le luxe du riche insulte à la pénurie du pauvre. On écrit d'un style extraordinaire parce qu'on n'a que des choses très-ordinaires à dire. La crainte et l'espérance étendent les maux et les biens. L'occasion est difficile à trouver, facile à perdre. Il vaut mieux respirer le bon air de la campagne que le mauvais air de la ville. Les lois sont faites pour effrayer les méchants et rassurer les bons. L'ignorance affirme ou nie; la science doute. L'économie est vertu dans la pauvreté et vice dans l'opulence. Il n'y a jamais eu ni bonne guerre ni mauvaise paix. Ce que l'on retranche à ses nuits, on l'ajoute à ses jours. Les hommes désirent allonger leur vie en gros et la raccourcir en détail. Justinien se montrait aussi petit devant les Perses qu'il était intraitable devant les Goths. L'humilité n'est souvent qu'un artifice de l'orgueil, qui ne s'abaisse que pour s'élever. Que de gens resteraient muets, s'il leur était défendu de dire du bien d'eux-mêmes et du mal d'autrui! Un petit chez soi vaut mieux qu'un grand chez les autres. Les hommes condamnent le soir ce qu'ils ont approuvé le matin. La vie est une chaîne de soie entrelacée de biens et de maux. Quand vous avez les yeux fixés sur une carte de géographie, le nord est en haut, le midi en bas, l'est est à votre droite, et l'ouest à votre gauche. Il n'y a rien de meilleur ni de pire qu'une bonne ou une mauvaise femme. Parlez peu avec les autres, mais beaucoup avec vous-même. Les gens qui se divertissent trop s'ennuient. L'erreur et la vérité dorment côte à côte dans les bibliothèques. La mort est douce pour ceux à qui la vie est dure. Les zéphyrs du printemps et de l'été sont toujours suivis des vents de l'automne et de l'hiver. Le malheur empire les mauvais caractères et améliore les bons. La mort rit en voyant une vieille faire l'enfant. Ceux qui se flattent de faire envie font souvent pitié. Jeunes ou vieux, petits ou grands, riches ou pauvres, savants ou ignorants, nobles ou roturiers, citadins ou campagnards, nous devons tous mourir un jour. Un fat disait en parlant d'un homme de peu d'esprit : « On ferait un gros livre avec ce qu'il ignore. — Et vous, lui répondit-on, on en ferait un fort petit avec ce que vous savez. » Le temps est un vrai brouillon, rangeant, dérangeant; imprimant, effaçant; approchant, éloignant; et rendant toutes choses bonnes ou mauvaises. On commence par être dupe, on finit par devenir fripon. Le prodigue répand l'or comme le fumier, et l'avare ramasse le fumier comme l'or. Le grand Frédéric a dit : « La perte ou le gain d'une bataille ne dépend souvent que d'une bagatelle. » Les gens gais dehors sont ordinairement tristes chez eux.

TRENTE-TROISIÈME LEÇON.

L'histoire de la grandeur et de la décadence des Romains est un des chefs-d'œuvre de notre langue. L'égoïste vous fait un petit cadeau d'une main pour en recevoir un grand de l'autre. Les hommes passent comme les fleurs, qui sont épanouies le matin et flétries le soir. Où la vertu finit le vice commence. Les hypocrites sont vertueux au dehors et vicieux au dedans. Tel arrive bon à la cour qui s'en retourne gâté. La parfaite amitié est une union de biens et de maux, une société de pertes et de gains, un commerce de bonne et de mauvaise fortune. L'homme ingrat oublie les services; l'homme reconnaissant s'en souvient. La chaumière du pauvre renferme autant de bonheur que le palais du riche : le bonheur est un breuvage plus souvent versé dans des verres de fougère que dans des coupes d'or. Quiconque s'abaisse sera élevé, a dit Jésus-Christ. Dieu fait lever son soleil sur ceux qui sanctifient son nom et sur ceux qui le blasphèment; il fait pleuvoir sur le champ du juste et sur celui du méchant. L'homme doit travailler dans sa jeunesse pour avoir le droit de se reposer dans sa vieillesse. Que l'amitié qui te fait louer les qualités de ton ami, ne t'empêche pas de blâmer ses défauts. Je préfère un petit feu qui dure longtemps à un grand feu qui dure peu. Celui qui sème le mal ne peut pas récolter le bien. Nous nous souvenons plus longtemps des outrages que des bienfaits. Souviens-toi des faveurs que tu reçois, oublie celles que tu accordes. On juge les autres non sur leurs bonnes ou leurs mauvaises qualités, mais sur les raisons justes ou injustes que l'on a de s'en louer ou de s'en plaindre.

Le bien, nous le faisons; le mal, c'est la Fortune.
On a toujours raison, le Destin toujours tort.

Un jeune ange peut devenir un vieux diable. On voit tant de gens parler contre leurs sentiments, qu'on est tenté de croire que la parole a été donnée à l'homme pour déguiser et non pour exprimer sa pensée. Il ne faut jamais ni trop espérer ni trop désespérer. En matière de religion, il est facile de tromper les autres, et difficile de les détromper. Toutes les opérations de la rhétorique se rapportent à trois objets : louer ou blâmer, conseiller ou dissuader, accuser ou défendre. Puisque c'est la médiocrité qui donne le bonheur, et que pour être heureux il ne faut ni le trop ni le trop peu, nous devons plaindre le sort du pauvre et ne pas envier celui du riche. Le vent est chaud ou froid, sec ou humide selon qu'il nous vient du midi ou du nord, de l'est ou de l'ouest. Le mal vient vite et s'en va lentement. Il vaut mieux être heureux par l'erreur que malheureux par la vérité. Ce que j'appelle moi, a dit Fénelon, c'est quelque chose qui connaît et qui ignore, qui croit et qui doute, qui affirme l'erreur et qui nie la vérité, qui aime tour à tour le bien et le mal, qui a du plaisir et de la douleur, qui se réjouit et qui s'afflige; qui est grand, qui est petit; qui rampe, qui s'élève; que l'on admire et que l'on méprise; dont on est fier et dont on rougit; qui menace, qui tremble; qui mêle des hauteurs ridicules à des bassesses indignes.

TRENTE-QUATRIÈME LEÇON.

L'argent est un bon serviteur et un mauvais maître. Le sens commun est plus rare qu'on ne pense. Le plus heureux en apparence est souvent le plus malheureux en réalité. En fait de louanges, la vanité dit comme cet enfant gourmand : Donnez-m'en trop, et je n'en aurai pas assez. Certaines personnes généreuses dans l'indigence, deviennent avares dans l'opulence. Il y a des choses dont on guérit par la privation, d'autres par la jouissance. Dans les guerres civiles la victoire même est une défaite. Le fanatisme change en religion de haine une religion d'amour. L'hyperbole est une exagération en deçà ou au delà de la vérité. Le soleil engendre par sa présence le jour, la chaleur, le mouvement et la vie, et par son absence, la nuit, le froid, le repos et la mort. Tel résiste à la violence qui cède à la douceur. Tout le monde dit du bien de son cœur, et personne n'ose en dire de son esprit. L'hypocrite, tour à tour agneau timide et loup dévorant, vous flatte par devant et vous déchire par derrière. Maison de paille où l'on rit vaut mieux que palais où l'on pleure. Tel brille au second rang qui s'éclipse au premier. Les richesses et le monde passent, mais les bonnes actions demeurent. Un fermier paye son propriétaire en argent ou en nature. Nous voyons les effets ; Dieu seul connaît les causes. Les mêmes manières qui siéent bien quand elles sont naturelles, siéent mal quand elles sont affectées. Si l'homme est le vassal du ciel, il est le roi de la terre. Le gourmand n'a que deux affaires en tête, savoir : son déjeuner du matin et son souper du soir. Le fat est un être qui en voulant s'élever au-dessus des autres, est descendu au-dessous de lui-même. C'est un homme d'esprit pour les sots qui le recherchent et l'admirent ; c'est un sot pour les gens sensés qui l'évitent et le méprisent. Les larmes des femmes, dit un proverbe espagnol, valent beaucoup et coûtent peu. Il y a deux espèces de marines, la marine militaire et la marine marchande. On divise les langues en analytiques et en synthétiques. Le langage de l'esprit s'épuise, mais celui du cœur est intarissable. Les synonymes sont des mots qui ont entre eux de grands rapports et de légères différences. Le matin incrédule, il est dévot le soir. Le roi d'Yvetot se levait tard, se couchait tôt.

TRENTE-CINQUIÈME LEÇON.

Certaines douleurs aiguës font qu'on regarde la mort comme une consolation, et la vie comme un supplice. On s'imagine que les couleurs sombres sont plus agréables à Dieu que les couleurs vives. On est plus souvent dupe par la défiance que par la confiance. Dans le commerce du monde, ce n'est pas la foi qui sauve, mais la méfiance. La tranquillité dans un trou vaut mieux que l'agitation dans un palais. Parlez peu de vous au superlatif afin qu'on n'en parle pas beaucoup au diminutif. Pour connaître une physionomie, il faut l'étudier d'en haut et d'en bas, de face et de profil. L'ennui préfère les hôtels aux chaumières. Il y a des économies ruineuses et des prodigalités lucratives. C'est le propre des grands esprits de dire beaucoup de choses en peu de mots. Il y a deux morales, l'une passive, qui défend de faire le mal, l'autre active, qui ordonne de faire le bien. Dès qu'il veut dominer, l'art gâte la nature au lieu de l'embellir. Nous allions par monts et par vaux; nous courions de la montagne à la plaine. La lecture des romans échauffe la tête et glace le cœur. Dans la vie, le bonheur est une exception et le malheur la règle générale. En sortant des rigueurs de la servitude, on jouit avec délices des douceurs de la liberté. La foudre frappe le chêne orgueilleux et épargne le modeste arbuste. Il y aura beaucoup d'appelés, mais peu d'élus. Les statues qu'on dresse aux vivants sont d'argile; celles qu'on dresse aux morts sont d'airain.

> Dieu, maître de son choix, ne doit rien à personne :
> Il éclaire, il aveugle, il condamne, il pardonne.

Plus on approfondit l'homme, plus on y démêle de faiblesse et de grandeur. Quand on considère la beauté de son esprit et la laideur de son corps, on ne saurait dire si Ésope eut sujet de remercier la nature ou de s'en plaindre. Je préfère une honorable pauvreté à une richesse honteuse. Les hommes ne jugeant des vices et des vertus que par ce qui les choque ou les accommode, sont aveugles et sur le mal et sur le bien. Le désordre règne dans les chants du rossignol : il saute du grave à l'aigu, du doux au fort; il est lent, il est vif; il est varié, il est monotone ; et sa voix est aussi souvent la marque de la tristesse que celle de la joie. L'armée des Croisés offrait un mélange confus de toutes les conditions et de tous les rangs : des femmes paraissaient en armes au milieu des guerriers; on voyait la vieillesse à côté de l'enfance, l'opulence près de la misère ; le casque était confondu avec le froc, le seigneur avec les serfs, le maître avec ses serviteurs. Jésus-Christ n'est pas né dans la pourpre, mais dans l'asile de l'indigence ; il n'a point été annoncé aux grands et aux superbes, mais les anges l'ont révélé aux petits et aux humbles ; il n'a pas réuni autour de son berceau les rois et les heureux du monde, mais les bergers et les infortunés.

TRENTE-SIXIÈME LEÇON.

Les hommes ont des goûts différents : les uns cherchent les honneurs, les autres les fuient; ceux-ci aiment la campagne, ceux-là préfèrent la ville ; aux uns il faut le bruit de la vie publique, aux autres il faut le silence de la vie privée. Exempts de maux réels, les hommes s'en forment de chimériques. Autant la pitié qui s'offre elle-même est douce, autant celle que l'on est forcé d'implorer est amère. Un roi est mille fois plus malheureux qu'un simple particulier. A Rome, il y avait deux classes de citoyens, les patriciens et les plébéiens. En médecine tout est généralité dans la théorie, et tout est particularité dans la pratique. On peut avoir raison au fond et tort par la forme. L'esprit de l'homme ne peut concevoir un effet sans cause, la créature sans le Créateur. Combien de personnes doivent leurs vertus à la nature, et leurs vices à l'éducation ! Les animaux sont souvent mieux servis par leur instinct que l'homme par la raison. Sous la peau d'un agneau souvent se cache un loup. La lettre tue, mais l'esprit vivifie. Le navigateur préfère la tempête qui le pousse au calme plat qui l'arrête. Le naturel plaît toujours plus que l'affectation. Les époux parcourent une route ardue : l'union les soutient ; la discorde les fait tomber. L'avare jouit en imagination ; il pâtit en réalité. En politique, un démenti équivaut très-souvent à un aveu. Le gouvernement de droit et le gouvernement de fait sont rarement d'accord. Jésus-Christ joignit le précepte à l'exemple. Au dernier jour, Jésus-Christ séparera l'ivraie du bon grain ; il mettra les agneaux à sa droite et les boucs à sa gauche. L'esprit est souvent copiste ; le génie est toujours original. Tout paraît merveilleux au jeune homme qui entre dans le monde ; tout paraît insipide au vieillard qui en sort. On met les anciens et les étrangers bien haut pour abaisser ses contemporains et ses compatriotes. On voit des siècles savants et d'autres qui sont ignorants ; on en voit de naïfs et de raffinés, de sérieux et de badins, de polis et de grossiers. Il y a des vérités qui affligent et des erreurs qui consolent. La jeunesse vit d'espérance, et la vieillesse de souvenir. Voilà

Biron; je le présente volontiers à mes amis et à mes ennemis. L'orgueil détruit l'intérêt que le malheur inspire.

TRENTE-SEPTIÈME LEÇON.

L'avare ne possède pas son or; c'est son or qui le possède. Il faut penser tout ce que l'on dit; mais on peut ne pas dire tout ce que l'on pense. Sans m'aimer il me le disait; moi, je l'aimais sans le lui dire. Nous devons manger pour vivre, et non pas vivre pour manger. On peut estimer quelqu'un sans l'aimer, de même que l'on peut l'aimer sans l'estimer. A force d'avoir peur de mourir, on finit par mourir de peur. Pour vaincre ses défauts, l'homme peut tout ce qu'il veut; mais il ne veut pas tout ce qu'il peut. Il ne faut pas soupçonner ceux que l'on emploie, ou ne pas employer ceux que l'on soupçonne. Le plus faible atome est un monde, et le monde peut n'être qu'un atome. Au lieu d'accorder leurs penchants avec la religion, les faux dévots voudraient accorder la religion avec leurs penchants. Courbe la tête, fier Sicambre; adore ce que tu as brûlé, brûle ce que tu as adoré. Quelqu'un a dit de Napoléon: Il a fait trop de bien pour que j'en dise du mal, et trop de mal pour que j'en dise du bien (1). C'est le pâté des rois et le roi des pâtés. Mon amie, disait madame de La Tour, chacune de nous aura deux enfants, et chacun de nos enfants aura deux mères. Il vaut mieux ne rien dire que de dire des riens. Personne n'est content, de ceux qui ne sont contents de personne.

La raison doit être la première autorité, et l'autorité la dernière raison des rois. L'homme généreux oublie de se souvenir; l'ingrat se souvient d'oublier. Les grands hommes sont sou-

(1) Qu'on parle mal ou bien du fameux cardinal,
Ma prose ni mes vers n'en diront jamais rien.
Il m'a trop fait de bien pour en dire du mal,
Il m'a trop fait de mal pour en dire du bien.

(CORNEILLE.)

vent despotes, et rarement les despotes sont de grands hommes. L'homme fort souffre sans se plaindre ; l'homme faible se plaint sans souffrir. La fortune fait passer les crimes des gens heureux pour des bagatelles, et les bagatelles des malheureux pour des crimes. Ceux à qui tout le monde convient ne conviennent à personne. Le sage est magnifique sans orgueil ; l'insensé est orgueilleux sans magnificence. Les enfants sont de petits hommes, et souvent les hommes sont de grands enfants.

TRENTE-HUITIÈME LEÇON.

Ici, l'habit fait valoir l'homme;
Là, l'homme fait valoir l'habit.

Les peuples ne sont pas faits pour les rois, mais les rois pour les peuples. On devrait placer cette inscription sur la porte de tous les cimetières : *J'ai été comme tu es ; tu seras comme je suis.* Vivez pour les autres, si vous voulez que les autres vivent pour vous. Socrate était aussi vaillant que sage ; Turenne était aussi sage que vaillant. L'essentiel pour certains philosophes est de penser autrement que les autres : chez les croyants ils sont athées, chez les athées ils seraient croyants. Le grand-duc de Bade vient d'envoyer au préfet de police de Paris le cordon de l'ordre du Lion, avec ces mots qui accompagnaient l'envoi : « Personne n'est plus digne de l'ordre du Lion que le lion de l'ordre. » Dieu élève celui qui s'abaisse et abaisse celui qui s'élève.

Pauvre Didon, où t'a réduite
De tes maris le triste sort?
L'un en mourant cause ta fuite,
L'autre en fuyant cause ta mort.

On peut écouter sans entendre, comme on peut entendre sans écouter. On voit des personnes étudier continuellement sans rien apprendre ; on en voit d'autres tout apprendre sans étudier. Il y a des gens qui sont petits dans les grandes choses, et grands dans les petites.

Lorsque Lubin me dit, pour se faire encenser,
Qu'il n'est qu'un ignorant dans l'art de bien écrire,
Il me le dit sans le penser,
Je le pense sans le lui dire.

Rien ne ressemble plus à des plantes que certains animaux, et rien ne ressemble plus à des animaux que certaines plantes. L'histoire, dit-on, doit respecter les rois; ne serait-il pas plus juste de dire que les rois doivent respecter l'histoire?

Mille maux à la fois te déclarent la guerre,
Mortel! ta vie est courte et bientôt finira;
Aujourd'hui tu couvres la terre,
Demain elle te couvrira.

Rien n'est si sot qu'un méchant, ni si méchant qu'un sot. Les maux de ce monde dureront jusqu'à ce que les philosophes deviennent rois, ou jusqu'à ce que les rois deviennent philosophes.

TRENTE-NEUVIÈME LEÇON.

L'oreiller du méchant est plein d'épines; celui de l'homme vertueux est doux. Nous sommes clairvoyants pour les défauts d'autrui, et nous fermons les yeux sur les nôtres. Il est aussi facile de se tromper soi-même sans s'en apercevoir, qu'il est difficile de tromper les autres sans qu'ils s'en aperçoivent. Les hommes se font les uns aux autres une guerre cruelle, quand au contraire ils devraient s'aider mutuellement. Dieu rejetait les sacrifices de Caïn, dont le cœur était mauvais, et il recevait favorablement ceux d'Abel, dont le cœur était pur. Une seule journée d'un sage vaut mieux que toute la vie d'un sot. Un proverbe italien dit, en parlant du joueur: Il est venu couvert de laine, et il s'en est retourné tondu. Tantôt la peur nous met des ailes aux talons, tantôt elle nous cloue les pieds au sol. La paix dit aux jeunes hommes: Croissez, multipliez, soyez heureux! La guerre leur crie: Allez souffrir et vous entretuer. Les têtes humaines, comme les épis de blé, sont altières quand elles sont vides, et penchent vers la terre quand elles sont bien remplies. Où les riches sont couverts de galons et vont en brillants équipages, les pauvres gens sont couverts de haillons et marchent nu-pieds. Pendant que la fourmi met à profit la belle saison pour remplir ses greniers, la cigale passe ses journées à chanter. Au retour de l'hiver, la fourmi trouvera dans sa retraite un abri et de l'abondance, tandis que la cigale périra de froid et de misère. Le portrait d'un père n'est qu'un tableau, qu'une peinture froide et indifférente pour des étrangers; mais pour des enfants, c'est un livre qui leur enseigne leurs devoirs. A quelques buissons rares et brûlés étaient suspendues des cigales qui se taisaient à notre approche, mais qui recommençaient leurs chants dès que nous étions passés. Un Turc devient aussi souple, s'il voit que vous ne le craignez pas, qu'il est insolent, s'il s'aperçoit qu'il vous fait peur. Beaucoup de fleuves, qui ne sont à leur source qu'un filet d'eau imperceptible, ressemblent à leur embouchure à des mers immenses. Un livre peu têtre amusant avec de nombreuses erreurs, et ennuyeux quoique très-correct. Celui qui est l'artisan de sa fortune est plus estimable que le riche qui n'a eu que la peine de naître. Ceux qui étaient modestes dans une condition médiocre, deviennent quelquefois insolents quand ils se trouvent dans une plus grande élévation. Les enfants que l'on élève trop mollement broncheront dans le rude sentier de la vie; mais ceux que l'on accoutume de bonne heure au travail marcheront hardiment. Il y a des vices que l'on apporte en naissant; il y en a d'autres que l'on contracte. Les fleurs ne sont belles et odorantes que lorsqu'elles sont fraîches cueillies; au bout de quelques jours elles se fanent et perdent leur doux parfum. Le vaniteux a une haute opinion de lui-même, et professe pour les autres le plus profond mépris. Dans la prospérité, les vrais amis attendent qu'on les appellé; dans l'adversité, ils se présentent d'eux-mêmes. La médisance est un orgueil secret qui nous découvre la paille dans l'œil de notre frère, et nous cache la poutre qui est dans le nôtre. La médisance est une duplicité indigne qui loue en face et déchire en secret. L'âge guérit d'ordinaire les autres passions, au lieu que l'avarice semble se ranimer et reprendre de nouvelles forces dans la vieillesse. Les vraies louanges ne sont pas celles qui s'offrent à nous, mais celles que nous arrachons.

QUARANTIÈME LEÇON.

Le champ du paresseux est couvert de ronces et d'orties; celui du laboureur diligent est couvert de moissons dorées. Le chien lèche la main qui le frappe; le serpent mord le sein qui le réchauffe. On travaille avec succès, quand on travaille avec plaisir; mais on fait toujours mal les choses pour lesquelles on éprouve de la répugnance. Un demi-savoir éloigne de la religion, tandis qu'une science moins superficielle nous y ramène. Les animaux marchent le regard fixé vers la terre; l'homme regarde le ciel. Les écoliers paresseux aiment le jeu; les écoliers laborieux préfèrent le travail. La loi de Moïse disait aux hommes : Vengez-vous; œil pour œil, dent pour dent; l'Évangile de Jésus-Christ leur dit : Aimez vos ennemis, faites du bien à ceux qui vous persécutent. Les étoiles brillent d'une lumière qui leur est propre; la lune emprunte la sienne du soleil. On se repent d'avoir mal fait; une bonne action au contraire remplit le cœur d'un doux contentement. Les Hébreux passèrent la mer Rouge à pied sec, tandis que Pharaon fut englouti avec toute son armée. Attachez peu de prix aux services que vous rendez aux autres; mais beaucoup à ceux qu'ils vous rendent. Qu'un coquin incendie une grange, on le mène au supplice; qu'un conquérant incendie un État, on le proclame grand et on le porte en triomphe. Les hommes ont cent moyens de se faire de la peine, et cent moyens de se consoler. Les animaux nuisibles sont les moins féconds, et les animaux utiles sont ceux qui se multiplient le plus. Les Perses devaient succomber sous les Macédoniens : ceux-ci étaient endurcis aux fatigues de la guerre; ceux-là étaient lâches et efféminés. Le tigre est plus à craindre que le lion : celui-ci ne chasse que quand la faim le presse; celui-là semble toujours être altéré de sang. Le fat que l'on admire est un arbre que l'on ne juge pas sur son fruit, mais sur son écorce. Si vous voulez faire vos affaires, allez-y vous-même; si vous voulez qu'elles ne soient pas faites, envoyez-y.

QUARANTE-ET-UNIÈME LEÇON.

Ce livre est amusant, mais il n'est pas instructif. Cette jeune personne est jolie, mais elle a peu d'esprit. Le renard trompa d'abord la cigogne, mais celle-ci lui rendit ensuite tromperie pour tromperie. Cette cantatrice a une fort belle voix, mais elle chante faux. Dieu fait germer de bonnes pensées dans nos cœurs; mais le démon, c'est-à-dire l'orgueil, l'avarice et la jalousie, les a bientôt étouffées. La vieillesse a perdu la force et la vigueur, mais elle a acquis l'expérience et la sagesse. La vertu est souvent persécutée sur la terre, mais dieu la récompensera dans le ciel. Le roseau se courbe et obéit à tous les vents, mais il ne rompt pas. Ésope était tout disgracié de la nature, mais son esprit faisait l'admiration de toute la Grèce. La poule est faible et craintive; mais, quand elle est mère, elle devient forte et intrépide pour défendre ses poussins. Les racines de la science sont amères, mais les fruits en sont doux. La rose est entourée d'épines, mais elle exhale un doux parfum. Le perroquet imite la voix de l'homme, mais il répète toujours la même chose sans entendre ce qu'il dit. Le vin est fortifiant, mais il enivre. La richesse procure des plaisirs, mais elle ne donne pas le bonheur. Il ne pleut jamais en Égypte, mais les débordements périodiques du Nil y suppléent. Un bon père doit aimer ses enfants, mais il ne doit pas les gâter par trop d'indulgence. Dieu condamna nos premiers parents au travail, aux maladies, à la mort, mais il leur promit un rédempteur. Les lois sociales sont comme les vêtements; elles gênent un peu, mais elles défendent. Les remèdes sont mauvais à prendre, mais ils produisent un effet salutaire. Cette marchandise coûte cher, mais elle est de bonne qualité. Quand il vient au monde, l'enfant est, de tous les êtres vivants, le plus faible et le plus incapable de pourvoir à ses besoins; mais Dieu lui a donné une bonne mère qui veille sur lui avec la plus tendre sollicitude. La violette se cache sous le buisson, mais son parfum la fait découvrir. Judas vendit son divin Maître, mais il s'en repentit. Un empereur romain disait : Un bon pasteur tond ses brebis, mais il ne les écorche pas. Le dahlia offre des couleurs aussi brillantes que la rose, mais il est moins odorant. Le ver à soie est une vilaine chenille, mais cette vilaine chenille nous file des étoffes précieuses. Par son corps mortel, l'homme n'est qu'un être vil formé de limon, mais par son âme immortelle il participe de la Divinité.

QUARANTE-DEUXIÈME LEÇON.

Mentor craignait les maux avant qu'ils arrivassent, mais il ne savait plus ce que c'était que de les craindre, dès qu'ils étaient arrivés. On voyage en chemin de fer avec une rapidité merveilleuse, mais les voyages sont devenus moins agréables qu'autrefois. Le soleil est brillant, dit le jaloux; mais il a des taches. Le chêne et le cèdre portent leur tête orgueilleuse jusque vers les nues, mais ils sont les premiers frappés de la foudre. Annibal remporta la victoire de Cannes, mais il fut vaincu à Zama. Le plumage du paon est éblouissant de beauté, mais son cri est désagréable et ses pieds sont hideux. Le chêne met longtemps à croître, mais le bois qu'il produit est dur et très-estimé. Le ciel est dans ses yeux, mais l'enfer est dans son cœur. Dieu est bon, mais il est juste. Cincinnatus était pauvre, mais il était vertueux. Il y a aux pôles des nuits de plusieurs mois, mais les aurores boréales y remplacent l'astre du jour. Il fait froid aux pôles, mais les animaux qui habitent cette latitude sont recouverts d'épaisses fourrures. Le lion, le tigre, et en général tous les animaux ennemis de l'homme, le surpassent en force et en courage; mais l'homme les dompte tous par son intelligence et son adresse. Les orages causent souvent de grands désastres, mais ils purifient l'air. Une couronne est brillante, mais elle est lourde à porter. On vante les belles actions, mais on ne les imite pas. La plupart des philosophes refusent l'intelligence aux animaux, mais ils leur accordent un instinct merveilleux. Les Hébreux passèrent quarante années dans un désert stérile; mais Dieu leur envoya sa manne céleste. Caron admettait dans sa barque les morts qui lui donnaient une obole, mais il laissait errer sur les bords du Styx ceux qui ne pouvaient pas payer leur passage. Aristote a dit : L'homme est un animal, mais un animal pensant. L'adversité nous accable, mais elle nous instruit. Un naufrage jeta Robinson dans une île déserte où il se trouva séparé du reste du monde; mais enfin il ne fut pas noyé, et, seul de tout l'équipage, il échappa à la mort. Il n'avait point de vêtement pour se couvrir; mais il se trouvait dans un climat chaud où tout habillement lui aurait été à peu près inutile. Il était sans défense pour résister à l'attaque des animaux; mais l'île où il avait été jeté ne renfermait aucune bête féroce. Ainsi, mes enfants, Dieu est un père miséricordieux jusque dans les châtiments qu'il nous envoie.

QUARANTE-TROISIÈME LEÇON.

Le vainqueur immola tout, les femmes, les vieillards, et même les enfants. Il ne suffit pas d'être vertueux en paroles; il faut l'être aussi en actions. Les menaces, les supplices même, ne purent ébranler la fermeté d'Éléazar. La faux du Temps frappe non-seulement les hommes, mais encore les villes et les empires. Non-seulement nous ne devons pas fréquenter les impies; nous devons même les éviter comme des pestes publiques. Les cannibales ne se contentent pas de vaincre leurs ennemis; ils déchirent leurs chairs et s'en repaissent. L'Évangile nous ordonne non-seulement de ne point haïr nos ennemis, mais aussi de leur faire du bien. L'harmonie frappe non-seulement l'oreille, mais aussi le cœur. Nous devons non-seulement plaindre les malheureux, mais aussi les soulager. Non-seulement nos parents nous ont donné le jour, mais ils ont pris soin de notre enfance. La patrie est maîtresse absolue non-seulement de nos biens et de nos talents, mais aussi de notre vie. Turenne pénétrait non-seulement ce que les ennemis avaient fait, mais encore ce qu'ils avaient dessein de faire. L'eau désaltère non-seulement les hommes et les animaux, mais encore les campagnes arides. L'envieux est malheureux non-seulement de son propre malheur, mais aussi du bonheur d'autrui. L'homme ne vit pas seulement de pain, mais de toute parole qui sort de la bouche de Dieu. Les rois seront responsables non-seulement du mal qu'ils auront fait, mais aussi de celui qu'ils auront laissé faire. Nous devons obéir aux lois, alors même que nous les croyons injustes. Les Lapons se servent du renne non-seulement pendant sa vie, mais aussi après sa mort : ils se couvrent de sa peau et se nourrissent de sa chair. Les soupçonneux se défient de tout le monde, même de leurs proches. Les Égyptiens adoraient non-seulement les animaux, mais aussi les plantes. Nous devons d'abord éviter le mal, ensuite faire le bien.

QUARANTE-QUATRIÈME LEÇON.

C'est Dieu qui récompense les bons, qui punit les méchants, qui fait épanouir les fleurs, qui fait mûrir les fruits, qui fait germer les blés, qui fait jaunir les moissons, qui fait lever le soleil, qui fait gronder le tonnerre, qui fait couler les ruisseaux, qui fait bondir les agneaux, qui fait reverdir les prés.

Les hommes sont ingénieux à se tromper sur leurs défauts : le poltron se croit prudent, l'avare se croit économe, le prodigue se croit désintéressé, le fripon se croit rusé ; la témérité s'appelle courage, l'entêtement fermeté, la colère vivacité, l'orgueil noble fierté, la loquacité éloquence, la faiblesse bonté, la brusquerie franchise.

Socrate se montra toujours le plus vertueux des hommes : s'il avait fait une bonne action, il ne s'en vantait pas ; s'il avait reçu une injure, il ne s'en vengeait pas ; s'il voyait son ennemi exposé à quelque danger, il le secourait ; s'il lui arrivait quelque disgrâce, il la supportait avec patience.

Les lettres embellissent la vie, ornent l'esprit, élèvent l'âme, polissent les mœurs, forment le cœur, chassent l'ennui, calment les chagrins, et procurent mille douceurs.

Qu'y a-t-il de plus beau à contempler que l'univers, de plus doux à pratiquer que la vertu, de plus facile à donner que des conseils, de plus difficile à acquérir qu'un véritable ami, et de plus difficile à vaincre que les passions?

Malade, on connaît le prix de la santé ; captif, le prix de la liberté ; ruiné, le prix de l'argent ; sur le trône, le prix de la tranquillité ; décrépit, le bonheur du jeune âge ; abandonné, ce que vaut un ami ; déshonoré, ce que vaut l'honneur ; privé de livres, ce que vaut la lecture ; jeté seul dans une île déserte, ce que vaut la société de ses semblables.

Un lièvre fanfaron représentait à ses compères les lièvres voisins, les alertes qu'il avait données aux ennemis, les dangers qu'il avait courus, les ruses de guerre qu'il avait employées, l'intrépidité héroïque qu'il avait déployée dans les occasions difficiles.

Ci-gît, justement regretté,
Un gentilhomme sans naissance,
Un savant homme sans science,
Un très-bon homme sans bonté.

Ce sentiment de confiance dans le pouvoir suprême les remplissait de consolation pour le passé, de courage pour le présent, et d'espérance pour l'avenir.

L'un des vices du raisonnement, c'est de confondre les choses avec leur abus, le doute et l'incrédulité, la religion et la superstition, la liberté et la licence.

Le prodigue déjeune avec l'abondance, dîne avec la pauvreté, et soupe avec la misère.

L'imprimerie n'a pas été trouvée par un homme de lettres, ni la boussole par un navigateur, ni le télescope par un astronome, ni le microscope par un physicien, ni la poudre par un guerrier.

Quoi de plus rare que l'acte de générosité de l'avare, de clémence du vindicatif, d'humilité de l'orgueilleux ?

Fléchier définit une armée, un assemblage confus de libertins qu'il faut assujettir à l'obéissance, de lâches qu'il faut mener au combat, de téméraires dont il faut modérer l'ardeur.

Les dominateurs se firent tyrans pour n'être point asservis, juges pour n'être point jugés, bourreaux pour n'être point victimes.

Voir le but où l'on tend, c'est jugement ; y atteindre, c'est justesse ; s'y arrêter, c'est sagesse ; le dépasser, c'est folie.

Les hommes sont plus faibles que méchants, plus à plaindre qu'à blâmer, plus dignes de compassion que de haine.

Mon Dieu, donne l'eau aux fontaines,
Donne la plume aux passereaux,
Et la laine aux petits agneaux,

Et l'ombre et la rosée aux plaines;
Donne au malade la santé,
Au mendiant le pain qu'il pleure,
A l'orphelin une demeure,
Au prisonnier la liberté.

La pauvreté marche sur les pas de la paresse, et la maladie sur ceux de l'intempérance.

.... Dans l'ombre immense
Il ne voit que la nuit, n'entend que le silence.

L'amitié nous rend présents les absents, elle enrichit l'indigent, elle fortifie la faiblesse, et elle fait revivre les morts.

QUARANTE-CINQUIÈME LEÇON.

L'or ouvre toutes les portes, éblouit tous les yeux, aplanit tous les obstacles, donne de la beauté aux laids, de l'esprit aux sots, de l'honneur aux fripons, l'innocence aux coupables, de la sagesse aux insensés, de la science aux ignorants, de la bravoure aux lâches.

Jésus-Christ consolait les affligés, guérissait les malades, convertissait les impies, raffermissait les tièdes. Il rendait la vie aux morts, la lumière aux aveugles, la parole aux muets.

Qui peut dire : Je n'ai rien à faire? N'as-tu pas des devoirs à remplir, des talents à perfectionner, des consolations à donner, des bienfaits à répandre, des infortunes à soulager?

La morale nous enseigne à vaincre nos passions, à réprimer nos vices, à former notre cœur à la vertu, à nous passer des richesses, et à nous contenter de peu.

Thucydide assure que les dieux ont donné aux hommes la valeur dans les combats, la prudence dans les conseils, la modération dans la prospérité, et la constance dans la mauvaise fortune.

Un bœuf, un âne et un cheval se disputaient la préséance; ils prirent pour arbitres un maquignon, un meunier et un laboureur. Ceux-ci jugeant selon leurs intérêts, le maquignon donna la préférence au cheval, le meunier à l'âne, et le fermier au bœuf.

Il n'y a pas de roses sans épines, pas de ciel sans nuages, pas de mer sans tempêtes, pas de bonheur sans mélange.

Il y a des gens qui se montrent plus royalistes que le roi et plus catholiques que le pape.

On demande quatre choses à une femme : que la vertu habite dans son cœur ; que la modestie brille sur son front ; que la douceur découle de ses lèvres, et que le travail occupe ses mains.

C'est là que la faim est rassasiée, que la nudité est vêtue, que l'infirmité est guérie, que l'affliction est consolée, que l'ignorance est éclairée.

Un vieux général d'armée se souvient toujours avec plaisir des combats qu'il a livrés, des victoires qu'il a remportées, des ennemis qu'il a vaincus, des prisonniers qu'il a faits, des drapeaux qu'il a enlevés à l'ennemi, des traités de paix qu'il a signés, des honneurs qu'il a reçus, et des récompenses que sa patrie lui a accordées. Mais il se rappelle avec douleur les villes qu'il a détruites, les campagnes qu'il a ravagées, le sang qu'il a fait couler, les mères qu'il a privées de leurs fils, les veuves qu'il a privées de leurs époux, l'orphelin auquel il a enlevé un père.

La morale évangélique heurtait de front les passions des hommes. En effet, la religion propose des mystères incompréhensibles : or l'esprit humain est naturellement curieux, indocile et amateur de la nouveauté ; la morale de la religion est austère et gênante : or le cœur humain est vicieux et corrompu ; enfin, la religion a une hiérarchie à l'autorité de laquelle tous les hommes doivent se soumettre : or les hommes aiment la liberté et l'indépendance.

Cependant depuis quelque temps, Virginie se sentait agitée par un mal inconnu : la sérénité n'était plus sur son front, ni le sourire sur ses lèvres. On la voyait tout à coup gaie sans joie et triste sans chagrin.

QUARANTE-SIXIÈME LEÇON.

Certains hommes ont des yeux et ne voient pas, des oreilles et n'entendent pas, une langue et ne parlent pas, des pieds et ne marchent pas, des mains et ne saisissent pas.

Il est plaisant d'entendre un lâche parler de la valeur, un gourmand de la sobriété, un aveugle de la lumière, un sourd d'harmonie, un orgueilleux de l'humilité, un fourbe de la franchise, un impie de religion, un égoïste de générosité.

Je suis indigent, tu es libéral; je suis en danger, tu me secours; je suis ignorant, tu m'instruis; on me trompe, tu me dis la vérité; on m'afflige, tu me consoles; je manque d'asile, de vêtements, de pain, tu partages avec moi ta maison, ton manteau, ta table: je t'appellerai vertueux.

Ne parlez pas de votre santé devant un malade, ni de votre bonheur devant un infortuné.

Dieu a donné à chacun une arme : aux lions la force, à l'aigle des serres redoutables, aux taureaux des cornes, aux abeilles un aiguillon, à l'homme l'intelligence et la raison.

Le progrès tend continuellement à élever le petit, à enrichir le pauvre, à embellir le laid, à donner de la science à l'ignorant, et non à rapetisser le grand, à appauvrir le riche, à enlaidir le beau, à abêtir l'homme d'esprit.

Turenne était grand dans les difficultés par sa prudence, dans l'adversité par son courage, dans la prospérité par sa modestie, dans les périls par sa valeur.

Les hommes ont abusé de tout : des végétaux pour en composer des poisons, du vin pour s'enivrer, du fer pour s'égorger, de l'or pour se corrompre.

On ferait une liste curieuse des erreurs du savant, des terreurs du brave, et des folies du sage.

Que d'honneurs a reçus Jules César! que de dignités on lui a conférées! mais aussi que de victoires n'a-t-il pas remportées! combien d'ennemis n'a-t-il pas vaincus! Autant d'obstacles on lui a opposés, autant il en a surmontés.

Souvent rien n'a l'air plus fou que la sagesse, et plus faux que la vérité.

Les passions en engendrent souvent qui leur sont contraires : l'avarice produit quelquefois la prodigalité ; on est souvent ferme par faiblesse, et hardi par timidité.

Renault dit aux conjurés : Notre bonne destinée a confondu les plus subtils de tous les hommes, aveuglé les plus clairvoyants, rassuré les plus timides, endormi les plus soupçonneux.

QUARANTE-SEPTIÈME LEÇON.

JULIEN L'APOSTAT.

Julien était l'espoir des païens et la terreur des chrétiens. Les uns l'ont représenté comme un héros, les autres comme un monstre ; il joignit de grands défauts à de grandes qualités, et justifia par ses actions une partie des éloges outrés de ses amis et des déclamations violentes de ses ennemis. Il ne faut donc s'en rapporter ni aux apologies des premiers ni aux invectives des derniers.

Voici le portrait que saint Grégoire a tracé de ce prince : Il avait les yeux vifs, les sourcils arqués, le nez légèrement aquilin, le corps bien proportionné, les cheveux bouclés ; sa taille était petite, mais bien prise, sa physionomie maligne et railleuse, son regard incertain, sa démarche un peu chancelante. Son imagination était brillante, ses connaissances étendues, son génie profond ; ses études avaient agrandi ses idées et fortifié son caractère. Il y avait puisé une vive admiration pour les grands hommes, un grand respect pour la justice, un violent amour pour la gloire et pour la liberté.

Avant de monter sur le trône, il voyait avec un chagrin profond la décadence de l'empire, la misère du peuple, la cupidité des grands, la bassesse des courtisans, les exactions des gouverneurs des provinces, le relâchement de la discipline et les revers des armées. Le luxe et la mollesse de la cour lui inspiraient un juste dégoût ; aussi dès son avénement au trône, parut-il plus frappé des malheurs attachés à la puissance suprême que de son éclat.

Les premiers moments de son règne furent marqués par d'importantes réformes : il bannit le luxe de son palais, supprima toutes les charges inutiles, et confia les emplois aux talents, nullement à l'intrigue et à la naissance. Alors l'agriculture et le commerce fleurirent, la justice présida aux tribunaux, la discipline rendit aux armées leur force et leur gloire, les Barbares vaincus respectèrent les frontières de l'empire, qui recouvra son ancienne splendeur.

La vie de ce prince est remplie de mots restés célèbres :

Comme on lui reprochait son indulgence, « Un prince, dit-il, est une loi vivante qui doit tempérer par sa clémence ce que les lois mortes ont de trop rigoureux. »

Il pardonnait souvent, disant que l'on doit chercher constamment à diminuer le nombre de ses ennemis et à augmenter le nombre de ses amis.

Dans ses guerres avec Sapor, plusieurs nations de l'Orient vinrent lui offrir des troupes auxiliaires : « Les Romains, répondit-il, donnent des secours aux autres et n'en reçoivent point. »

Les Sarrasins voulaient lui vendre leurs services : « Un prince belliqueux n'a point d'or, dit-il, mais du fer. »

Comme ses amis fondaient en larmes et éclataient en sanglots à son lit de mort, « Quelle faiblesse, leur dit-il, de pleurer un prince qui s'éloigne de la terre pour se réunir aux esprits célestes ! J'ai vécu sans crimes, je meurs sans remords. La raison nous dit qu'il est aussi lâche de vouloir fuir la mort lorsqu'il est temps de s'y soumettre, que de la désirer quand son heure n'est pas encore arrivée. »

Son esprit le rendait apte à tout : raisonnant avec les savants, faisant des vers avec les poètes, jugeant avec les magistrats, il joignait en outre la sagesse d'un vieux capitaine à la bravoure d'un jeune guerrier.

Il fallait que son mérite fût éclatant, puisque sa renommée a traversé les siècles malgré la chute de la religion qu'il voulait relever, et le triomphe de celle qu'il s'était efforcé d'abattre.

Les nombreuses victoires qu'il remporta le placent à côté des plus grands capitaines ; sa constance dans l'adversité, sa modération dans la fortune, son mépris des injures, en font un grand philosophe ; enfin son application à rendre son peuple heureux, son amour de la justice, et son désir constant de prendre Marc-Aurèle pour modèle, lui assignent un rang distingué parmi les princes justement célèbres.

QUARANTE-HUITIÈME LEÇON.

LA MISSION DU CURÉ.

Il est un homme dans chaque paroisse qui n'a point de famille, mais qui est de la famille de tout le monde, qu'on appelle comme témoin ou comme conseil dans tous les actes les plus solennels de la vie civile ; sans lequel on ne peut ni naître ni mourir, qui prend l'homme du sein de sa mère et ne le laisse qu'à la tombe, qui bénit ou consacre le berceau, la couche conjugale, le lit de mort et le cercueil ; un homme que les petits enfants s'accoutument à aimer, à vénérer et à craindre ; que les inconnus mêmes appellent *mon père ;* aux pieds duquel les chrétiens vont avouer leurs fautes les plus intimes, répandre leurs larmes les plus secrètes ; un homme qui est le consolateur par état de toutes les misères de l'âme et du corps, l'intermédiaire obligé de la richesse et de l'indigence ; qui voit le riche et le pauvre frapper tour à tour à sa porte : le riche pour y verser l'aumône secrète, le pauvre pour la recevoir sans rougir ; un homme qui tient aux classes inférieures de la société par sa vie pauvre et souvent par l'humilité de sa naissance, aux classes élevées par l'éducation et par l'élévation de ses sentiments ; un homme qui a dans ses attributions les misères, les fautes et les repentirs de l'humanité ; un homme qui doit avoir le cœur riche et débordant de tolérance, de miséricorde, de mansuétude, de compassion, de charité et de pardon ; un homme qui doit avoir sa porte ouverte à toute heure à celui qui l'éveille, sa lampe toujours allumée, son bâton toujours sous sa main ; qui ne doit connaître ni saison, ni distance, ni contagion, ni soleil, ni neige, s'il s'agit de porter l'huile au blessé, le pardon au coupable, ou son Dieu au mourant ; un homme devant lequel il ne doit y avoir, comme devant Dieu, ni riche ni pauvre, ni petit ni grand, ni innocent ni coupable ; mais des hommes, c'est-à-dire des frères en misères et en espérance ; un homme enfin qui a établi sa retraite auprès de la demeure des morts, comme une garde avancée aux barrières de la vie pour recevoir ceux qui entrent dans ce royaume des douleurs, et reconduire ceux qui en sortent.

Cet homme, c'est le curé.

CHAPITRE III.

DE LA CONSTRUCTION.

QUARANTE-NEUVIÈME LEÇON.

Deux renards entrèrent dans un poulailler pendant une nuit obscure. Deux renards entrèrent la nuit par surprise dans un poulailler, pour surprendre les poules et les poulets. Alexandre le Grand fit son entrée dans Babylone avec une grande magnificence. On va de France en Italie en passant par la Suisse. Le duc d'Enghien dormit d'un sommeil profond la veille de la bataille de Rocroy. On aime la modeste violette à cause de son parfum. Je vous assure que le nom de Dieu est écrit en caractères lisibles sur l'aile d'un moucheron. Le renard sort le soir de son terrier pour piller la basse-cour. Les fils de Jacob allèrent en Égypte pour acheter du blé. Le philosophe Épiménide prétendait avoir dormi quarante ans dans une caverne. Un philosophe prétendait avoir dormi dans une caverne pendant plus de quarante ans. J'envoie ce livre à votre ami pour lui faire plaisir. Le roi ne confie pas à des incrédules le commandement de ses armées. Les Gaulois remportèrent une grande victoire sur l'armée romaine. Le soleil donne tous les ans la chaleur et la vie aux sucs nourriciers. Ne faites jamais aux indiscrets la confidence de vos affaires. Ne confiez jamais vos affaires à un indiscret. Ne parlez jamais de vos affaires à un indiscret. Ne parlez jamais à un indiscret des choses qui vous concernent. Un jeune homme ne saurait parler de lui avec trop de modestie. Le paon renverse sa tête en arrière avec beaucoup de grâce. La terre est emportée avec rapidité autour du soleil. La terre est emportée autour du soleil avec une rapidité inconcevable. L'Amérique du Nord fournit des fourrures en abondance. L'Amérique du Nord fournit en abondance des fourrures de castors et de loutres. Les hypocrites s'étudient à parer leurs vices des dehors de la vertu. Les hypocrites s'étudient à parer des dehors de la vertu les vices les plus honteux et les plus décriés. Dieu réduisit à la condition des bêtes le superbe Nabuchodonosor qui voulait usurper les honneurs divins.

CINQUANTIÈME LEÇON.

DES AMPHIBOLOGIES.

Les maîtres qui grondent toujours avec emportement ceux qui les servent, sont les plus mal servis. Dieu a renversé plus d'une fois du trône les princes qui ont méprisé la vertu. La première action de l'homme fut de se révolter contre son créateur, et d'employer pour l'offenser tous les avantages qu'il en avait reçus. J'ai envoyé à la poste les lettres que vous avez écrites. Croyez-vous pouvoir ramener à l'obéissance ces soldats révoltés? Croyez-vous pouvoir ramener par la douceur ces esprits égarés? Croyez-vous pouvoir par la douceur ramener à l'obéissance ces esprits égarés? Les voyageurs écrivent sur leurs albums tout ce qu'ils voient. J'ai trouvé dans vos manuscrits plusieurs pages qui sont illisibles. On voit une infinité de gens qui, avec beaucoup d'esprit, commettent de grandes fautes. La sagesse de Turenne entretenait entre les soldats et leur chef, cette union qui rend une armée invincible. Montesquieu comparait ses domestiques à une horloge : Il faut, disait-il, les remonter de temps en temps pour qu'ils aillent. J'ai envoyé à votre ami le livre que vous avez acheté. Un roi s'ennuyait sur son trône; on lui conseilla de porter pendant quelque temps la chemise d'un homme heureux. L'Adour rencontre à Bayonne le Gave né à côté de lui. Je vous envoie par ma servante une petite chienne qui a les oreilles coupées. Une chaleur brûlante dévore intérieurement ceux qui sont attaqués de la peste. L'Évangile inspire aux personnes qui veulent être véritablement à Dieu, une piété sincère et non suspecte. Rien n'échappe aux yeux de Dieu : le criminel qui s'est soustrait sur la terre à la justice des hommes, paraît au tribunal suprême avec une tache de sang au front. Le loup emporta le petit agneau au fond des forêts et le mangea. Les religieux du mont Saint-Bernard ont dressé de magnifiques chiens de Terre-Neuve à secourir les voyageurs égarés dans les neiges. Il faut contracter dès la jeunesse l'habitude de travailler. X... et sa femme tondent les chiens et vont en ville.

CINQUANTE-ET-UNIÈME LEÇON.

J'ai acheté pour mes enfants des bonbons et des joujoux qui sont dans la poche de mon habit. J'ai fait dans toute la Suisse un voyage qui m'a plu beaucoup. Le physicien arrache à la nature tous ses secrets. On trouve dans nos chroniques beaucoup de faits qui sont hors de toute vraisemblance. Il y a dans cette ragédie un acte qui nous a fait verser bien des larmes. C'est un tort de reprendre avec humeur les enfants que l'on est chargé d'instruire. On demandait à un philosophe l'âge du monde : il traça sur le sable un serpent qui se mordait la queue. Il y a dans nos provinces une foule d'usages qui sont ridicules. Ils trouvèrent dans cette guerre des obstacles qu'ils surmontèrent. Ils trouvèrent des obstacles dans cette guerre qu'ils entreprirent. La tête de l'homme sans caractère est comme une girouette, qui, placée au haut d'une maison, tourne au premier vent. Pour intéresser les enfants, il faut leur raconter sur les principaux animaux quelque trait remarquable qui pique leur curiosité. Je tiens par le corps à ce monde qui passe, et je tiens par l'âme à Dieu qui ne passe point. Le paresseux a dans le creux de la main un poil qu'aucun barbier ne pourra couper. Des voyageurs ont trouvé sur le haut de certaines montagnes des neiges qui étaient toutes rouges. J'ai fait sur mon habit une tache de graisse. Il a mis sur sa tête son chapeau à trois cornes. Le garde a tué un lapin de garenne avec son fusil. On se modelle imperceptiblement sur ceux que l'on fréquente. Cet écrivain fait des peintures vives et brillantes de mœurs. Le départ de mon fils m'a fait au cœur une plaie dont je ne guérirai jamais. Un ignorant, grand bavard, voulait apprendre à parler à son âne ; un sage s'en aperçut et lui dit :

Cet animal ne peut apprendre de toi à parler; mais ne ferais-tu pas mieux d'apprendre de lui à te taire ?

CINQUANTE-DEUXIÈME LEÇON.

DE LA CONSTRUCTION NATURELLE DES PROPOSITIONS.

Quand on a menti une fois, on n'est plus cru de personne. Si tu veux que les autres pensent du bien de toi, fais-en. Si quelqu'un te flatte, sois persuadé qu'il cherche à te tromper. Si tu meurs en défendant ta patrie, ta mort sera glorieuse. Si tu veux qu'une chose soit secrète, ne la dis pas. Si nos premiers parents n'avaient pas mangé du fruit défendu, Dieu ne les aurait pas chassés du jardin de délices. Dieu dit à l'homme et à la femme : Si vous mangez du fruit défendu, vous mourrez. Le serpent dit à la femme : Si vous mangez de ce fruit, vous ressemblerez à Dieu. Si l'occasion se présente, ne la laisse pas échapper. Si l'on abuse des meilleures choses, elles finissent par devenir insipides. Si tu sèmes le vent, tu récolteras la tempête. Si Rome n'avait pas été corrompue, les Barbares ne l'auraient pas subjuguée. Si le soleil était anéanti tout à coup, tout ce qui est sur la terre périrait bientôt. Si personne n'avait le superflu, tout le monde aurait le nécessaire. Quand on a bien travaillé pendant les six premiers jours de la semaine, on a besoin de se reposer le septième. S'il n'y avait pas eu de savants pour inventer des machines et des outils, nous serions privés d'une foule de commodités. Si nous écoutions toujours la voix de la conscience, nous ne connaîtrions jamais le remords. Quand il n'y a plus rien au râtelier, les chevaux se battent. La parole de Dieu est semblable à la semence du laboureur; si une pierre dure la reçoit, elle ne germe pas; si elle tombe parmi les ronces, elle est étouffée; si une bonne terre la reçoit, elle produit une récolte abondante. Quand les chats sont absents, les souris dansent. Quand les chats seront absents, les souris danseront. Il faut que les chats soient absents, pour que les souris dansent. Si les chats avaient été absents, les souris auraient dansé.

Les chats n'ont pas été plus tôt absents, que les souris ont dansé. Les chats ne furent pas plus tôt absents que les souris dansèrent.

CINQUANTE-TROISIÈME LEÇON.

Si l'on accuse votre ami absent, défendez-le. Si tu veux goûter le prix d'un bienfait, ne le reproche jamais. Si les chaleurs continuent, la récolte ne sera pas abondante. Si tu fréquentes les méchants, tu deviendras méchant toi-même. Si tu éprouves un repentir sincère de tes fautes, Dieu te les pardonnera. Quand Joseph aperçut son jeune frère Benjamin, il se retira pour pleurer. Depuis que l'Amérique nous a donné la pomme de terre, la famine n'est presque plus possible en France. Quand on a contracté une mauvaise habitude, on a de la peine à s'en défaire entièrement. Si la terre était plus dure, le laboureur ne pourrait pas la cultiver. Si la terre était moins dure, nous enfoncerions dedans comme on enfonce dans un bourbier. Si nous étions plus sobres, nous vivrions plus longtemps. Aussitôt que l'heure de la classe sonne, tous les élèves doivent se mettre à l'ouvrage. Quand les arbres sont dégarnis de feuilles et que la terre est couverte de neige, toute la nature semble attristée. Quand toute la nature est en silence, le rossignol commence ses chants. Si l'on ne pouvait voir le lever du soleil qu'aux antipodes, tout le monde voudrait faire ce voyage pour contempler au moins une fois en sa vie ce magnifique spectacle; et pourtant, dans nos villes, que de personnes meurent sans l'avoir jamais vu! Quand de tout petits enfants aperçoivent la lune dans un seau, ils veulent qu'on la leur donne. Si l'agneau s'éloigne du pasteur, il deviendra la proie du loup affamé. Pauvre petit agneau! si tu t'éloignes du pasteur, tu deviendras la proie du loup affamé! Quand les agneaux se sont éloignés du pasteur, ils sont devenus la proie du loup affamé. Chaque fois qu'un agneau s'éloignera du pasteur, il deviendra la proie du loup affamé. A peine l'agneau se fut-il éloigné du pasteur, qu'il devint la proie du loup affamé.

CINQUANTE-QUATRIÈME LEÇON.

On ne croit plus un enfant, quand il a menti. Abraham aurait immolé son fils, si l'ange du Seigneur n'eût arrêté son bras. Les jeunes chats seraient très-propres à amuser les enfants, si les coups de griffes n'étaient pas à craindre. Les lois et les juges seraient inutiles, si tous les hommes étaient vertueux. La lionne devient furieuse, si on lui enlève ses petits. Ta mort sera douce, si tu as bien vécu. Un sol ingrat deviendra fertile, s'il est bien cultivé. Ne frappe jamais dans la colère ; Platon disait à un esclave indocile : Je te fustigerais, si je n'étais pas en colère. Ne vends pas la peau de l'ours, si tu ne l'as pas encore tué. Casse le noyau, si tu veux manger l'amande. Un enfant plaît, s'il est docile. Les princes sont haïs de leurs sujets, s'ils les rendent malheureux. On trouve toujours le temps long, quand on s'ennuie; et l'on s'ennuie toujours, quand on reste à ne rien faire. Une mère est heureuse, quand son fils se conduit bien. Qu'importe la bassesse de ton origine, si tu pratiques la vertu? la rose naît de l'épine. César aurait exécuté de grandes choses, s'il n'avait pas été assassiné. Judas alla se pendre de désespoir, quand il eut trahi son maître. Un écolier réussit ordinairement, quand il apporte de l'attention à son travail. On pourra un jour voyager très-agréablement dans les airs, si l'on trouve le moyen de diriger les ballons. Les terres d'Égypte demeureraient stériles, si elles n'étaient point fécondées par les inondations périodiques du Nil. On est toujours content de soi, quand on a fait son devoir. Le loup devient hardi et presque courageux, quand la faim le presse.

CINQUANTE-CINQUIÈME LEÇON.

Quand les premiers froids se font sentir, les hirondelles se hâtent d'abandonner nos climats. Si cet élève travaille avec courage, il obtiendra des prix à la fin de l'année. Si tu veux que l'on te respecte, commence par te respecter toi-même. Si tu ne t'appliques pas à l'étude, tu seras toujours ignorant. Si tu continues à fréquenter les mauvaises sociétés, je te retirerai mon estime. Si ton ennemi est en péril, secours-le; s'il a faim, donne-lui à manger; s'il est affligé, console-le; s'il est mal vêtu, partage avec lui ton manteau. Quand les fils de Jacob aperçurent Joseph, ils se dirent : Voici venir le diseur de songes; tuons-le. Quand nous tombons dans la pauvreté, les faux amis nous abandonnent. Quand les neiges fondent sur les montagnes, les inondations sont à craindre. Voulez-vous vous délivrer d'un importun? s'il est pauvre, prêtez-lui de l'argent; s'il est riche, priez-le de vous en prêter.

CINQUANTE-SIXIÈME LEÇON.

DE LA GRADATION DANS LES IDÉES.

Les désirs, les passions assiégent le cœur de l'homme.

Vous voulez qu'un roi meure, et, pour son châtiment,
Vous ne donnez qu'un jour, qu'une heure, qu'un moment.

Vous ignorez mes peines, mes chagrins, ma misère. Il travaille pour subvenir à ses besoins, pour soulager ses amis, pour secourir les pauvres. Que personne ne se dérange, dit le docteur en entrant; je le désire, et, s'il le faut, je l'ordonne. Je devins assassin, parricide, sacrilége. La mort de Sésostris désola toute l'Égypte; chaque famille croyait avoir perdu son protecteur, son meilleur ami, son père. Le lièvre est naturellement peureux : un souffle, une ombre, un rien, tout le met en alarmes. La fortune des riches, la gloire des héros, la majesté des rois, tout finit par *ci-gît*. Aux yeux d'un ciron, notre corps doit être un colosse, un monde, un tout. Le peuple, la cour, la reine, le roi, tout était consterné. Notre vie est si fragile que le moindre choc, un souffle peut la briser. Votre intérêt, votre honneur, la vie de vos enfants, exige ce sacrifice. Cet enfant est si poltron que le bruit du tonnerre, la détonation d'une arme à feu, le cri des animaux, le souffle du vent, le bruissement des feuilles, l'obscurité, le silence même l'effraye. Fénelon disait : Je préfère mes amis à moi-même, mes parents à mes amis, ma patrie à mes parents, l'humanité à ma patrie. Il y a des gens qui passent des observations au dépit, du dépit à la colère, de la colère aux injures, et des injures aux voies de fait. L'humeur mène à l'impatience, l'impatience à la colère, la colère à l'emportement, l'emportement à la violence, la violence au crime, et, par cette gradation, on va d'un fauteuil à l'échafaud. Le ciron est un animal imperceptible à l'œil nu, et cependant il nous offre des jambes avec des jointures, des veines dans ces jambes, du sang dans ces veines, des humeurs dans ce sang, des gouttes dans ces humeurs, des vapeurs dans ces gouttes. On divise la France en départements, les départements en arrondissements, les arrondissements en cantons, les cantons en communes. Tout le monde s'empressait autour d'eux pour les voir et les féliciter ; leurs parents, leurs amis, leurs compatriotes, versaient des larmes de tendresse et de joie. Une armée se compose de régiments, un régiment de bataillons, un bataillon de compagnies. Il ne faut au prince aucun effort pour se concilier les cœurs ; une seule parole, un sourire gracieux, un seul regard suffit. J'y vais, j'y cours, j'y vole.

Je t'ai fait voir tes camarades
Ou morts, ou mourants, ou malades.

Dieu est notre ressource, notre lumière, notre vie, notre tout.

CINQUANTE-SEPTIÈME LEÇON.

DE L'ORDRE DANS LES IDÉES.

Le rossignol prélude, entonne, charme, se tait. Chaque année les arbres se couvrent de feuilles, de boutons, de fleurs et de fruits. On aborde, on débarque, et jugez du plaisir ! Un perroquet de l'équipage entendit, retint et répéta ces mots. C'est Dieu qui nous donne et nous conserve la vie. Nous nous avançâmes l'un contre l'autre, nous nous saisîmes, nous nous serrâmes à perdre la respiration ; je le poussai avec violence ; ses reins plièrent ; il tomba sur l'arène, il m'entraîna avec lui ; je le tins immobile sous moi. Le pasteur l'aperçoit, s'élance, court, et tombe à ses pieds. Ève cueillit et mangea du fruit défendu. L'esprit compare, juge. Les Gaulois assiégèrent, prirent, pillèrent, brûlèrent et abandonnèrent Rome. Le ciel se couvrit d'épais nuages, la pluie tomba, et la terre fut inondée en un instant. Boileau a dit pour peindre l'épuisement de la mollesse : Elle soupire, étend les bras, ferme l'œil et s'endort. La perdrix bâtit un nid, pondit, couva et fit éclore. Les fleuves sortent de la terre, arrosent les campagnes, et vont se perdre dans l'Océan. La résolution de périr aux Thermopyles fut, chez les Spartiates, un projet conçu, arrêté et suivi avec autant de sang-froid que de constance. L'homme naît, souffre et meurt. Le coupable fut pris sur le fait, emprisonné, jugé, condamné et exécuté. L'escarbot vola au nid de l'aigle et fracassa ses œufs. Là, les jeunes chefs, montés sur de rapides coursiers, viennent attaquer et vaincre des taureaux sauvages. Jésus-Christ fut promis par les prophètes, fut conçu du Saint-Esprit, naquit d'une vierge, parcourut la Judée, prêcha l'Évangile, fut vendu par Judas, fut condamné, fut crucifié, fut mis dans le tombeau, descendit aux enfers, ressuscita d'entre les morts, passa quarante jours au milieu de ses disciples, monta au ciel, et s'assit à la droite du Père.

CINQUANTE-HUITIÈME LEÇON.

J'ai aperçu un serpent, et j'ai fui. Madame se meurt, Madame est morte ! La grenouille aperçut le bœuf, envia sa grosseur, voulut l'imiter, s'enfla et creva. Vatel monte à sa chambre, met son épée contre la porte, et se la passe au travers du cœur. On cherche Vatel, on va à sa chambre, on heurte, on enfonce la porte, on le trouve noyé dans son sang. Les Anglais combattirent, achetèrent, jugèrent, condamnèrent et brûlèrent Jeanne d'Arc. Judas vendit son maître, tomba dans le désespoir et se pendit. Guillaume Tell bande son arc, vise longtemps ; la flèche part, siffle, atteint la pomme : tout le monde applaudit. Sitôt dit, sitôt fait. Sitôt pris, sitôt pendu. Des fautes aussitôt réparées que faites. Titus assiégea, prit et détruisit Jérusalem. Les méchants se soupçonnent, se fuient. Les chats guettent, attrapent et croquent les souris. Les chacals déterrent et déchirent les cadavres. Les athlètes se mesurent des yeux, se saisissent, s'ébranlent. La foudre éclata, tomba et détruisit tout. Un frisson me saisit, je tremble, je me meurs. Je le vis, je rougis, je pâlis à sa vue. La France a été gouvernée par trois races de rois : les Mérovingiens, les Carlovingiens et les Capétiens. Rome ancienne a eu trois gouvernements : la Monarchie, la République et l'Empire. J'arrive au port, j'aperçois un navire, je m'informe du prix du passage, je fais mon marché, je m'embarque, on lève l'ancre, on met à la voile, nous partons.

SOIXANTE-TROISIÈME LEÇON (1).

DE L'INVERSION.

C'est de Dieu la maison.
De Dieu c'est la maison.
Ce mulet qui me suit du danger se retire.
Un avorton de mouche en cent lieux le harcelle.
De vos ans passagers le nombre est incertain.
Mais de vos premiers ans quelles mains ont pris soin ?
Le fond de notre cœur dans nos discours se montre.
Ce brouet fut par lui servi sur une assiette.
Maxime qu'après toi j'avais le plus aimé !
Le premier qui les vit de rire s'éclata.
Mais de ses faux amis il craint la raillerie.
Daignez à mes regards cacher votre colère.
Qui chérit son erreur ne la veut point connaître.
A Dieu seul appartient la gloire.
D'un chanoine il avait la mine.
L'Océan de ses flots apaise le murmure.
De ses flots l'Océan apaise le murmure.
L'ouverture jamais ne peut être assez large.

---

(1) Les leçons 59, 60, 61 et 62 ne figurent pas à la partie du maître.

Une mouche survient et des chevaux s'approche.
Demeure en ton pays, par la nature instruit.
Il parla fortement sur le commun salut.
Que toujours le bon sens s'accorde avec la rime.
Que le bon sens toujours s'accorde avec la rime.
Et le Rhin de ses flots ira grossir la Loire.
Et de ses flots le Rhin ira grossir la Loire.
De votre dignité soutenez mieux l'éclat.
A ce maître nouveau tout le peuple obéit.
Vos conseils sur mon cœur n'ont eu que trop d'empire.
Sur mon cœur vos conseils n'ont eu que trop d'empire.
Oui, je viens dans son temple adorer l'Éternel.
D'un tonnerre éloigné le bruit se fait entendre.
Ce qui ne plaît qu'aux yeux en un instant s'oublie.
Ce qui fonde un État le peut seul conserver.
Son indiscrétion de sa perte fut cause.
Le lion de Venise en nos murs a dormi.
Vois si de tes soupçons l'apparence est solide.
Le corps né de la poudre à la poudre est rendu.
Soleil, je te viens voir pour la dernière fois.

SOIXANTE-QUATRIÈME LEÇON.

Du matin jusqu'au soir qui vous défend de rire?
D'un jeune audacieux punissez l'insolence.
Qui vit haï de tous ne saurait longtemps vivre.
    Arrive un troisième larron.
    A l'œuvre on connaît l'artisan.
Au foyer paternel quand pourrai-je m'asseoir?
Au milieu de l'Éden un bois touffu s'élève.
Oui, vous êtes de Dieu la plus brillante image.
Ruth dans votre tombeau veut être ensevelie.
Les uns avec respect environnent la reine.
    Cette fable aisément s'explique.
Aux champs du vieux Booz le hasard la conduit.
Au bout de quelque temps sa compagne revient.
En beaux raisonnements vous abondez toujours.
Notre condition jamais ne nous contente.
Par des vœux imprudents nous fatiguons les dieux.

L'ignorance toujours est prête à s'admirer.
Dans le fond des forêts votre image me suit.
De mon dernier trésor je vous fais le gardien.
Pour les cœurs corrompus l'amitié n'est point faite.
Le long d'un clair ruisseau buvait une colombe.
Sur le chemin des ans on aime à revenir.
Là gît la sombre Envie, à l'œil timide et louche.
De nos beaux ans brisés nous renouons la trame.
Le ciel avec horreur voit ce monstre sauvage.
Dans vos cités en deuil que de cris vont s'entendre !
Il devint des Hébreux l'espérance et l'oracle.
Où la guêpe a passé, le moucheron demeure.
Il prend d'un vieux guerrier la figure poudreuse.
De la société cela nous peint l'image.
La jeunesse imprudente aisément se trahit.
Le jour dans nos vallons ne plongeait pas encore.
A son lit de douleur le malade m'attend.
Du premier des Césars on vante les exploits.
D'un triomphe si beau je préparais la fête.
Tu trahis mes bienfaits, je les veux redoubler.

SOIXANTE-CINQUIÈME LEÇON.

LA CHUTE DES FEUILLES.

VERS :

De la dépouille de nos bois
L'automne avait jonché la terre,
Et dans le vallon solitaire
Le rossignol était sans voix.
Triste et mourant à son aurore,
Un jeune malade à pas lents
Parcourait une fois encore
Le bois cher à ses premiers ans :
« Bois que j'aime, adieu, je succombe :
Ton deuil m'avertit de mon sort ;
Et dans chaque feuille qui tombe
Je vois un présage de mort.

. . . .

PROSE :

L'automne avait jonché la terre de la dépouille de nos bois, et le rossignol était sans voix dans le vallon solitaire.

Un jeune malade, triste et mourant à son aurore, parcourait encore une fois le bois cher à ses premiers ans : « Bois que j'aime, adieu, je succombe : ton deuil m'avertit de mon sort ; et je vois un présage de mort dans chaque feuille qui tombe.

. . . .

Et je meurs! de leur froide haleine M'ont touché les sombres autans; Et j'ai vu comme une ombre vaine S'évanouir mon beau printemps. Tombe, tombe, feuille éphémère, Voile aux yeux ce triste chemin; Cache au désespoir de ma mère La place où je serai demain. Mais dans la solitaire allée Si mon amante échevelée Venait pleurer quand le jour fuit, Éveille par un léger bruit Mon ombre un instant consolée. » Il dit, s'éloigne, et sans retour La dernière feuille qui tombe A signalé son dernier jour. Sous le chêne on creusa sa tombe; Mais son amante ne vint pas Visiter la pierre isolée, Et le pâtre de la vallée Troubla seul du bruit de ses pas Le silence du mausolée.	Et je meurs! Les sombres autans m'ont touché de leur froide haleine; et j'ai vu mon beau printemps s'évanouir comme une ombre vaine. Tombe, tombe, feuille éphémère, voile aux yeux ce triste chemin; cache la place où je serai demain au désespoir de ma mère. Mais si mon amante échevelée venait, quand le jour fuit, pleurer dans l'allée solitaire, éveille, par un bruit léger, mon ombre consolée un instant. » Il dit, s'éloigne, et la dernière feuille qui tombe a signalé sans retour son dernier jour. On creusa sa tombe sous le chêne; mais son amante ne vint pas visiter la pierre isolée, et le pâtre de la vallée troubla seul le silence du mausolée du bruit de ses pas.

Ce magnifique morceau, ainsi défiguré par la prose, est presque aussi pâle que le poète lui-même. L'instituteur saisira cette occasion pour faire remarquer aux élèves l'éclat de la poésie, son harmonie et ses tours particuliers.

SOIXANTE-SIXIÈME LEÇON.

DE L'ELLIPSE.

Le sage sort de la vie comme *il sortirait* d'un banquet. Il y a des parents assez faibles pour laisser faire à leurs enfants tout ce qu'ils veulent *faire*. Mon fils fait tout ce que je veux *qu'il fasse*. Je vais *aux lieux* d'où l'on ne revient pas. Fontenelle a vécu *pendant* un siècle. Un *tableau de* Raphaël a été vendu *pour* cent mille francs. Mon Dieu m'ordonne de te pardonner; le tien *t'ordonne* de te venger. Qui vous a si bien instruit? — *C'est* la nature *qui m'a si bien instruit.* Tout bourgeois veut bâtir comme les grands seigneurs *bâtissent.* C'est Dieu qui chaque jour soutient notre existence : comment *pouvons-nous* payer ses dons? *Nous pouvons payer ses dons* par la reconnaissance. La majesté des rois inspire plus de respect qu'*elle n'inspire* de tendresse. Il ne faut pas juger de quelqu'un par ce qu'il dit, mais *il faut en juger* par ce qu'il fait. Christine abandonna le trône pour *se livrer* aux beaux-arts. Un sage médecin disait à ses malades : *Prenez* de l'exercice, *ayez* de la gaîté, *ne faites* point d'excès, et moquez-vous de moi. La fourmi amasse *pendant* l'été les provisions dont elle se nourrit *pendant* l'hiver. Sire, *je demande* justice! L'œil du maître fait plus que ses deux mains *ne font.* Si vous vivez d'après la nature, vous ne serez jamais pauvre; si *vous vivez* d'après l'opinion, vous ne serez jamais riche. Heureux *celui* qui vit comme ses pères *ont vécu!* Un homme de mérite ne salue, ne s'assied, ne crache, ni ne se mouche comme un sot *salue, s'assied, crache et se mouche.* Maître, *ne faites* pas de discours; donnez vos leçons en exemples, et soyez sûr de leur effet. La pratique des vertus rend *l'homme* heureux. *Il n'y a* nulle paix pour les *hommes* méchants. Après le crime *vient* le remords. *Mettez* en joue! *Faites* feu! Cette condition me parut plus dure que la mort *ne m'aurait paru dure.* Tous les Chypriens abattus pleuraient comme des femmes *pleurent.* Ils veulent partager comme de bons amis *partagent.* Telle *a été la* vie, telle *sera la* fin. Et moi, mon grand monsieur, je le prends comme il faut *que je le prenne.* J'ai ce qu'il vous plaira *que j'aie;* mais je n'ai point une âme ingrate. On est fâché, mais que *faut-il* faire? *Il faut* obéir. Ah! bachelier du diable, *ayez* un peu plus d'indulgence. Nous voilà en vacances : quel plaisir *d'être en vacances!* L'un dit : Je n'y vas point, je ne suis pas si sot *que d'y aller.* Puis cet homme et son fils le portent comme *on porte* un lustre. *J'envoie* tous ces pourparlers au diable. Il est noir ainsi que vous et moi *sommes noires.* Un précepte est aride, il le faut embellir; *un précepte est* ennuyeux, *il le faut* égayer; *un précepte est* vulgaire, *il le faut* ennoblir. *Je voudrais qu'il* plût à Dieu que je les eusse, les dix mille écus! Je vous en déferai, bonhomme. — Et quand *m'en déferez-vous?* La paix se conclut donc; on donne des otages : les loups *donnent* leurs louveteaux, et les brébis *donnent* leurs chiens. Il est bon de parler, et *il est* meilleur de se taire. Dans la campagne de Russie, plus de cent mille braves *soldats* périrent. Nous nous pardonnons tout, et *nous ne pardonnons* rien aux autres *hommes.* Dame nature pour lui fit tout, et pour nous *ne fit* rien. Personne n'est aussi sage que nous *sommes sages,* répondit l'abeille. Il faut accepter ma proposition maintenant ou *ne l'accepter* jamais. Mes ennemis, riant, ont dit dans leur colère : Qu'il meure et *que* sa gloire *meure* avec lui ! Beaucoup de choses manquent à la pauvreté, toutes *les choses manquent* à l'avarice. Les *gens* délicats sont malheureux. Hé bien ! donc, malgré vous, le prince a succombé, docteur ? — Que pouvons-nous *faire* quand la nature enfin... ? — La réponse était sûre : On guérit, c'est votre art *qui guérit ;* on meurt, c'est la nature *qui tue.*

SOIXANTE-SEPTIÈME LEÇON.

Ainsi dit le renard, et *les* flatteurs *se hâtèrent* d'applaudir. *Je suis votre* serviteur, dit-il, et *il se hâte* de courir. *Il faut* que la loi soit sévère et *il faut que* les hommes *soient* indulgents. Etes-vous satisfait ? — Pourquoi *ne serais-je pas satisfait?* Ainsi la fatale puissance de cet amour vous coûte votre père, *et me coûte*, à moi, mon innocence. Aux uns *est* la peine, aux autres *est* tout le profit. On lit en lettres d'or sur le frontispice du Panthéon : La patrie reconnaissante *a dédié ce temple* aux grands hommes. *Je demande* un cheval ; *je donnerais* ma vie pour un cheval. Quand partirez-vous ? — *Je partirai* la semaine prochaine. — Quand reviendrez-vous ? — *Je reviendrai* dans trois mois. — *Un* demi-mot *suffit* à *un* bon entendeur. *Ce qui est* éloigné des yeux, *est* éloigné du cœur. Nérine dit à Médée : Contre tant d'ennemis que vous reste-t-il ? Médée répond : *Il me reste* moi, *je* me *reste.* Prusias dit à Nicomède : Et que dois-je être ? *Vous devez être* roi, réplique Nicomède. Je dois faire aujourd'hui bonne chère ou *ne le faire* jamais. Comment voulez-vous que je vous traite ? — *Je veux que vous me traitiez* en roi. Bias, qui commandait un corps de troupes, s'étant laissé surprendre par Iphicrate, ses soldats lui dirent : Quel parti *devons-nous* prendre? — Vous, répondit-il, *vous devez prendre* le parti de vous retirer; moi, *je prends* le parti de combattre et de mourir. *Que* chacun *fasse* son métier, les vaches seront bien gardées. Ah! si tu pouvais passer l'eau! Pourquoi *ne pourrais-tu* pas *la passer?* Ah! si tu pouvais passer l'eau. — Pourquoi *ne pourrais-je* pas *la passer?* A tout péché *il y a* miséricorde. *Je vous souhaite un* bon jour. *Je vous souhaite un* bon soir. *Je vous recommande* à Dieu. *Veuillez présenter* mes hommages respectueux à monsieur votre frère. Connais-tu don Diègue? — *Je connais don Diègue* (1). Demande à celui dont tu veux faire ton ami s'il est vertueux, ne *lui demande* pas s'il est riche. On peut être bon, quoique *l'on soit* sévère. Il vaut mieux être seul que *d'être* en mauvaise compagnie. Que vouliez-vous qu'il fît contre trois? — *J'aurais voulu* qu'il mourût.

SOIXANTE-HUITIÈME LEÇON.

La rose n'est pas plus fraîche que vous. Je trottais comme un jeune rat. Une couronne est un fardeau plus pesant que glorieux. Aimons nos amis comme nous-mêmes. Les oiseaux de proie dorment le jour et veillent la nuit. On voit les maux d'autrui d'un autre œil que les siens. Il faut l'amuser comme un enfant. Je viens chercher Hermione en ces lieux. Point d'argent, point de Suisses. Grâce pour mon fils! s'écriait la malheureuse mère. Autant d'hommes, autant de sentiments. Il faut craindre les reproches de la conscience plus que ceux des hommes. Bonjour, monsieur du Corbeau. Tout bourgeois veut bâtir comme les grands seigneurs. Le bouc n'avait pas autant d'expérience que de barbe au menton. Je n'ai point de talents, encore moins de figure. Que s'est-il donc passé? — Rien du tout. On dort

---

(1) La particule affirmative *oui* n'est autre chose que le participe passé du verbe *ouïr*. Quand on répond *oui*, c'est comme si l'on disait *c'est* ouï, *c'est* ENTENDU.

mieux sous le chaume que dans un palais. Je suis remède et vous poison. Sa tête branlait comme les feuilles que le vent remue. Nous devons préférer l'utile à l'agréable. Celui qui rend un service doit l'oublier ; celui qui le reçoit, s'en souvenir. Apprenons de nos maux à jouir des moindres biens ; de nos fautes à n'en plus commettre ; de nos ennemis à réformer notre conduite, et des méchants à mieux sentir tout le prix des bons.

SOIXANTE-NEUVIÈME LEÇON.

DU PLÉONASME.

Je n'en ai reçu que trois, de ces lettres aimables qui me pénètrent le cœur. Il n'est pour le vrai sage aucun revers funeste : en perdant toute chose, il se reste. On cherche les rieurs, et je les évite. Eh ! que m'a fait cette Troie où je cours ? Si cette conjoncture naît, il doit s'en servir. Le cinquième jour, Dieu créa les oiseaux qui volent et les poissons qui nagent. Je tiens ce nid de fauvette. On regrette toujours ce qu'on donne aux méchants. Je le lui ai dit. Je t'ai accordé sur l'heure et sans peine toutes les dignités que tu m'as demandées. On a déjà dit et écrit cent fois avant nous tout ce que l'on dit et tout ce que l'on écrit de nos jours. Qu'on ne laisse monter personne. Il nous faut ton moulin, que veux-tu qu'on t'en donne ? — Rien ; car j'entends ne le vendre à personne. Ô Télémaque ! craignez de tomber entre les mains de Pygmalion : il les a trempées dans le sang de Sichée, mari de Didon, sa sœur. Narbal et moi admirions la bonté des dieux. Je vais vous porter, vous serez mon guide. Ô grande ombre ! tu sais maintenant combien j'ai estimé ta valeur. En venant au monde, l'homme est, de tous les animaux, celui qui peut le moins se suffire. Je vais donc voir cette fameuse Thèbes aux cent portes ! La pluie tombe comme si on la donnait. C'est une femme, et non un auteur, qui a dit, le jour des funérailles de son amie : Voilà donc la première nuit que tu vas passer dans la terre !

SOIXANTE-DIXIÈME LEÇON.

DU PLÉONASME VICIEUX OU PÉRISSOLOGIE.

Où la chèvre est attachée, il faut qu'elle broute. Il se vit obligé de renoncer à son entreprise. J'ai des raisons suffisantes pour me déterminer. On peut succomber à la suite d'une forte hémorrhagie. Diviser et partager signifient que d'un tout on fait plusieurs parties. La majorité des hommes préfère souffrir que mourir. Quoique naturel aux pays chauds, le chameau craint les climats où la chaleur est excessive. Je donnai à chacun de quoi gagner du bien dans le commerce de la mer. Il se tait. La cataracte du Niagara est une merveille unique dans son genre. Dans cet antre je vois fort bien comme on entre, et ne vois pas comme on sort. Voyons ce que vous nous apportez. Préjuger, c'est mal juger. Remettez le sceptre en ses mains. Il n'y a que Racine qui soutienne constamment l'épreuve de la lecture. Le prince, en montant sur le trône, a comblé les malheureux de grâces. Nous fûmes assaillis par une tempête. De quelque talent que l'on soit revêtu, on ne fait point fortune avec trop de vertu. C'est à vous, mon esprit, que je veux parler. Si la terre tourne, il s'ensuit que le soleil est immobile. Le champ de bataille était couvert de cadavres. Entre le maître et le serviteur, il y a des engagements réciproques. Dans le principe, pour déconcerter et faire trembler les factieux, on n'aurait eu qu'à se montrer. Il faut que les hommes s'entr'aident. — Il faut que les hommes s'aident mutuellement. — Il faut que les hommes s'aident les uns les autres. Les écoliers qui se dépêchent trop en écrivant, écrivent ordinairement fort mal. Peut-être la conjuration aurait-elle réussi, sans la trahison de l'un des conjurés. O mère-grand! que vous avez de grandes oreilles! Quels que soient les hommes, il faut vivre avec eux. Il existe en ce moment un grand nombre d'associations de travailleurs. Quand le charlatan eut tout dit sur les prétendues propriétés de ses drogues, il termina par ces paroles sacramentelles : . . . . et une infinité d'autres dont le détail serait trop long. Le soldat français sait souffrir et se taire. — Le soldat français sait souffrir sans murmurer. On appelle écueil un rocher caché sous l'eau, mais assez rapproché de la surface pour qu'un navire ne puisse passer dessus sans être exposé à se briser. La fortune est si capricieuse, que d'un mendiant elle fait souvent un potentat.

SOIXANTE-ET-ONZIÈME LEÇON.

PLÉONASMES LÉGITIMES. — Connais-toi toi-même. Je vous quitte un moment, et je descends en bas. Vous et celui qui vous mène, vous périrez. Napoléon, le grand Napoléon, est mort à Sainte-Hélène! Cette fortune que vous lui enviez, il la doit à son travail. Je vous apprendrai, moi, à respecter vos maîtres. Une reine bienfaisante ressemble à une bonne mère de famille. Il parlera lui-même au roi.

PLÉONASMES VICIEUX RECTIFIÉS.— J'arrivai à la ville avec beaucoup de peine; car il n'y a rien qui me fatigue comme de marcher. Ils se firent des reproches réciproques. Dans les cours, on contracte l'habitude de la dissimulation et de l'hypocrisie. Fabius prévoyait tout ce qu'Annibal avait dessein d'entreprendre. Cette lettre est pleine de civilités. Madame de Sévigné comparait les fables de la Fontaine à un panier de cerises: D'abord, disait-elle, on veut ne manger que les plus belles, puis on finit par ne rien laisser du tout. Il s'ensuit que vous avez tort. On l'a forcé à se faire soldat. Mon maître ne fut jamais qu'un traître; il s'en est allé. Trois sceptres à son trône attachés par mon bras parleront au lieu d'elle. Celui qui ne veut pas être déçu dans son commerce avec les hommes, doit prévoir leur légèreté et leur perfidie. On l'a mis en prison, il s'est enfui. Je préfère rester. On nomme babouche une sorte de pantoufle dont l'usage nous est venu du Levant. Les lions se frappent les flancs de leur terrible queue. Entre l'arbre et l'écorce il ne faut pas mettre le doigt. La circonférence est une ligne courbe dont tous les points sont placés à une égale distance du centre. Il y a cinq heures que je vous attends.

SOIXANTE-DOUZIÈME LEÇON.

DES EXPLÉTIFS.

NOTA. Les explétifs sont en italique.

Le renard sort du puits, laisse son compagnon,
Et *vous* lui fait un beau sermon.

On lui lia les pieds, on *vous* le suspendit.
Prends-*moi* le bon parti, laisse là tous tes livres.

Il *vous* le porte au fin fond des enfers,
Digne séjour de ces esprits pervers.

Il *s'en* alla passer sur le bord d'un étang.
Le père mort, les fils *vous* retournent le champ.

Le navire égaré voguait au gré des flots,
Quand un calme plat *vous* l'arrête.

Ce drôle faisait l'insolent, je *vous* l'ai rossé d'importance.

SOIXANTE-TREIZIÈME LEÇON.

DE LA SYLLEPSE.

La plupart des hommes, emportés d'une fougue insensée, toujours loin du droit sens vont chercher leur pensée. Tout le peuple de Vienne s'est levé comme un seul homme à l'approche des Turcs. Au bruit de son trépas, les Parisiens se livrent en proie aux transports odieux de leur coupable joie. De cent cris de victoire ils remplissent les airs. Les avocats sont ordinairement bavards et pointilleux. Quand l'âge leur eut donné l'instinct de chercher eux-mêmes leur proie, les lionceaux se dispersèrent dans les bois. Enseignez aux enfants le nom du père au ciel, etc. Moïse eut recours au Seigneur et lui dit : Que ferai-je aux Israélites? Bientôt ils me lapideront. Quand les Hébreux entrèrent dans la terre promise, tout y célébrait leurs ancêtres. Elles sont six heures, ou bien, selon Boiste, il est la sixième heure. C'est un sage législateur qui, ayant donné à ses peuples des lois propres à les rendre bons et heureux, etc. Un jour, il m'en souvient, les sénateurs, etc.

CHAPITRE IV.

DE LA PÉRIPHRASE.

SOIXANTE-QUATORZIÈME LEÇON.

Paris. Jérusalem. Venise. Rome. Thèbes. Babylone. Pékin. L'Égypte. L'Espagne. La France. La Chine. Les pyramides. Le loup. Le renard. Le chameau. Le zèbre. L'hirondelle. Le lézard. Les moutons. Les grenouilles. Les coqs. Les souris. Les oiseaux. La colombe. Le renne. Le hibou. Le rat. Le chat. Homère. Hérodote. Corneille. La Fontaine. Bossuet. Fénelon. Ésope. Moïse. Buffon. David. Jeanne d'Arc. Achille. Hippocrate. Pierre-le-Grand. Don Quichotte. Léonidas. Le bourreau. Le curé. Un médecin. Un forgeron. Les Anglais. Les pirates. Les cardinaux. Le sultan. Un rémouleur. Le peuple. Les rois. Les rois de France. Les Cartésiens. Les Épicuriens. Les Platoniciens. Les Mahométans. Les brames. Iris. Mercure. Les Parques. Les Muses. Neptune. Apollon. Les naïades. Les dryades. Silène. Un poète. La rosée. La Renommée. L'arc-en-ciel. Le printemps. L'automne. Les fruits. Le ciel. Au printemps. La guerre. La sagesse. La richesse. Un miroir. Un vaisseau. La petite vérole. L'écriture. L'imagination. Mentir. Mourir. Se marier.

SOIXANTE-QUINZIÈME LEÇON.

Le lion.	Le roi des forêts.
Le chien.	Le fidèle compagnon de l'homme.
Les oiseaux.	La gent qui fend les airs.

Les poissons.	Le peuple écaillé.
Les soldats.	Les défenseurs de la patrie.
Dieu.	Le fabricateur souverain.
Adam.	Le père du genre humain.
Ève.	La mère de tous les hommes.
Bayard.	Le chevalier sans peur et sans reproches.
Les femmes.	La plus belle moitié du genre humain.
Les voltairiens.	Les disciples de Voltaire.
Les républicains.	Les partisans de la république.
Les démocrates.	Les partisans de la démocratie.
Les royalistes.	Les partisans de la royauté.
Cerbère.	Le gardien des enfers.
Caron.	Le nocher des enfers.
Pluton.	Le dieu des enfers.
La mer.	L'empire de Neptune.
Éole.	Le dieu des vents.
Mars.	Le dieu de la guerre.
Cérès.	La déesse des moissons.
Diane.	La déesse de la chasse.
La Fortune.	L'inconstante déesse.
La jeunesse.	Le matin de la vie.
La vieillesse.	Le soir de la vie.
Se suicider.	Se faire sauter la cervelle.
Mourir.	Fermer pour toujours sa paupière.

SOIXANTE-SEIZIÈME LEÇON.

Dieu.	Le Roi des rois. L'invisible Témoin. Celui qui commande à la mer et à la foudre.
Jésus-Christ.	L'Agneau de Dieu. Le divin Maître. Le Fils de l'homme.
Satan.	Le Prince des démons. L'Esprit malin. Le Chef des mauvais anges.

Jupiter.	Le Père des dieux. Le Maître de l'Olympe. Le Vainqueur des Titans.
Les enfers.	L'empire de Pluton. La sombre demeure des morts. Le séjour ténébreux.
Le ciel.	La voûte azurée. Le séjour des élus. La voûte céleste.
Le soleil.	La source de la lumière. L'astre du jour. L'œil du monde.
La lune.	L'astre de Diane. Le flambeau de la nuit. L'astre au front d'argent.
Naître.	Entrer dans la vie. Venir au monde. Ouvrir les yeux à la lumière.
Mourir.	S'endormir pour toujours. Quitter cette vallée de larmes. Passer de vie à trépas.
Le pape.	Le chef de l'Église. Le souverain pontife. Le successeur de saint Pierre.
Le cimetière.	Le champ de l'égalité. Notre dernière demeure. Le champ du repos.
L'aigle.	Le roi des airs. L'oiseau royal. L'oiseau de Jupiter.
Le blé.	Les dons de Cérès. La richesse des sillons. La récompense du laboureur.
Le vin.	Le doux présent de Bacchus. Le jus de la treille. Le lait des vieillards.

SOIXANTE-DIX-SEPTIÈME LEÇON.

— Les fils de Jacob dirent : Voici *Joseph*.
— Je m'assis dans un coin du *cimetière*.
— Admirez *Dieu*.
— La *lionne* mourut.
— Le *maïs* se trouve dans les contrées méridionales.
— La conscience est un juge *incorruptible*.
— Devant *Dieu* tous les peuples s'abaissent.
— Sous un chêne aussitôt il va *dormir*.
— Du *rossignol* j'entends la voix touchante.
— Tout à coup une harmonie semblable au chœur lointain des *anges* sort du fond de ces demeures sépulcrales.
— Alexandre-le-Grand mourut *jeune*.
— Esther était la *nièce* de Mardochée.
— *Mon oncle* accompagnait mes pas.
— Un bûcheron perdit sa *cognée*.
— Heureux le *laboureur*, s'il connaît son bonheur!
— Partout *Dieu* a varié son plan.
— Les fauvettes arrivent au *printemps*.
— Nous devons tous *mourir*.
— Vous saurez que toujours je fus *guerrier*.
— L'un me conseillait de jouer le dernier sou qui me restait, quitte, en cas de malheur, à *m'ôter la vie*.
— Il se mit aussitôt à *fuir*.
— Je *ne* vous payerai *jamais*.
— Le *cèdre* s'élève dans toute sa majesté au pied du Liban.
— Le médecin Tant-Pis soutenait que son malade *mourrait*: le malade *mourut* en effet.
— Lui seul (*Mardochée*) aux yeux des Juifs découvrit le dessein de deux traîtres tout prêts à vous *égorger*.
— Dans le funeste jour de Cannes on *tua* moins de Romains.
— Nous avons beau vanter nos grandeurs passagères, il faut *mourir*.
— J'ai, dit-il, en mon écurie un fort bel *âne*; j'en voudrais faire un orateur.

— Dites-moi quelle cause éclipse dans leur cours la *lune*, le *soleil*.

— Aux branches d'un tilleul une jeune fauvette avait suspendu son *nid*.

— Je suis un pauvre *orphelin*.

— Cet homme était *jardinier*, et le voilà devenu pape.

— Un ânier, son sceptre à la main, menait, en empereur romain, deux *ânes*.

SOIXANTE-DIX-HUITIÈME LEÇON.

— *Ma langue* ne prête plus de sons à mes tristes pensées.

— Mes sœurs, l'onde est plus fraîche *le matin*.

— Je visitais le *cimetière*.

— Leurs soins compatissants accueillaient la misère du *pauvre*.

— J'entends la *cloche*.

— La fourmi dit à la mouche : Vous mourrez de froid et de faim, *en hiver*.

— Avec quelle espérance on *laboure* après avoir imploré le *Tout-Puissant*.

— Oiseaux, couvez en paix *vos œufs*.

— Je vais faire la guerre aux *oiseaux*.

— Voyez ce modeste presbytère : là vit le *curé*.

— Dès que le chant du coq annonçait le *jour*, Virginie *se levait*, et allait puiser de l'eau à la fontaine voisine.

— Le monarque irrité le *tua*.

— Le soleil ne se couche jamais *en Russie*.

— Quoi ! je haïrais *ma mère!*

— Nous devons chérir *nos parents*.

— Les *Israélites* donnèrent la couronne à *David*.

— Quel plaisir a-t-il eu depuis qu'il *est né?* En est-il un plus pauvre sur *la terre ?*

— Grâce à *Dieu*, je suis oiseau ; voyez mes ailes : vivent les *oiseaux!*

— L'automne avait jonché la terre de *feuilles*.

— Le Nil a vu sur ses rivages le *nègre* insulter par ses cris sauvages le *soleil.*

— Le *meunier* avait pour habitude de vivre au jour le jour, exempt d'inquiétude.

— Je fus chercher le feu que l'on mit à l'amorce du canon qui le *tua.*

— Mon cœur devient-il triste, et ma tête pesante, eh bien, pour ranimer ma gaîté languissante, le *café*, le *thé* vont verser leur nectar dans la *porcelaine.*

— J'ai devancé *le jour* sur la montagne.

— Souvent mes pas errants parcourent le *cimetière.*

— Puissant *Jupiter*, j'ose implorer tes grâces ; laisse-moi le lot des grimaces.

— J'ai senti tout à coup un *poignard* que le traître en mon sein a plongé tout entier.

— Chrétiens, souvenez-vous que le *Christ* n'a légué qu'un seul mot pour prix d'un long blasphème.

— *Dieu* sait des méchants arrêter les complots.

— Par cas fortuit l'enfant de chœur Lucas avait usé sa *culotte.*

— Il invoque à la fin *Hercule.*

— Ce vieillard qui va *mourir* retrouve encore des pleurs en parlant de sa mère.

— Le premier qui *fut roi* n'avait que ses enfants sous son obéissance.

SOIXANTE-DIX-NEUVIÈME LEÇON.

— La plupart des oiseaux *muent* chaque année.

— Les grands pour la plupart sont *hypocrites.*

— Tu n'as point l'air d'un *empoisonneur.*

— Comment est mort *Judas Machabée ?*

— *Dieu* est celui qui fait la loi aux rois.

— O Temps, *arrête-toi*, respecte ma jeunesse.

— Aux *fruits* ajoutez les *fleurs.*

— Sur un tombeau paré de fleurs, Marcellin célébrait *la messe.*

— *La lune* semblait cacher d'effroi sa tremblante lumière.

— Consultez souvent les *vieillards*.

— La *belette* répondit au lapin que la terre était au premier occupant.

— Le courage ne consiste pas à aller *gaîment* à la mort.

— Pizarre conquit le *Pérou*.

— Pizarre conquit le royaume des *Incas*.

— C'est une terre *fertile*.

— La *grenouille* s'enfla si bien qu'elle creva.

— Les sauvages se servent de *leurs doigts* pour manger.

— Jupiter dit un jour : Que tous les *animaux* s'en viennent comparaître aux pieds de ma grandeur.

— Là, le *mercure* s'élève au gré de l'air plus sec ou plus humide ; ici, un *thermomètre* indique le degré de la température.

— Mais vous naissez le plus souvent sur les humides bords des *marais*.

— Eh bien ! *Furies*, vos mains sont-elles prêtes ? Pour qui sont ces serpents qui sifflent sur vos têtes ?

— Un *ivrogne* altérait sa santé, son esprit et sa bourse.

— Chargé d'une besace, un bâton à la main, cheminait un pauvre homme *vieux* et *aveugle*.

— Tu *vis*, Cinna ; mais *tes parents* furent les ennemis de mon père et les miens. Au milieu de leur camp tu *naquis*.

— Cependant sur le dos de la *mer* s'élève à gros bouillons une *vague*.

— Et depuis *César*, jamais rien de si grand n'a paru sur tes bords.

— Le peuple prosterné sous ces voûtes antiques avait de *David* entonné les cantiques.

— Sans crainte du pressoir le pampre, tout l'été, boit *la rosée*.

— Que la victoire vole, et que les grands exploits soient portés en cent lieux par la *Renommée*.

— Admire avec quel art l'abeille sait extraire d'une herbe empoisonnée du *miel*.

— Certain rat de campagne en son *trou* de certain rat de ville eut un jour la visite.

— Le *cerf* rend déjà grâce aux bœufs, attend dans cette étable que chacun retournant au *labourage*, il trouve pour sortir un moment favorable. L'un des bœufs ruminant lui dit : Cela va bien ; mais, quoi ! *le Maître* n'a pas fait sa revue.

— O Jupiter, dit la première, faut-il que l'amour-propre aveugle les esprits d'une si terrible manière, qu'une *fourmi* ose se dire égale à la *mouche!*

QUATRE-VINGTIÈME LEÇON.

— Le soleil se couche.
— A la pointe du jour.
— Tandis que je suis encore jeune.
— Bientôt les aquilons feront tomber les feuilles.
— Je n'ai pas encore vingt ans.
— L'homme des champs tond ses brebis, construit des ruches.
— La cloche sonne.
— L'Égypte adore le bœuf.
— Quand je m'endors...
— Dans cet instant le soleil se coucha.
— Coligny dormait.
— Quand je suis triste, je prends, pour m'égayer, du café et du thé.
— Je vous souhaite un doux et long sommeil.
— La Hongrie me nomma roi.
— Le rossignol commence à chanter à la tombée de la nuit.
— Le prêtre célébrait la messe.
— Chloris s'est accompagnée sur la harpe.
— Là, des jeunes gens jouent au billard.

QUATRE-VINGT-UNIÈME LEÇON.

Canot. Radeau. Brûlot. Carène. Mât. Sentine. Poupe. Proue. Hamac. Tillac. Ancre. Aimant. Boussole. Lest. Écueil. Récif. Trombe. Cargaison. Lazaret. Quarantaine. Amiral. Caméléon. Baleine. Mulet. Lynx. Héron. Hérisson. Rhinocéros. Culot. Oiseleur. Gazouillement. Croassement. Coassement. Instinct.

Serres. Constellation. Éclipse. Télescope. Sirius. Satellite. Orbite. Phase. Décade. Calendrier. Mois. Trimestre. Semestre. Siècle. Ère. Cratère. Avalanche. Minerai. Alliage. Fossile. Momie. Aubier. Brou. Futaie. Noix de galle. Savanes. Steppes. Pédoncule. Manne. Ananas. Opium. Naturaliste. Pugilat. Yatagan. Brassard. Ambulance. Pionnier. Conscrit. Védette. Cliquetis. Armistice. Amnistie. Otage. Rançon. Représaille. La générale. La diane. Athlète. Gladiateur. Aquilon. Microscope. Écho. Horoscope.

QUATRE-VINGT-DEUXIÈME LEÇON.

Flux.	Mouvement réglé d'élévation de la mer.
Archipel.	Endroit d'une mer où il y a beaucoup d'îles.
Volcan.	Montagne qui vomit du feu par son sommet.
Mappemonde.	Carte des deux hémisphères.
Horizon.	Endroit de la terre où se termine notre vue.
Désert.	Lieu vaste inhabité.
Antipode.	Lieu de la terre diamétralement opposé au point où l'on est. Habitant de ce lieu.
Cascade.	Chute d'eau bruyante.
Cataracte.	Eau qui se précipite avec fracas d'un lieu très-élevé.
Atmosphère.	Masse d'air qui environne la terre.
Aéronaute.	Celui qui dirige un aérostat.
Paradis.	Séjour des bienheureux.
Purgatoire.	Lieu où les âmes des justes achèvent de se purifier de leurs fautes.
Limbes.	Séjour des saints de l'Ancien Testament et des enfants morts avant le baptême.
Athée.	Celui qui nie l'existence de Dieu.
Antechrist.	Imposteur qui viendra, dit-on, à la fin du monde pour corrompre les fidèles.
Ciboire.	Vase où l'on conserve les hosties consacrées.
Dais.	Poêle soutenu par quatre colonnes sous lequel on porte le saint-sacrement.

Tonsure.	Couronne faite aux ecclésiastiques en leur rasant les cheveux au sommet de la tête.
Séminaire.	Collége où l'on instruit les ecclésiastiques.
Martyr.	Qui a souffert la mort pour sa religion.

QUATRE-VINGT-TROISIÈME LEÇON.

Topographie. Oasis. Gué. Anachronisme. Chronologie. Age d'or. Hydre. Minotaure. Parques. Pénates. Argus. Augure. Bacchante. Thyrse. Caducée. Cyclope. Corbillard. Cénotaphe. Nécrologie. Holocauste. Hécatombe. Pagode. Église. Mosquée. Synagogue. Temple. Druide. Marabout. Bonze. Presbytère. Ramadan. Rogations. Sabbat. Tiare. Théologie. Franciscain. Glas. Inquisition. Linceul. Mausolée. Martyrologe. Métempsycose. Métamorphose. Paria. Archange. Astrologie. Catéchumène. Cène. Cilice. Concile. Conclave. Cyprès. Ampoule. Anachorète. Allah. Coran. Évangile. Pentateuque. Apocalypse. Apostat. Renégat. Apothéose. Alleluia. Agapes. Contumace. Legs. Hart. Codicille. Duplicata. Immeuble. Tabellion. Remords. Usufruit. Épigraphe. Errata. Diphthongue. Hiatus. Aristarque. Zoïle. Encyclopédie.

QUATRE-VINGT-QUATRIÈME LEÇON.

Amazone.	Autrefois femme guerrière de l'Asie.
Cannibale.	Sauvage qui mange de la chair humaine.
Turban.	Coiffure des peuples orientaux.
Guérite.	Ce qui sert d'abri à une sentinelle.
Fronde.	Petite corde avec laquelle les enfants lancent des pierres.
Bassinet.	Partie d'un fusil où l'on met l'amorce.
Bouclier.	Arme défensive dont on se couvre le corps.
Tribut.	Ce qu'un peuple paye à un autre pour marque de sa dépendance.

Ambassadeur.	Celui qui représente son pays auprès d'une puissance étrangère.
Nonce.	Nom par lequel on désigne un ambassadeur du pape.
Amphitryon.	Personne chez laquelle on dîne.
Bagne.	Lieu où l'on enferme les forçats.
Geôlier.	Concierge d'une prison.
Menottes.	Liens servant à attacher les poignets des prisonniers.
Perruque.	Coiffure de faux cheveux.
Piéton.	Celui qui voyage à pied.
Aïeul.	Nom par lequel on désigne le père du père ou de la mère.
Bûcheron.	Celui qui abat du bois dans une forêt.
Printemps.	Première saison de l'année.

QUATRE-VINGT-CINQUIÈME LEÇON.

Auriculaire. Annulaire. Fanon. Torse. Nez. Palais. Œil. Oreille. Orteil. Paume. Paupière. Pulsation. Palpitation. Ecchymose. Balafre. Scalpel. Lancette. Douche. Fléau. Inanition. Panaris. Cadavre. Cicatrice. Décollation. Hygiène. Enchifrènement. Syncope. Hémorrhagie. Chiquenaude. Somnambulisme. Optimiste. Pessimiste. Spleen. Léthargie. Maladrerie. Réminiscence. Marâtre. Pygmée. Sieste. Silhouette. Sirène. Thermes. Suicide. Déicide. Peccadille. Quatrain. Monologue. Aparté. Pantomime. Tost. Club. Arlequin. Colin-maillard. Sinécure. Patrimoine. Escobar. Mécène. Mentor. Jérémiade. Jouvence (*fontaine de*). Knout. Patron. Argot. Arrhes. Aurore. Canicule. Caravane. Antiquaire. Appât. Abri. Alvéole.

QUATRE-VINGT-SIXIÈME LEÇON.

Essieu.	Forte pièce de fer qui traverse le moyeu.
Tenailles.	Instrument de fer pour saisir, arracher.

Mâchefer.	Scorie qui sort du fer quand on le forge.
Fuseau.	Petit instrument de bois pour filer le chanvre.
Échalas.	Bâton enfoncé en terre pour soutenir la vigne.
Escabeau.	Siége de bois sans bras ni dossier.
Rouille.	Oxydation qui se produit sur les métaux exposés à l'humidité.
Cidre.	Boisson faite avec du jus de pomme.
Aloyau.	Pièce de bœuf coupée le long du dos.
Gibelotte.	Espèce de fricassée de lapin.
Ongle.	Partie dure qui recouvre le dessus du bout des doigts.
Glu.	Matière visqueuse qui sert à prendre les oiseaux.
Amiante.	Minéral fibreux, filamenteux, incombustible.
Ardoise.	Pierre noirâtre, par feuilles, pour couvrir les maisons.
Gland.	Fruit du chêne.
Moelle.	Substance molle et grasse contenue dans la cavité des os.
Reptile.	Animal qui rampe.
Levain.	Toute substance qui facilite la fermentation.
Tan.	Écorce de chêne moulue avec laquelle on prépare les cuirs.

QUATRE-VINGT-SEPTIÈME LEÇON.

Portique. Rez-de-chaussée. Espagnolette. Persienne. Jalousie. Mansarde. Psyché. Guichet. Échoppe. Bigorne. Donjon. Vasistas. Patère. Dédale ou labyrinthe. Palier. Panthéon. Péristyle. Beffroi. Amphithéâtre. Carrière. Fresque. Stuc. Carrefour. Aqueduc. Baratte. Petit-lait. Tire-lire. Tronc. Demoiselle. Houlette. Locomotive. Mitaine. Navette. Outre. Palanquin. Caparaçon. Acoustique. Aérolithe. Alambic. Alchimiste. Algèbre. Clepsydre. Axiome. Atome. Paratonnerre. Paradoxe. Siphon. Hygromètre. Thermomètre. Baromètre. Oxygène. Laboratoire. Amble. Galop. Signet. Spirale. Télégraphe. Escarcelle. Essaim. Férule. Fretin. Lavandière. Cornac. Anche. Mérelle ou Marelle. Niche. Pactole. Panade. Automate. Bauge. Caramel. Cassonade.

QUATRE-VINGT-HUITIÈME LEÇON.

Guillemet.	Signe orthographique placé au commencement et à la fin d'une citation.
Problème.	Question à résoudre.
Alphabet.	Recueil de toutes les lettres d'une langue.
Analyse.	Décomposition d'un tout en ses différentes parties.
Pensum.	Surcroît de travail imposé à un écolier pour le punir.
Vacances.	Temps pendant lequel cessent les études dans une école.
Condisciple.	Compagnon d'études.
Compatriote.	Qui est du même pays.
Patin.	Chaussure de fer pour glisser sur la glace.
Raquette.	Instrument pour jouer à la paume, au volant.
Aiguille.	Petit instrument d'acier pointu, très-délié d'un bout et percé de l'autre, pour coudre.
Girouette.	Machine en fer-blanc qui tourne au gré du vent et en marque la direction.
Agonie.	Dernière lutte de la nature contre la mort.
Antidote.	Remède pour combattre le poison.
Migraine.	Violente douleur à la tête, ordinairement périodique.
Charlatan.	Vendeur de drogues, d'orviétan sur les places publiques.
Vétérinaire.	Celui qui traite les chevaux malades.
Charpie.	Filaments de linge usé pour mettre sur les plaies.
Cil.	Poil des paupières.
Sourcil.	Ligne courbe de poils au-dessus des yeux.
Amygdales.	Glandes en forme d'amande placées aux deux côtés de la gorge.

QUATRE-VINGT-NEUVIÈME LEÇON.

Budget. Satrape. Suffètes. Théocratie. Monarchie. Anarchie. Oligarchie. République. Tiers-état. Torture. Tribun. Ukase. Firman. Czar ou Tzar. Doge. Sultan. Hampe. Ilote. Jury. Boyards. Landwehr. Bourgmestre. Maire. Adjoint. Mandarin. Lazzaroni. Ostracisme. Palladium. Forum. Dauphin. Assignat. Candidat. Chouan. Citoyen. Constable. Alguazil. Constitution. Cicerone. Effraction. Rat-de-cave. Blanc-seing. Citadin. Artisan. Avarie. Bail. Croupière. Bimbelotier. Agenda. Album. Regain. Sérénade. Serinette. Sensitive. Silo. Fenaison. Floraison. Ivraie. Jachère. Méteil. Mouture. Papyrus. Parchemin. Pépinière. Aromate. Baobab. Mancenillier.

QUATRE-VINGT-DIXIÈME LEÇON.

Maquignon.	Marchand, vendeur de chevaux.
Palefrenier.	Valet qui panse les chevaux.
Mors.	Partie de la bride qui passe dans la bouche du cheval.
Braconnier.	Celui qui chasse furtivement sur les terres d'autrui.
Réfectoire.	Lieu où se prennent les repas dans une communauté, un collége.
Abreuvoir.	Lieu où l'on mène boire les bestiaux.
Réservoir.	Lieu où l'on amasse et conserve l'eau.
Vivier.	Pièce d'eau où l'on nourrit du poisson.
Verger.	Lieu planté d'arbres fruitiers.
Potager.	Jardin où l'on cultive les légumes.
Vantail.	L'un des deux battants d'une porte.
Margelle.	Pierre qui forme le rebord d'un puits.
Wagon.	Voiture employée sur les chemins de fer.
Débarcadère.	Lieu où l'on débarque en chemin de fer.
Impasse.	Rue sans issue.

Coquerico.	Mot qui désigne le chant du coq.
Aumône.	Ce que l'on donne aux pauvres par charité.
Tocsin.	Bruit d'une cloche sonnée à coups précipités pour donner l'alarme.

QUATRE-VINGT-ONZIÈME LEÇON.

Amphibie. Angora. Aquatique. Fructivore. Carnivore. Herbivore. Ichthyophage. Anthropophage. Venimeux. Vénéneux. Vivipare. Ovipare. Natal. Exotique. Narcotique. Oléagineux. Tinctorial. Précoce. Camus. Contagieux. Épidémique. Cordial. Pectoral. Stomacal. Émollient. Fébrifuge. Cutané. Incurable. Invulnérable. Myope. Presbyte. Nain. Cagneux. Thermales. Tierce (*fièvre*). Quarte (*fièvre*). Quotidien. Périodique. Hebdomadaire. Culinaire. Écru. Fade. Indélébile. Indigeste. Inodore. Agraire. Aratoire. Éphémère. Prestidigitateur. Acrobate. Imberbe. Germain (*cousin*). Canine (*dent*). Molaire (*id.*). Incisive (*id.*). Antédiluvien. Compatriote. Contemporain. Coréligionnaire. Créole. Mulâtre. Insulaire. Salique (*loi*). Transalpin. Cisalpin. Démoniaque. Éternel. Immortel. Fataliste. Impeccable. Mondain. Orthodoxe. Pascal. Prophète. Véniel. Alexandrin. Olographe. Autographe. Pénultième. Initiale (*lettre*). Médiale (*id.*). Finale (*id.*). Labiales. Interprète. Oral. Oculaire. Simultané (*enseignement*). Mutuel (*id.*). Individuel (*id.*).

QUATRE-VINGT-DOUZIÈME LEÇON.

Capillaire. Équilatéral. Intermittent. Opaque. Parallèles. Malléable. Hétérogène. Homogène. Posthume. Inédit. Anglomane. Anonyme. Pseudonyme. Diapré. Disponible. Pédestre. Équestre. Équivoque. Fanfaron. Fidèle. Débonnaire. Imperceptible. Inamovible. Inaccessible. Inexpugnable. Intact. Impartial. Irascible. Irrémédiable. Laconique. Contigu. Lauréat.

Lunatique. Misanthrope. Philanthrope. Morveux. Néfaste. Nocturne. Panique. Parasite. Transfuge. Déserteur. Réfractaire. Surnuméraire. Sybarite. Utérin. Usurier. Vénal. Vermoulu. Immobile. Implacable. Insatiable.

Aveugle. Borgne. Chauve. Manchot. Perclus. Sourd. Muet. Insensé. Veuve. Orphelin. Édenté. Malade. Lâche. Prisonnier. Inodore. Fanée. Déserte. Tari. Stérile. Effeuillé. Incomplet.

QUATRE-VINGT-TREIZIÈME LEÇON.

Absoudre. Accaparer. Acclimater. Amputer. Arpenter. Asperger. Calfeutrer. Calquer. Canoniser. Capituler. Carillonner. Commuer. Défricher. Dégainer. Dégoûter. Dégoutter. Déguster. Démanteler. Dépecer. Éclore. Élaguer. Émanciper. Embaumer. Émigrer. Enfouir. Épeler. Escamoter. Étamer. Fagoter. Falsifier. Frictionner. Grasseyer. Guérir. Innover. Investir. Se marier. Moudre. Peler. Piaffer. Raturer. Recéler. Tarir. Tatouer. Thésauriser. Teiller. Transvaser. Tromper. Anéantir. Pulvériser. Assassiner. Crucifier. Empoisonner. Étrangler. Lapider. Evoquer. Exorciser. Exporter. Importer. Faner. Faucher. Glaner. Grappiller. Moissonner. Vendanger. Gagner. Perdre. Se gargariser. Laper. Épiler.

QUATRE-VINGT-QUATORZIÈME LEÇON.

L'*invention* est fille de la nécessité.
L'*oisiveté* est la mère de tous les vices.
La *langue* est l'organe de la voix.
L'*arc-en-ciel* est le signe de l'alliance que Dieu fit avec Noé.
Une *bibliothèque* est le trésor des remèdes de l'âme.
L'*automne* est appelé la saison des fruits.
Un *conquérant* est un joueur déterminé qui prend un million d'hommes pour jetons, et l'univers pour tapis.

La *pomme de terre* est le présent le plus utile que le Nouveau-Monde ait fait à l'Ancien.

L'*égoïste* est un être qui ne vit que pour lui, et envers qui tous les autres hommes sont comme s'ils n'étaient pas.

L'*ambition* est un désir insatiable de s'élever au-dessus et sur les ruines mêmes des autres.

La *géographie* et la *chronologie* sont les deux yeux de l'histoire.

Le *serin* est un petit oiseau chanteur qui nous vient des Canaries.

On peut dire que le *Nil* est le nourricier de l'Égypte.

Le *travail* est le meilleur assaisonnement des mets.

La *nuit* est le temps du repos et le *jour* celui du travail.

De tous les animaux, le *castor* est celui qui travaille le plus merveilleusement.

La *laie* est la femelle du sanglier.

L'*homme* est un animal parlant et pensant.

L'*addition* est une opération par laquelle on se propose de réunir plusieurs nombres en un seul.

Un *soufflet* est appelé parfois une giroflée à cinq feuilles.

QUATRE-VINGT-QUINZIÈME LEÇON.

LES TROIS RÈGNES DE LA NATURE.

(Suite de la Périphrase.)

ANIMAUX :	VÉGÉTAUX :	MINÉRAUX :
Baleine.	Amidon.	Amiante.
Beurre.	Café.	Ardoise.
Cire.	Camphre.	Chaux.
Coquillage.	Chanvre.	Craie.
Corail.	Charbon (1).	Diamant.

(1) Il y a trois sortes de charbon : le charbon *végétal*, que l'on tire du bois ; le charbon *minéral*, c'est-à-dire la houille, ou, plus vulgairement, charbon de terre, et le charbon *animal*, connu dans le commerce sous le nom de noir animal. Ce dernier s'obtient des os et sert à purifier et à décolorer.

Corne.	Chocolat.	Fer.
Crème.	Coton.	Houille.
Crin.	Encens.	Marbre.
Cuir.	Farine.	Mercure.
Éponge.	Fécule.	Or.
Fiel.	Gomme.	Plâtre.
Huile (1).	Huile.	Porcelaine.
Ivoire.	Indigo.	Savon.
Laine.	Liége.	Sel.
Lait.	Lin.	Soufre.
Miel.	Manne.	Verre.
Musc.	OEuf.	
Parchemin.	Opium.	
Perle.	Papier.	
Plume.	Poivre.	
Pourpre (*couleur de*	Poix.	
Soie.	Potasse.	
Suif.	Riz.	
	Safran.	
	Sucre.	
	Tabac.	
	Thé.	
	Vin.	

QUATRE-VINGT-SEIZIÈME LEÇON.

L'AMIANTE.

L'amiante est une substance minérale, verte ou blanche, composée de filaments longs, soyeux, plus ou moins déliés, doux, flexibles, légers, quoique formés des mêmes éléments que les pierres les plus dures. Ces filets tapissent d'ordinaire les

(1) L'*huile* est un produit *animal* ou *végétal*, suivant qu'on l'extrait des animaux, comme l'huile de baleine, de foie de morue, etc., ou des végétaux, comme l'huile d'olives, de noix, de navette, etc.

fissures des différentes roches ; on en trouve dans toute l'Europe, mais principalement en Italie, en Corse et en Savoie. Les anciens le regardaient comme une espèce de lin incombustible ; ils le cardaient, le filaient et en faisaient des nappes, des serviettes, etc., que l'on jetait au feu quand elles étaient sales, et qui en sortaient plus blanches que si on les eût lavées. C'est dans une toile d'amiante qu'ils brûlaient les corps des personnages distingués, dont ils voulaient conserver les cendres pures et séparées de celles du bûcher. On en compose aujourd'hui des mèches pour les veilleuses, et un papier précieux en ce qu'il est incombustible. Dans ces derniers temps, on a employé l'amiante pour faire des tuniques propres à préserver les pompiers du feu, dans les incendies.

L'AMIDON.

L'amidon est une substance blanche, inodore, fraîche au toucher, soluble dans l'eau bouillante. On tire l'amidon de la plupart des végétaux qui servent à la nourriture de l'homme. Ainsi on le trouve en abondance dans la pomme de terre, la châtaigne, dans toutes les céréales et dans une foule de racines. Chauffé dans l'eau, il forme un mucilage épais et collant, qui donne aux étoffes cet apprêt que l'on nomme empois. Les fabricants de colle de pâte, les tisserands, les confiseurs, les parfumeurs, en font un fréquent usage.

L'ARDOISE.

L'ardoise est une espèce de pierre d'un noir bleuâtre, qui se trouve par bancs dans la terre et le plus souvent à la surface. L'ardoise sert à couvrir les maisons. Quand les feuillets ont une certaine épaisseur, on en fabrique des carreaux, des dalles pour paver les vestibules. On fait encore avec l'ardoise des tablettes sur lesquelles on écrit avec un crayon de schiste tendre. Angers et Charleville font un grand commerce d'ardoises. Les anciens n'en ont point connu l'usage.

LA BALEINE.

On nomme ainsi les fanons ou dents qui bordent la mâchoire supérieure de l'énorme cétacé qui porte ce nom. On en compte, dit-on, huit à neuf cents dans la gueule d'une seule baleine. Cette substance fait l'objet d'un commerce considérable, elle est susceptible, à cause de son élasticité, d'une foule d'emplois dans la tabletterie et pour la fabrication des cannes, des parapluies, des buscs et des bourrelets pour les enfants.

LE BEURRE.

Le beurre est une substance alimentaire, grasse, onctueuse, d'un usage très-fréquent dans l'économie domestique, comme assaisonnement indispensable de beaucoup de mets. On extrait le beurre de la crème, qui est la partie essentielle du lait. Pour cela, on bat la crème dans une baratte ou vaisseau conique; après un certain temps, le beurre se sépare du sérum ou petit-lait, et s'épaissit en formant une masse homogène. Le beurre ne conserve que très-peu de temps sa fraîcheur et son arôme. Néanmoins on l'empêche de rancir en le salant et en le faisant fondre. Celui que l'on consomme à Paris vient en partie de la Bretagne et de la Normandie.

LE CAFÉ.

Le café, fruit d'un arbre appelé cafier, n'est connu en Europe que depuis cent cinquante ans. Ce n'est que par la torréfaction que se développent la saveur et l'arôme du café. La liqueur que produit cette espèce de fève a des qualités physiques très-remarquables : elle accélère la circulation du sang, aide la digestion, cause une agréable chaleur dans l'estomac, exalte les facultés intellectuelles, stimule enfin tous les organes de l'économie animale. « *C'est un poison lent,* disait quelqu'un à Fontenelle. *Très-lent, en effet,* répondit-il ; *car voilà plus de soixante ans que j'en bois.*»

LE CAMPHRE.

Le camphre est un produit immédiat de beaucoup de végétaux, mais principalement de l'arbre auquel on a donné le nom de camphrier. Il existe dans toutes les parties du végétal ; on l'extrait par la distillation. Le camphre a une odeur pénétrante et une saveur amère; pur, il est blanc, léger, gras et très-volatil. Ses usages sont très-étendus : un système tout moderne en a fait le principe essentiel de tous ses médicaments. Il a une propriété calmante bien constatée. On le cultive en grand à la Chine et au Japon.

LE CHANVRE.

Le chanvre est ce produit végétal qui porte le nom du petit arbuste dont il forme l'écorce. Pour obtenir le chanvre, on fait rouir la plante dans des eaux stagnantes; il se déclare bientôt une fermentation putride; la gomme-résine qui attache l'écorce au tronc, se décompose, et la fibre végétale se sépare de la partie ligneuse, au moyen d'une nouvelle opération appelée teillage. Ensuite le chanvre est livré au filassier, qui le raffine; puis vient la fileuse, et enfin le tisserand, qui livre la toile au commerce.

LE CHARBON.

Le charbon végétal est une substance noire, solide, fragile, très-poreuse, qui n'est autre chose que du bois soumis à une première combustion. Le charbon sert à la cuisson des aliments; on l'emploie aussi pour détruire la putréfaction, décolorer la soie, le vin, le vinaigre; mais il possède ces qualités à un degré beaucoup moindre que le noir animal. Enfin le charbon forme, avec le soufre, une des bases de la poudre à canon.

LA CHAUX.

La chaux ne se rencontre pas dans la nature à l'état de pureté : on l'obtient en calcinant, c'est-à-dire en faisant cuire dans un four une espèce de pierre très-commune, appelée pierre calcaire. La chaux entre dans la composition du mortier, et sert puissamment aux constructions.

Nota. Toutes ces notions sont connues de MM. les Instituteurs; il est donc inutile d'en grossir le volume. On les trouvera du reste dans tous les dictionnaires d'histoire naturelle.

CHAPITRE V.

DU SYLLOGISME.

CENT DEUXIÈME LEÇON.

— Ceux qui n'étudient pas sont toujours ignorants;
Or les paresseux n'étudient pas :
Donc les paresseux seront toujours ignorants.

— Tous les enfants bien élevés prient Dieu, chérissent leurs parents et respectent les vieillards;

Or Paul est un enfant bien élevé :
Donc Paul prie Dieu, chérit ses parents et respecte les vieillards.

— Celui qui désire toujours n'est jamais heureux ;
Or l'avare et l'ambitieux désirent toujours :
Donc l'avare et l'ambitieux ne sont jamais heureux.

— Adam est le père de tous les hommes ;
Or Abraham était homme :
Donc Adam est le père d'Abraham.
Donc Abraham était enfant d'Adam.

— Il faut aimer ce qui est bon ;
Or Dieu est bon :
Donc il faut aimer Dieu.

— Las-Cases disait aux Espagnols : Un chrétien doit aimer ses semblables ;
Or les Péruviens sont vos semblables :
Donc vous devez aimer les Péruviens.

— Mon enfant, je vous ai promis une récompense si vous travailliez ;
Or vous avez bien travaillé :
Je vais donc vous récompenser.

— On ne peut être égoïste et bon citoyen ;
Or Pierre est bon citoyen :
Donc Pierre n'est pas égoïste.

— On ne peut être égoïste et bon citoyen ;
Or Pierre est égoïste :
Donc Pierre n'est pas bon citoyen.

— Il faut commander à ses passions ou leur obéir ;
Or il faut leur commander :
Donc il ne faut pas leur obéir.

— Il est nécessaire que les méchants soient punis dans ce monde ou dans l'autre ;
Or il y a des méchants qui ne sont pas punis dans ce monde :
Donc ils seront punis dans l'autre.

— Tous les hommes sont enfants de Dieu ;
Or les nègres sont des hommes :
Donc les nègres sont enfants de Dieu.

— Vous devez aimer tous ceux qui vous font du bien ;
Or vos maîtres vous donnent l'instruction, qui est un immense bien :
Vous devez donc aimer vos maîtres.

— Un aveugle est plus à plaindre qu'un sourd ;
Or Jacques est aveugle et Thomas est sourd :
Donc Jacques est plus à plaindre que Thomas.
— On dit : Mauvaise tête, bon cœur ;
Or Julien a mauvaise tête :
Donc Julien a bon cœur.
— Toute personne qui veut apprendre doit écouter ;
Vous voulez apprendre :
Donc vous devez écouter.
— Il est plus facile de perdre quelqu'un que de le sauver ;
Or je t'ai sauvé :
Donc je puis te perdre.
— Certains peuples adoraient tous les animaux ;
Or l'ichneumon est un animal :
Donc l'ichneumon était adoré par certains peuples.
Donc certains peuples adoraient l'ichneumon.
— L'oisiveté est la mère de tous les vices ;
Or les mauvaises pensées sont des vices :
Donc les mauvaises pensées sont filles de l'oisiveté.
Donc l'oisiveté est la mère des mauvaises pensées.
— Le soleil ranime toutes les plantes ;
Or le serpolet est une plante ;
Donc le serpolet est ranimé par le soleil.
Donc le soleil ranime le serpolet.

CENT TROISIÈME LEÇON.

— Tous les grands conquérants ont été ambitieux ;
Or Alexandre était un grand conquérant :
Donc Alexandre était ambitieux.
— Toutes les étoiles ont une lumière qui leur est propre ;
Or Sirius est une étoile :
Donc Sirius a une lumière qui lui est propre.
— Toutes les planètes tournent autour du soleil ;
Or la terre est une planète :
Donc la terre tourne autour du soleil.
— Tous les serpents rampent ;

Or le boa est un serpent :
Donc le boa rampe.
— Tous les hommes vertueux sont heureux ;
Or Socrate était vertueux :
Donc Socrate était heureux.
— Tous les animaux couverts d'écailles sont des poissons ;
Or la truite est couverte d'écailles :
Donc la truite est un poisson.
— Aucun homme n'est exempt de faiblesse ;
Je suis un homme :
Donc je ne suis pas exempt de faiblesse.

CENT QUATRIÈME LEÇON.

— Tous les oiseaux sont ovipares.
Or l'aigle est un oiseau :
Donc l'aigle est ovipare.
— Tous les métaux sortent du sein de la terre ;
Or le mercure est un métal :
Donc le mercure sort du sein de la terre.
— Tous les arts embellissent la vie ;
Or la peinture est un art :
Donc la peinture embellit la vie.
— Toutes les hautes chaînes de montagnes sont neigeuses ;
Or les Alpes sont de hautes chaînes de montagnes :
Donc les Alpes sont neigeuses.
— Aucun fleuve n'est navigable à sa source ;
Or le Danube est un fleuve :
Donc le Danube n'est pas navigable à sa source.

CENT CINQUIÈME LEÇON.

DE LA CONCLUSION.

(Suite du Syllogisme.)

Dieu voit toutes nos actions ; ne faisons donc rien qui lui soit désagréable.

Les loups sont très-malfaisants et ne sont à l'homme d'aucune utilité ; on doit donc leur faire une guerre acharnée.

En tous temps les mers polaires sont couvertes de glaces ; il sera donc toujours impossible aux navigateurs de pénétrer dans ces parages.

Dire du bien de soi, c'est orgueil ; en dire du mal, c'est sottise ; ne parlons donc de nous ni en bien ni en mal.

Les qualités de l'esprit sont brillantes, celles du cœur sont solides ; cultivons donc notre cœur de préférence à notre esprit.

Ce cultivateur paresseux a négligé de labourer son champ ; il n'en obtiendra donc que des herbes inutiles.

Cet enfant a montré de la bonne volonté et une grande application ; il mérite donc d'être récompensé.

La vertu conduit au bonheur ; appliquons-nous donc à être vertueux.

L'ennemi faiblit ; donc la victoire est à nous.

Les arbres attirent la foudre ; il est donc dangereux de s'abriter sous un arbre pendant un orage.

La nature nous a donné deux oreilles et une seule bouche ; parlons donc peu, mais écoutons beaucoup.

Les animaux ont comme nous le sentiment de la douleur ; il y a donc de la barbarie à les maltraiter.

Les maisons nouvellement construites sont malsaines ; donc il ne faut pas les habiter.

Les fleurs exhalent beaucoup d'acide carbonique ; il serait donc imprudent d'en laisser la nuit dans une chambre à coucher.

Si le cheval n'existait pas, l'âne serait le plus beau et le plus utile des quadrupèdes ; on ne saurait donc blâmer trop vivement ceux qui prennent plaisir à maltraiter ce doux et excellent animal.

Les malheureux sont nos frères; nous devons donc les assister.

Le bavard ne sait pas taire un secret; ne lui en confions point.

Un travail trop assidu est contraire à la santé; nous devons donc travailler avec mesure.

L'étude rend l'homme meilleur et plus heureux; vouons-nous donc à l'étude.

La jalousie, l'égoïsme et l'avarice rendent l'homme malheureux; ne soyons donc ni jaloux, ni égoïstes, ni avares.

On trouve des coquillages et des débris de poissons sur le sommet des plus hautes montagnes; ces lieux ont donc été autrefois submergés.

Avant l'invention de la poudre, les combattants luttaient corps à corps; les batailles devaient donc être beaucoup plus meurtrières qu'aujourd'hui.

Vos parents pourvoient à tous vos besoins; vous leur devez donc amour et reconnaissance.

On a trouvé des dents d'éléphant dans les carrières de Montmartre; il y a donc tout lieu de croire que ces animaux ont habité autrefois nos climats.

CENT SIXIÈME LEÇON.

Une harmonie admirable règne dans les mouvements des corps célestes; il faut donc qu'une suprême intelligence ait présidé à cette organisation.

Nous avons sans cesse besoin des autres hommes; soyons donc serviables envers eux.

Le temps s'envole pour ne plus revenir; nous devons donc le mettre à profit.

Les flatteurs sont dangereux; fuyons leur société.

Dieu nous jugera tous selon nos œuvres; préparons-nous donc dès aujourd'hui à n'avoir plus tard que de bonnes actions à porter devant son tribunal.

Les vieillards ont généralement une grande expérience de la vie ; les jeunes gens doivent donc leur demander conseil.

La récolte a été abondante ; la famine n'est donc pas à craindre cette année.

Dieu est juste ; donc il récompensera le bien et punira le mal.

Enfants, quelle serait la douleur de vos mères, si on vous enlevait à leur amour ! gardez-vous donc de ravir aux oiseaux leurs petits et leurs œufs.

Je pense ; donc j'existe.

Les anciens ne connaissaient pas l'usage de la boussole ; il leur était donc impossible de s'aventurer sur la mer loin des côtes.

Un enfant honnête est aimé de tout le monde ; les enfants doivent donc s'appliquer à être honnêtes.

CHAPITRE VI.

DE LA CAUSE ET DE L'EFFET.

CENT SEPTIÈME LEÇON.

EFFET :	CAUSE :
La noix de galle.	Piqûre des gallinsectes.
La conversion de Clovis.	Exhortations de Clotilde.
La maturité des fruits.	La chaleur de l'été.
Le remords.	Le crime.
Le bonheur dont jouissent les élus.	Sainteté de leur vie sur la terre.
Les prix et les couronnes décernés à la fin de l'année.	Le travail, l'intelligence, la bonne conduite.
Les rides du front.	L'âge, les soucis, la fatigue, et surtout le travail intellectuel.
L'ivresse.	Le vin, les liqueurs, etc.

Une cicatrice.	Blessure.
L'orgueil.	La sottise.
La chute d'Adam.	La désobéissance.
Le déluge universel	La corruption des hommes.
L tour de Babel.	L'orgueil des descendants de Noé.
La malédiction de Cham.	Son irrévérence envers son père.
L'élévation de Joseph en Égypte.	L'interprétation des songes de Pharaon.
Les plaies d'Égypte.	Refus de Pharaon de laisser partir les Hébreux.
La force merveilleuse de Samson.	La longueur de ses cheveux.
L'ascension de l'esprit-de-vin dans le thermomètre.	Élévation de la température.
L'ascension du mercure dans le baromètre.	Augmentation de la pesanteur de l'air.
Les débordements du Nil.	Pluies abondantes en Éthiopie, où sont situées les sources du Nil.
La pluie.	Condensation, par le froid, des vapeurs d'eau répandues dans l'air.
Les vagues de la mer.	Marées et agitation de l'air.
L'ascension de l'eau dans les pompes.	Pesanteur de l'air.
L'éclipse de soleil.	Interposition de la lune entre le soleil et la terre.
L'éclipse de lune.	Interposition de la terre entre le soleil et la lune.
Les marées.	Attractions simultanées ou alternatives de la lune et du soleil.

CENT HUITIÈME LEÇON.

CAUSE :	EFFET :
L'économie.	La richesse.
L'étude.	La science.
L'oisiveté.	Tous les vices.
La tempérance.	La santé, une longue vie.
L'intempérance.	Les maladies, une fin prématurée.
Le plaisir immodéré.	Le dégoût.
Le jeu.	La ruine.
La vertu.	Le bonheur.
Le sommeil.	Réparation des forces.
Une bonne nouvelle.	La joie.
Une nouvelle fâcheuse.	La tristesse.
Le vaccin.	Préservation de la petite vérole.
Les débordements périodiques du Nil.	La fertilité de l'Égypte (1).
La grêle avant la moisson.	Destruction de la récolte.
Les orages.	La nature purge les eaux par les feux des volcans, comme elle purifie l'air par ceux du tonnerre.
Les volcans.	
La chaleur (*son effet sur l'eau*).	Vaporisation de l'eau.
Le froid (*id.*).	Congélation de l'eau.
L'humidité (*son effet sur le bois*).	Augmentation de volume.
La sécheresse (*id.*).	Réduction de volume.
La paix entre les nations.	L'abondance, la richesse des États.
La guerre entre les nations.	La ruine des États.
La jalousie de Caïn.	Le meurtre d'Abel.

(1) La plupart des grands fleuves, tels que l'Orénoque, l'Amazone, le Gange, le Nil, engraissent les terres qu'ils submergent.

La prédilection de Jacob pour son fils Joseph.	La haine de ses autres enfants contre ce fils préféré.
La confirmation.	Augmentation de la grâce.

CENT NEUVIÈME LEÇON.

NOTA. Les mots qui désignent les causes sont en petites capitales, et ceux qui désignent les effets sont en italique.

Le SOLEIL nous envoie la *chaleur* et la *lumière*. Les ÉTRANGERS ont appris aux Russes la *culture* du chou-fleur. ALEXANDRE détruisit l'empire des Perses. (Effet : *destruction de l'empire des Perses.*) Les OURAGANS causent de grands *malheurs*. Les ABEILLES fabriquent de la *cire* et du *miel*. L'*ennui* est entré dans le monde par la PARESSE. La MAIN qui fuit le travail produit l'*indigence ;* mais la MAIN laborieuse acquiert des *richesses*. Le MALHEUR ajoute un nouvel *éclat* à la gloire des grands hommes. L'Angleterre doit la *prépondérance* qu'elle exerce dans le monde à son COMMERCE et à sa MARINE. Le SENS DU TOUCHER, si perfectionné chez l'homme, est une des causes de la *supériorité* qu'il exerce sur tous les autres animaux, et de son *adresse* merveilleuse dans les arts mécaniques. ON rend les chiens *hargneux* et *méchants* en les EXCITANT. Les personnes d'une SENSIBILITÉ excessive sont sujettes à de grands *chagrins*. Le PRINTEMPS ramène les hirondelles dans nos climats. (Effet : *retour des hirondelles.*) Les SONGES, les FANTÔMES et les FEUX FOLLETS effrayent les esprits faibles. (Effet : *effroi des esprits faibles.*) Les patriciens assurèrent au peuple romain que Romulus avait été enlevé par JUPITER pendant un orage. (Effet : *enlèvement de Romulus.*) Alexandre mourut à trente-trois ans, par suite de son INTEMPÉRANCE. (Effet : *mort d'Alexandre.*) L'AUTOMNE fait jaunir et tomber les feuilles des arbres. (Effet : *dépérissement et chute des feuilles des arbres.*) La POUDRE et le SANG enivrent le soldat. (Effet : *ivresse du soldat.*) Un VERRE D'EAU répandu sur la robe de la reine Anne amena la *disgrâce* de Marlborough, et par suite le *salut* de la France, que les VICTOIRES de ce général avaient mise à deux doigts de sa *perte*.

CHAPITRE VII.

DU TOUT ET DE LA PARTIE.

CENT DIXIÈME LEÇON.

PARTIE :	TOUT :	PARTIE :	TOUT :
Ivoire	éléphant	tympan	oreille
soie (*de brosse*)	porc, sanglier	narine	nez
alvéole	ruche	hanche	corps humain
encolure	cheval	anche	instrument à vent
arête	poisson		
crin	cheval	plate-bande	parterre
écaille	poisson	sarment	pied de vigne, etc.
plume	oiseau		
trompe	éléphant	brou	noix, etc.
défenses	sanglier, éléphant	balle	grain
		son	grain
serres	oiseaux de proie	grain	épi
laine	mouton	gluten	farine
bois (*cornes*)	cerf	cosse	légume
crête	coq	cerneau	noix
hure	sanglier, brochet	crème	lait
		noyau	fruit
fanon	bœuf, baleine	amande	noyau
branchies	poisson	trognon	fruit, légume
mufle	museau	foin	artichaut
orteil	pied	pétiole	feuille
pied	jambe	corolle	fleur
tête	corps	pulpe	fruit
langue	bouche	mie	pain
prunelle	œil	le matin	journée
œil	tête	adolescence	vie
doigt	main	minute	heure
ongle	doigt	semaine	mois

PARTIE :	TOUT :	PARTIE :	TOUT :
jour	semaine	goulot	vase
mois	année	aire	grange
année	siècle	margelle	puits
automne	année	solive	plancher
Normandie	France	douve	tonneau
Prusse	Europe	toit	maison
Amérique	la terre	piston	pompe
centre	cercle	touche	orgue, piano
Érèbe	les enfers	chanterelle	violon
cratère	volcan	pendeloque	boucle d'oreille
crosse	fusil	tesson	bouteille, etc.
pommeau	épée, selle	tison	bûche
hampe	drapeau, etc.	édredon	lit
proue	vaisseau	taie	oreiller, etc.
bataillon	régiment	cadran	horloge
parapet	pont, quai, rempart	chaton	bague
		semelle	soulier
visière	casquette, casque	parterre	théâtre
		acte	pièce de comédie
casemate	citadelle		
lit de camp	corps de garde	scène	acte
cheminée	chambre	couplet	chanson
serrure	porte	strophe	ode
mangeoire	écurie	verset	bible
mors	bride	préface	livre
timon	voiture	main (*de papier*)	rame
clocher	église		
soupirail	cave	b (*la lettre*)	alphabet
chaînon	chaîne	ré (*note*)	gamme
échelon	échelle	un quart	unité
rampe	escalier	centime	franc
soc	charrue	centimètre	mètre
espagnolette	croisée	exergue	médaille
faubourg	ville	dessert	repas

CENT ONZIÈME LEÇON.

Fleur. — Pétale. Pédoncule. Calice. Corolle. Étamine.
Pomme. — Trognon. Pepin. Pulpe. Peau. Queue.
Arbre. — Racine. Tronc. Branche. Feuille. Fruit.
Tronc d'arbre. — Écorce. Aubier. Cœur. Moelle. Sève.
Corps humain. — Poitrine. Flanc. Cœur. Poumon. Foie.
Tête. — Cerveau. Crâne. Front. Cheveu. Oreille.
Main. — Paume. Ongle. Pouce. Index. Phalange.
Bouche. — Lèvre. Palais. Langue. Gencive. Dent.
Vie de l'homme. — Enfance. Jeunesse. Age viril. Vieillesse. Décrépitude.
Habit. — Collet. Basque. Poche. Manche. Bouton.
Botte. — Tige. Empeigne. Semelle. Tirant. Contre-fort.
Lit. — Paillasse. Matelas. Couverture. Oreiller. Édredon.
Porte. — Panneau. Serrure. Battant. Linteau. Loquet.
Croisée. — Châssis. Vitre. Espagnolette. Vasistas. Charnière.
Voiture. — Avant-train. Roue. Essieu. Timon. Palonnier.
Charrue. — Soc. Oreille ou versoir. Coutre. Jumelles. Régulateur.
Scie. — Corde. Lame. Dents. Monture. Clé.
Ferme. — Basse-cour. Grange. Écurie. Étable. Fenil.
Église. — Nef. Autel. Chœur. Sacristie. Chaire.
Théâtre. — Parterre. Foyer. Orchestre. Balcon. Avant-scène.
Fleuve. — Source. Embouchure. Lit. Rive droite. Rive gauche.
Vaisseau. — Carène. Cale. Sentine. Poupe. Proue.
Ballon. — Enveloppe. Gaz hydrogène. Soupape. Nacelle. Lest.
Montre. — Aiguille. Boîte. Cadran. Ressort. Rouage.
Fusil. — Crosse. Canon. Bassinet. Détente. Platine.

CHAPITRE VIII.

DU SENS PROPRE ET DU SENS FIGURÉ.

CENT DOUZIÈME LEÇON.

La fleur (*des champs*).	de la jeunesse. de l'âge. de la beauté.
Le fruit (*d'un arbre*).	de l'étude. du travail. de l'expérience.
Un rayon (*du soleil*).	d'espérance. de bonheur. de gloire.
Un coup (*de poing*).	de langue. de fortune. d'œil.
La douceur (*du miel*).	de la voix. du sommeil. de l'amitié.
La sécheresse (*de la terre*).	du cœur. du style. de l'esprit.
La laideur (*du visage*).	du vice. du mensonge. de la vanité.
La pureté (*de l'eau*).	des mœurs. de l'âme. des intentions.
L'amertume (*du marron d'Inde*).	du repentir. des plaisirs. de la vie.
Le feu (*de la cheminée*).	de l'imagination. du génie. de l'improvisation.

CENT TREIZIÈME LEÇON.

Tête (*de l'homme*),	de clou. de pavot. d'une procession.
Le cœur (*de l'homme*).	de la France. (*Le centre.*) de l'hiver. d'un fruit.
Le front (*de l'homme*).	d'une armée. d'un chêne (1). d'une montagne (2).
La bouche (*de l'homme*).	d'un canon. d'un volcan. du Danube (*les bouches*).
Les dents (*de l'homme*).	d'une scie. d'un peigne. d'un râteau.
Corps (*de l'homme*).	de logis. d'armée. d'un vaisseau.
Bras (*de l'homme*).	de levier. de mer. de fauteuil.
OEil (*de l'homme*).	de bœuf. (*Lucarne.*) de fromage. de pain.
Oreille (*de l'homme*).	de charrue. de soulier. d'un livre.
Le coude (*de l'homme*).	d'un chemin. d'un mur. d'une rivière.

(1) Cependant que mon *front* au Caucase pareil....
LA FONTAINE. (*Le Chêne et le Roseau.*)

(2) Le Mont-Blanc cache son *front* dans les nues.

	d'un pain.
Le talon (*de l'homme*).	d'un soulier.
	d'une pique.
	d'un livre.
Le dos (*de l'homme*).	d'un fauteuil.
	d'un couteau.
	de papier.
Feuille (*d'arbre*).	de métal.
	d'acajou.
	d'un compas.
Branche (*d'arbre*).	d'un fleuve.
	d'un lustre.
	de soufre.
Fleur (*des champs*).	de zinc.
	de farine.
	de lit.
Ciel (*voûte céleste*).	de carrière.
	de tableau.

CENT QUATORZIÈME LEÇON.

	caractère.
Mou (*lit*).	enfant.
	vie.
	regard.
Dur (*marbre*).	oreille.
	tête.
	mère.
Tendre (*bois*).	parole.
	cœur.
	repartie.
Fin, e (*écriture*).	nez.
	physionomie.
	mensonge.
Grossier (*drap*).	erreur.
	peuple.

Profonde (*grotte*).	sommeil. génie. pensée.
Faibles (*reins*).	mère. résolution. argument.
Bas, se (*porte*).	voix. action. expression.
Sain (*corps*).	jugement. esprit. idées.
Noire (*encre*).	temps. trahison. âme.

CENT QUINZIÈME LEÇON.

DEVOIR DE RÉCAPITULATION.

La *couleur* (*pr.*) du drap.	Les *couleurs* (*fig.*) de la vérité.
Le *torrent* (*fig.*) des passions.	Le *torrent* (*pr.*) de Cédron.
Les *sources* (*pr.*) du Nil.	La *source* (*fig.*) du mal.
La *souplesse* (*pr.*) du jonc.	La *souplesse* (*fig.*) de caractère.
Le *poids* (*pr.*) de l'air.	Le *poids* (*fig.*) de la chaleur.
La *clarté* (*fig.*) d'une démonstration.	La *clarté* (*pr.*) du jour.
La *chaleur* (*pr.*) du soleil.	La *chaleur* (*fig.*) du combat.
La *chaleur* (*fig.*) du sentiment.	La *chaleur* (*pr.*) de l'été.
La *chaleur* (*fig.*) de la dispute.	La *chaleur* (*pr.*) du poêle.
Vieillard encore *vert.* (*fig.*)	Branche *verte.* (*pr.*)
Vertu *solide.* (*fig.*)	Porte *solide.* (*pr.*)
Jonc *droit.* (*pr.*)	Esprit *droit.* (*fig.*)
Plaie *profonde.* (*pr.*)	Misère *profonde.* (*fig.*)
Riante (*fig.*) prairie.	Visage *riant.* (*pr.*)

Mémoire *aride*. (*fig.*)
Homme *modeste*. (*pr.*)
Fruit *mûr*. (*pr.*)
Cri *aigu*. (*fig.*)
Lion *furieux*. (*pr.*)
Mœurs *douces*. (*fig.*)
Vin *doux*. (*pr.*)
Souvenir *doux*. (*fig.*)

Contrée *aride*. (*pr.*)
Modeste (*fig.*) repas.
Age *mûr*. (*fig.*)
Compas *aigu*. (*pr.*)
Orage *furieux*. (*fig.*)
Vie *douce*. (*fig.*)
Fruit *doux*. (*pr.*)
Liqueur *douce*. (*pr.*)

Ce jeune étourdi a fait un *coup* (*fig.*) de sa tête.

Le taureau le renversa d'un *coup* (*pr.*) de tête.

Les têtes *vides* (*fig.*) se dressent comme les épis *vides*. (*pr.*)

Demandez à Dieu une âme *saine* (*fig.*) dans un corps *sain*. (*pr.*)

La vérité ressemble à la rosée du ciel : pour la conserver *pure*, (*fig.*) il faut la recueillir dans un vase *pur*. (*pr.*)

CENT SEIZIÈME LEÇON.

Ourdir (*un tissu*).	un mensonge. une conspiration. un complot.
Corrompre (*la viande*).	le cœur. un magistrat. un ministre.
Rompre (*du pain*).	la paix. un entretien. une négociation.
Répandre (*un liquide*).	l'instruction. l'alarme. l'épouvante.
Tomber (*dans un fossé*).	dans la pauvreté. dans une faute. de surprise en surprise.
Être plongé (*dans la mer*).	dans la débauche. dans le sommeil. dans la douleur.

Briser (*un vase*).	le cœur. les liens de l'amitié. l'orgueil.
Cultiver (*un champ*).	les arts. sa mémoire. la poésie.
Polir (*le fer*).	l'esprit. les manières. un jeune homme.
Se nourrir (*de fruits*).	de bonnes pensées. de lectures. d'espérances.

CENT DIX-SEPTIÈME LEÇON.

Son courage s'*allume* (*fig.*), ses yeux *pétillent* (*fig.*), son sang *bout.* (*fig.*)

Le feu s'*allume* (*pr.*), il *pétille* (*pr.*), l'eau *bout.* (*pr.*)

Le vent *enfle* (*pr.*) les ballons ; l'orgueil *enfle* (*fig.*) les sots.

La fatigue m'a *brisé* (*fig.*) ; j'ai les os *rompus.* (*fig.*)

Le serpent boa *brise* (*pr.*) les os de sa proie avant de l'*engloutir.* (*pr.*)

Les grands royaumes *engloutissent* (*fig.*) les petits États.

Jésus a *bu* (*fig.*) jusqu'à la lie son calice d'amertume.

Diogène *buvait* (*pr.*) dans le creux de sa main.

L'ivrogne *boit* (*fig.*) le sang de ses enfants.

La haine publique se *cache* (*fig.*) d'ordinaire sous l'adulation.

Le prévenu se *lava* (*fig.*) de l'accusation portée contre lui.

Midas se *lava* (*pr.*) dans les eaux du Pactole.

Quand il *sortit* (*pr.*) de prison, il *entrait* (*fig.*) dans sa vingtième année.

La belette *sortait* (*fig.*) de maladie, quand elle *entra* (*pr.*) dans un grenier.

L'ambition *perd* (*fig.*) l'homme.

J'ai *perdu* (*pr.*) ma bourse.

La rose *orne* (*pr.*) le jardin.

La lecture *orne* (*fig.*) l'esprit.

Le temps *adoucit* (*fig.*) nos peines.

Il faut *couper* (*fig.*) le mal dans sa *racine.* (*fig.*)

Quand quelqu'un parle, il ne faut pas lui *couper* (*fig.*) la parole.

Saint Pierre *coupa* (*pr.*) l'oreille à Malchus.

La vanité est *remplie* (*fig.*) d'elle-même.

Les hôpitaux sont *remplis* (*pr.*) de malades.

Le malheur *flétrit* (*fig.*) l'âme.

Le froid *flétrit* (*pr.*) les fleurs.

Les langues perverses *sèment* (*fig.*) la discorde.

Le cultivateur *sème* (*pr.*) pour *récolter.* (*pr.*)

Celui qui *sème* (*fig.*) le vent *récolte* (*fig.*) la tempête.

L'homme ne se *nourrit* (*pr.*) pas seulement de pain, mais il se *nourrit* (*fig.*) de tout ce qui sort de la bouche de Dieu.

Les cailloux se *polissent* (*pr.*) en roulant.

Le temps *use* (*fig.*) l'erreur et *polit* (*fig.*) la vérité.

Pour *polir* (*pr.*) un corps, il faut l'*user.* (*pr.*)

La musique *flatte* (*fig.*) l'oreille.

Ce malheureux *fondait* (*fig.*) en larmes.

La chaleur *fond* (*pr.*) la glace.

Le remords *déchire* (*fig.*) le cœur.

Les mauvais écoliers *déchirent* (*pr.*) leurs livres.

Cet événement a *renversé* (*fig.*) tous mes projets.

Suspendez (*fig.*) votre jugement s'il doit avoir de graves conséquences.

Pendant sa royauté d'une heure, Damoclès avait une épée *suspendue* (*pr.*) sur sa tête.

Quand on veut *rompre* (*fig.*) avec son ami, il faut *découdre* (*fig.*) et non pas *déchirer* (*fig.*) l'amitié.

Le succès *couvre* (*fig.*) la faute.

Newton ne manquait jamais de se *découvrir* (*pr.*) quand il prononçait le nom de Dieu.

CENT DIX-HUITIÈME LEÇON.

SENS FIGURÉ :	SENS PROPRE :
La paresse va si lentement que la faim l'atteint bientôt.	Le paresseux est toujours pauvre.
Il faut séparer l'ivraie du bon grain.	Il faut séparer les bons des méchants.
Pour l'œil perçant le mensonge est diaphane.	Un homme perspicace connaît un menteur.
Il n'y a pas de roses sans épines.	Nos plaisirs sont toujours mêlés de peines.
Plaçons nos bienfaits, ne les semons pas.	Quand nous obligeons quelqu'un, que ce ne soit pas pour des motifs d'intérêt.
Ce sont toujours les meilleurs fruits que les oiseaux becquettent les premiers.	Le calomniateur s'attaque aux réputations les mieux établies.
L'ennui naquit un jour de l'uniformité.	On s'ennuie si l'on n'apporte pas quelque variété dans ses occupations.
La calomnie est une arme acérée des deux bouts ; celui qui en fait usage place une pointe sur sa propre poitrine, et l'autre sur celle de son ennemi.	Le calomniateur se nuit à lui-même.
La coupe de la vie serait douce jusqu'à la fadeur, s'il n'y tombait pas de temps en temps quelques larmes amères.	Sans quelques chagrins la vie serait fastidieuse.
Ce ne sont pas les épis qui lèvent le plus la tête qui sont les plus pleins.	Les hommes les plus suffisants et les plus vains ne sont pas les plus capables.
Nous apercevons une paille dans l'œil de notre voisin, et nous ne voyons pas la poutre qui est dans le nôtre.	Nous sommes très-clairvoyants pour les défauts d'autrui, et nous sommes aveugles sur les nôtres.

L'eau qui tombe goutte à goutte parvient à creuser la pierre.

Le pain mal acquis remplit la bouche de gravier.

Ne chantons jamais auprès de ceux qui pleurent.

Du milieu des épines on voit souvent naître des roses.

On ne va pas à la gloire par un chemin de fleurs.

C'est un vilain oiseau que celui qui salit son nid.

Les folles dépenses refroidissent la cuisine.

Le paresseux désirerait bien manger l'amande, mais il ne voudrait pas casser le noyau.

L'enthousiasme chez un homme léger est un feu de paille.

Les commensaux des cours doivent tenir plus du saule que du chêne.

Beaucoup de gens savent pêcher en eau trouble.

L'oreiller du méchant est plein d'épines.

L'air qu'on respire sur les tombeaux épure les pensées.

Lorsque le duc d'Anjou, Philippe V, alla prendre possession du trône d'Espagne, Louis XIV dit ces paroles célèbres : *Il n'y a plus de Pyrénées.*

Avec de la persévérance, on vient à bout des travaux les plus difficiles.

Les richesses mal acquises ne profitent jamais.

N'insultons pas par notre gaîté à la tristesse des autres.

Le bien naît souvent du mal même.

La gloire est difficile à acquérir.

Il n'y a qu'un mauvais fils qui puisse mépriser ses parents.

Les folles dépenses ruinent une maison.

Le paresseux voudrait recueillir les fruits du travail sans en avoir la peine.

L'enthousiasme chez un homme léger dure peu.

Pour faire un bon courtisan, il faut être souple.

Beaucoup de gens savent s'enrichir à l'époque des révolutions.

Le sommeil du méchant est agité.

On devient meilleur en méditant sur la mort.

. . . .
. . . .
. . . .
. . . . L'Espagne et la France ne seront plus divisées.

CENT DIX-NEUVIÈME LEÇON.

SENS FIGURÉ :	SENS PROPRE :
Les grandes places sont comme les rochers élevés : les aigles et les reptiles seuls y parviennent.	On n'atteint aux postes élevés que par un grand mérite ou par des bassesses.
Après une violente tempête, le moindre flot inspire de l'effroi.	Quand nous avons été frappé d'un grand malheur, le moindre accident nous alarme.
L'encre des diplomates s'efface facilement, quand on ne répand pas dessus un peu de poudre à canon.	Dans les rapports internationaux, la diplomatie n'aboutit à rien, quand on n'y joint pas une menace de guerre.
Les hommes adroits et légers surnagent comme le liége à toutes les tempêtes.	Les hommes adroits et légers ne se compromettent jamais en temps de révolution.
L'arbre sandal parfume la hache qui l'a frappé.	Il faut rendre le bien pour le mal.
Si mince qu'il soit, un cheveu fait de l'ombre.	Il n'est si petit ennemi qui ne puisse nuire.
Que la terre est petite à qui la voit des cieux !	Nous sommes peu de chose aux yeux de Dieu.
Le nom de Dieu est écrit en caractères très-lisibles sur l'aile d'un moucheron.	Tout dans la nature nous révèle l'existence de Dieu.
L'intérêt détourne du chemin de l'honneur.	L'intérêt rend vil.
Dieu mesure le vent à la brebis tondue.	Dieu ne nous envoie jamais plus de maux que nous ne pouvons en supporter.
On pousse les hommes faibles où l'on veut en leur montrant de l'autre côté un abîme.	Les hommes faibles cèdent à la peur.
On n'éclaire pas les esprits à la lueur des bûchers.	On ne convertit pas les hommes à la vérité en les persécutant.

Laissez asseoir quelqu'un sur vos épaules, il s'assiéra bientôt sur votre tête.

Il faut être bon, mais sans faiblesse : ceux auxquels on laisse prendre trop de libertés ne tardent pas à en abuser.

La Fontaine a dit :

Laissez-leur prendre un pied chez vous,
Ils en auront bientôt pris quatre.

Ce jeune homme a quitté la robe pour l'épée.

Ce jeune homme a quitté la magistrature pour embrasser le métier des armes.

Il prit, quitta, reprit la cuirasse et la haire.

Il fut successivement soldat et moine.

Le monde est rempli de grenouilles qui crèvent pour avoir voulu trop s'enfler.

Il y a dans le monde beaucoup de gens qui se perdent par trop d'ambition.

C'est quand ils sont jeunes que l'on peut imprimer aux arbres une bonne direction.

La jeunesse est le temps qu'il faut choisir pour corriger les mauvaises habitudes d'un enfant.

Il faut de bonnes jambes pour porter un jour de fortune.

La fortune nous tourne la tête et change notre caractère.

Un proverbe italien dit en parlant du joueur : Il est venu pour avoir de la laine, et il s'en est retourné tondu.

Un proverbe italien dit en parlant du joueur : Il est venu pour gagner les autres, il s'en est retourné ruiné.

Cet homme a le bras long.

Cet homme a beaucoup de crédit.

Morphée avait touché le seuil de ce palais.

Tout le monde dormait dans ce palais.

La justice est, dit-on, boiteuse.

La justice penche, dit-on, d'un côté.

Les plaisirs sont comme des fondrières recouvertes de gazons fleuris.

Les plaisirs cachent bien des peines.

Le ciel donne de la pluie et de la rosée à la terre, mais la terre ne renvoie au ciel que de la poussière.

Nous payons souvent de la plus noire ingratitude les bienfaits que nous recevons de Dieu.

Cet homme est un gibier de potence.

Les penchants criminels de cet homme l'exposent à la rigueur des lois.

Toutes les fois que vous voyez un homme couvert de galons, il y a auprès un homme couvert de haillons.

Où il y a beaucoup de riches, il y a beaucoup de pauvres.

L'homme vicieux qui veut changer de vie, doit plutôt couper la corde du vaisseau qui le retient au port, que de s'arrêter à la dénouer.

Quand on prend la résolution de revenir à la vertu, aujourd'hui vaut mieux que demain.

CHAPITRE IX.

DES PROVERBES.

CENT VINGTIÈME LEÇON.

— Pour un moine l'abbaye ne manque pas.

Quand plusieurs personnes ont projeté quelque partie ensemble, et que l'une d'elles fait défaut, on ne laisse pas de s'amuser pour cela.

— Tous les chiens qui aboient ne mordent pas.

Tous ceux qui menacent ne sont pas redoutables.

— Adorer le veau d'or.

Faire la cour à un homme de peu de mérite, à cause de ses richesses.

— La peur donne des aîles.

La peur précipite la marche, la course.

— Tirer une plume de l'aile de quelqu'un.

Attraper quelque chose à quelqu'un, tirer de l'argent de lui.

— Faire la barbe à quelqu'un.

Être plus rusé, plus fin que lui.

— Il attend que les alouettes lui tombent toutes rôties dans la bouche.

Se dit d'un paresseux, qui voudrait avoir les choses sans peine.

— Il a plusieurs cordes à son arc.

Il a plusieurs moyens de sortir d'une affaire, d'en venir à bout.

— Brider l'âne par la queue.

Faire une chose à rebours, de travers.

— Faire l'âne pour avoir du son.

Faire l'idiot pour attraper des dupes.

— Rogner les ailes à quelqu'un.

Lui retrancher de son autorité, de son crédit, de son profit.

— Bâtir des châteaux en Espagne.

Se nourrir d'espérances chimériques.

— Il faut battre le fer tandis qu'il est chaud.

Quand on trouve l'occasion de faire réussir une affaire, il ne faut pas la laisser échapper.

— Prendre la balle au bond.

Saisir vivement et à propos une occasion favorable.

— Battre l'eau avec un bâton.

Faire des efforts inutiles, perdre sa peine.

— Promettre plus de beurre que de pain.

Promettre plus qu'on ne veut ou qu'on ne peut tenir.

— Jeter son argent par les fenêtres.

Dissiper son bien en folles dépenses.

— Jeter de la poudre aux yeux.

Éblouir, surprendre par de faux brillants, par des raisons spécieuses.

— Jeter sa langue aux chiens.

Renoncer à deviner quelque chose.

— Tirer son épingle du jeu.

Se dégager adroitement d'une mauvaise affaire.

— Avoir de la peine à joindre les deux bouts.

Fournir difficilement à ses dépenses.

— Vivre au jour le jour.

S'inquiéter peu du lendemain, être sans prévoyance.

— Il a mangé son pain blanc le premier.

Il a été dans un état heureux, agréable, et il n'y est plus.

— Mettre la charrue devant les bœufs.

Commencer par où l'on devrait finir, faire ou dire ce qui devrait être fait ou dit après.

— C'est la mer à boire.

Se dit d'une entreprise qui présente des difficultés extrêmes, des obstacles insurmontables. On dit dans le sens contraire ; *Ce n'est pas la mer à boire.*

— Le vin est tiré, il faut le boire.

Cela signifie qu'on est trop engagé dans une affaire pour reculer.

— Trouver visage de bois.

Se dit lorsque, allant chez quelqu'un, on trouve la porte fermée.

— La faim chasse le loup du bois.

La nécessité détermine un homme à faire, même contre son inclination, bien des choses pour se procurer de quoi vivre.

— A bon chat, bon rat.

Bien attaqué, bien défendu.

— Les chevaux courent les bénéfices, et les ânes les attrapent (1).

L'ignorant obtient souvent la récompense due à l'homme instruit.

— La poule ne doit pas chanter devant le coq.

La femme ne doit rien décider en présence de son mari.

---

(1) Les Espagnols disent : *Le plus chétif pourceau mange le meilleur gland.*

CENT VINGT-ET-UNIÈME LEÇON.

— Il a pris cela sous son bonnet.

C'est une chose qu'il a imaginée, et qui n'a aucun fondement.

— Ce sont deux têtes dans un bonnet.

Se dit de deux personnes liées d'amitié ou d'intérêt, et qui sont toujours de la même opinion, du même sentiment.

— A propos de bottes.

Sans motif raisonnable, hors de propos.

— Rire du bout des dents.

S'efforcer de rire, quoiqu'on n'en ait nulle envie.

— Brûler la chandelle par les deux bouts.

Consumer son bien en différentes dépenses également ruineuses.

— C'est une économie de bouts de chandelles.

Se dit d'une épargne sordide en de petites choses.

— Se laisser manger la laine sur le dos.

Souffrir tout, ne pas savoir se défendre.

— Avoir une dent contre quelqu'un.

Lui vouloir du mal, avoir quelque rancune contre lui.

— La lame use le fourreau.

Se dit des personnes en qui une grande activité d'âme ou d'esprit nuit à la santé.

— Le royaume de France ne peut tomber de lance en quenouille.

Le femmes ne peuvent hériter du trône de France.

— Il a une mémoire de lièvre.

Il a peu de mémoire; une chose lui en fait aisément oublier une autre.

— Coudre la peau du renard à celle du lion.

Joindre la ruse à la force.

— C'est le partage du lion.

Partage où le plus fort s'empare de tout.

— Comme on fait son lit on se couche.

Il faut s'attendre au bien ou au mal qu'on s'est préparé par la conduite qu'on a tenue, par les mesures qu'on a prises.

— Loin des yeux, loin du cœur.

On oublie les absents, on se refroidit à leur égard.

— Qui se fait brebis, le loup le mange.

Ceux qui ont trop de bonté, de douceur, encouragent les méchants à leur nuire.

— Donner la brebis à garder au loup.

Donner à garder quelque chose à une personne dont on devrait se défier.

— Vouloir prendre la lune avec les dents.

Vouloir faire une chose impossible.

— Faire un trou à la lune.

S'en aller furtivement et sans payer ses créanciers.

— Bon chien chasse de race.

Ordinairement les enfants tiennent de leurs parents.

— Je le mènerai par un chemin où il n'y a pas de pierres.

Je le poursuivrai vivement, je ne lui ferai point de quartier.

— L'habit ne fait pas le moine.

On ne doit pas juger des personnes par les apparences, par les dehors.

— Qui veut voyager loin ménage sa monture.

Il faut éviter les excès, si l'on veut prolonger ses jours; il faut user avec ménagement de toutes les choses dont on veut se servir longtemps.

— A laver la tête d'un nègre on perd sa lessive.

On se donne inutilement beaucoup de soin et de peine pour faire comprendre à quelqu'un une chose qui passe sa portée, ou pour corriger un homme incorrigible.

— Ménager la chèvre et le chou.

User d'adresse pour se conduire entre deux partis, entre deux adversaires, de manière à ne blesser ni l'un ni l'autre.

— Quand on veut noyer son chien, on dit qu'il a la rage.

On trouve aisément un prétexte quand on veut se débarrasser d'un vieux serviteur.

— Recevoir quelqu'un comme un chien dans un jeu de quilles.

Lui faire un très-mauvais accueil.

— Si le ciel tombait, les alouettes seraient prises.

Se dit pour se moquer d'une supposition absurde.

— Prendre la clé des champs.

S'en aller, s'enfuir.

— Il faut placer le clocher au milieu de la paroisse.

Il faut mettre à la portée de chacun une chose dont tout le monde a besoin.

— Perdre la tramontane.

Être déconcerté, ne savoir où l'on en est, perdre la tête.

CENT VINGT-DEUXIÈME LEÇON.

— Compter les clous de la porte.

Attendre longtemps à une porte.

— C'est le pot de terre contre le pot de fer.

Se dit d'un homme sans crédit, qui a quelques démêlés avec un homme puissant.

— Petit à petit, l'oiseau fait son nid.

On fait peu à peu sa fortune, sa maison.

— Il nourrit un serpent dans son sein.

Il élève, il protége, il assiste un ingrat, un méchant qui le perdra, qui lui nuira quelque jour.

— Tomber des nues.

Être extrêmement surpris.

— Être comme l'oiseau sur la branche.

Être dans un état incertain, et sans savoir ce qu'on deviendra.

— Des jours filés d'or et de soie.

Des jours heureux.

— Attendez-moi sous l'orme.

Se dit d'un rendez-vous où l'on n'a pas dessein d'aller, d'une promesse sur laquelle il ne faut pas compter.

— Un enfonceur de portes ouvertes.

Un fanfaron, un homme qui se vante d'avoir surmonté des obstacles qui n'existaient pas.

— On adore plutôt le soleil levant que le soleil couchant.

On courtise plutôt la puissance, la faveur naissante, que celle qui est sur son déclin.

— Le coup de pied de l'âne.

Insulte qu'adresse un homme lâche ou faible à celui dont il n'a plus à redouter le pouvoir ou la force.

— Couper l'herbe sous le pied à quelqu'un.

Le supplanter dans quelque affaire.

— Il a craché en l'air, et cela lui est retombé sur le nez.

Il a dit, il a fait une chose qui a tourné à son désavantage.

— Pendre la crémaillère.

Faire un repas pour célébrer une installation dans un nouveau logement.

— Après moi le déluge.

Se dit pour faire entendre qu'on s'embarrasse peu de ce qui arrivera quand on n'existera plus.

— Il n'est pas si diable qu'il est noir.

Cet homme n'est pas si méchant qu'il le paraît.

— Aller à pas de loup.

Marcher si doucement qu'on ne soit point entendu, dans le dessein de surprendre ou de tromper quelqu'un.

Payer en monnaie de singe.

Se moquer de celui à qui l'on doit, et ne le point payer.

— Avoir la langue bien pendue.

Avoir une grande facilité à parler.

— Jeter des perles devant des pourceaux.

Montrer, présenter à quelqu'un des choses dont il ne connaît pas le prix; lui dire quelque chose dont il ne sent pas la délicatesse, la finesse.

— Parler de la pluie et du beau temps.

S'entretenir de choses indifférentes.

— S'en mordre les doigts.

Se repentir de quelque chose.

— Il n'est pire eau que l'eau qui dort.

Les gens sournois et taciturnes sont ceux dont il faut le plus se défier.

— Il ne trouverait pas de l'eau à la mer.

Se dit d'une personne malhabile qui ne trouve pas les choses les plus faciles à trouver.

— Chat échaudé craint l'eau froide.

Quand une chose nous a causé une vive douleur, nous a été fort nuisible, nous en craignons même l'apparence.

— Qui trop embrasse mal étreint.

Qui entreprend trop de choses à la fois, ne réussit à rien.

— Il est le bouc émissaire.

Se dit d'un homme sur lequel on fait retomber les torts des autres.

— C'est la montagne qui enfante une souris.

Se dit lorsque de grands projets, de belles promesses ne produisent rien qui réponde à l'espérance qu'on en avait conçue.

— Nous ne sommes pas ici pour enfiler des perles.

Nous ne sommes pas ici pour nous amuser à des bagatelles, pour perdre notre temps à des choses frivoles, inutiles ; il faut nous occuper sérieusement.

— Rompre la paille avec quelqu'un.

Lui déclarer ouvertement qu'on n'est plus son ami.

— Les gros poissons mangent les petits.

Les puissants oppriment les faibles (1).

CENT VINGT-TROISIÈME LEÇON.

— Chacun porte sa croix en ce monde.

Il n'y a personne qui n'ait ses afflictions particulières.

— Mettre les pouces.

Se rendre, céder après une résistance plus ou moins longue.

— Le quart d'heure de Rabelais.

Le moment où il faut payer son écot ; et, par extension, tout moment fâcheux, désagréable.

— Faire le diable à quatre.

Faire beaucoup de bruit, causer beaucoup de désordre.

— Cet homme sent le fagot.

Il est soupçonné d'hérésie, d'impiété.

— Paris n'a pas été fait en un jour.

Se dit pour exprimer qu'il y a des choses qu'on ne peut faire qu'avec beaucoup de temps.

— Tomber de fièvre en chaud mal.

Tomber d'un état fâcheux dans un pire.

---

(1) Ce proverbe est vrai au propre comme au figuré : ce qui respire sous l'eau est également soumis à la loi du plus fort.

— Donner du fil à retordre à quelqu'un.

Lui susciter des embarras.

— Se chatouiller pour se faire rire.

S'exciter à la gaîté, à la joie, pour un faible sujet ou même sans sujet.

— Tel qui rit vendredi, dimanche pleurera.

Souvent la tristesse succède en peu de temps à la joie.

— Attacher un clou à la roue de la Fortune.

Trouver moyen de fixer la Fortune.

— C'est une galère.

Se dit d'un lieu, d'un état où l'on a beaucoup à travailler (1).

— La caque sent toujours le hareng.

Il reste toujours quelques traces de l'état où l'on s'est trouvé, des mauvaises impressions qu'on a reçues dans sa jeunesse.

— Les écrits de cet auteur sentent l'huile.

Ils paraissent lui avoir coûté beaucoup de peine, beaucoup de veilles.

— Il n'y a plus d'huile dans la lampe.

Se dit en parlant d'une personne qui se meurt d'épuisement, dont les forces naturelles s'éteignent.

— C'est le secret de la comédie, c'est le secret de Polichinelle.

Se dit d'une chose qui est sue de tout le monde, et dont quelqu'un prétend faire un secret.

— C'est la toile de Pénélope.

Se dit d'une affaire qui recommence toujours, et ne finit point.

— Chercher une querelle d'Allemand.

Quereller quelqu'un sans raison, injustement.

---

(1) On appelait primitivement galérien le criminel condamné à ramer sur les galères. Comme c'est un travail fort pénible, on dit d'une personne qui a beaucoup à souffrir dans sa condition, *qu'elle traîne la* GALÈRE, *que sa vie est une vraie* GALÈRE.

— Contentement passe richesse.

Le pauvre qui est content de son sort est plus heureux que le riche qui s'ennuie.

— Faire la mouche du coche.

S'attribuer tout le prix dans la réussite d'une affaire où l'on s'est montré empressé, mais complètement inutile.

— Ce qui vient par la flûte s'en va par le tambour.

Le bien mal acquis ne profite pas.

— Tirer le diable par la queue.

Travailler fort pour gagner sa vie.

— Il s'est tiré une grosse épine du pied.

Se dit de quelqu'un qui a surmonté une grande difficulté, ou qui s'est défait d'un ennemi redoutable.

— Il ne faut qu'avoir du miel, les mouches y viennent bientôt.

Soyez riche, les parasites et les faux amis accourent.

— Loger le diable dans sa bourse.

Se dit de quelqu'un qui n'a point d'argent, dont la bourse est vide (1).

— Il n'a pas inventé la poudre.

Se dit de quelqu'un qui est peu intelligent.

— Il fait le bon apôtre.

Il fait l'homme de bien, mais il ne faut pas se fier à lui.

---

(1) Un charlatan disait en plein marché,
Qu'il montrerait le diable à tout le monde.
Si n'y eut nul, tant fût-il empêché,
Qui n'accourût pour voir l'esprit immonde.
Lors une bourse assez large et profonde
Il leur déploie et leur dit : « Gens de bien,
Ouvrez les yeux, voyez, y a-t-il rien? —
Non, dit quelqu'un de plus près *regardans*. —
Eh ! c'est, dit-il, le diable, oyez-vous bien,
Ouvrir sa bourse et n'avoir rien dedans. »

— Jeter le manche après la cognée.

Se rebuter, abandonner totalement une affaire, une entreprise, par chagrin, par dégoût, par découragement.

— Entre l'arbre et l'écorce il ne faut pas mettre le doigt.

Il ne faut pas se mêler dans les débats de famille.

— Il vaut mieux laisser son enfant morveux que de lui arracher le nez.

Il est sage de tolérer un petit mal, lorsqu'on risque en voulant y remédier d'en causer un plus grand.

CENT VINGT-QUATRIÈME LEÇON.

— Les hommes ne se mesurent pas à l'aune.

Il ne faut pas juger du mérite de quelqu'un par sa taille.

— Mesurer les autres à son aune.

Juger des autres par soi-même.

— Il faut tourner sept fois sa langue dans sa bouche avant de parler.

Il faut réfléchir mûrement avant de parler.

— Le loup mourra dans sa peau.

Il est rare qu'un méchant homme s'amende.

— Charbonnier est maître dans sa loge.

Chacun doit vivre chez soi à sa guise, comme il lui plaît.

— Branler dans le manche.

Être menacé de perdre sa fortune ou son emploi.

— Il a marché sur quelque mauvaise herbe.

Se dit d'un homme qui est de mauvaise humeur sans qu'on sache pourquoi.

— Se servir de la patte du chat pour tirer les marrons du feu.

Se servir adroitement d'un autre pour faire une chose dangereuse, dont on espère tirer tout le profit.

— Chaque médaille a son revers.

Chaque chose a son bon et son mauvais côté.

— Brebis qui bêle perd sa goulée.

Celui qui parle beaucoup perd le temps d'agir.

— A cheval donné on ne regarde pas à la dent.

Quand on reçoit un présent, il ne faut pas le déprécier.

— Tant va la cruche à l'eau qu'à la fin elle se brise.

En s'exposant souvent à un péril, on court risque d'y succomber.

— Brûler ses vaisseaux.

S'engager dans une affaire, de manière à ne pouvoir plus reculer.

— Se laisser mener par le nez.

Se laisser conduire, gouverner par faiblesse ou par simplicité.

— Qui casse les verres les paye.

On est responsable des dommages que l'on cause.

— L'œil du maître engraisse le cheval.

Quand on surveille soi-même ses affaires, elles en vont mieux.

— Passez-moi la rhubarbe, je vous passerai le séné.

Se dit en parlant de deux personnes qui se font mutuellement des compliments.

— Sentir le sapin.

Être malsain, infirme, avoir mine de mourir bientôt.

— Souris qui n'a qu'un trou est bientôt prise.

Quand on n'a qu'une ressource, qu'un expédient, il est difficile de se tirer d'affaire, de réussir.

— Tomber de son haut.

Être extrêmement surpris.

— Toutes les fois qu'il tonne, le tonnerre ne tombe pas.

Les menaces ne sont pas toujours suivies d'effet.

— Le mal a des ailes.

Le mal arrive promptement.

— Avoir la tête près du bonnet.

Être emporté, facilement irritable.

— Le plus embarrassé est celui qui tient la queue de la poêle (1).

C'est celui qui est chargé du soin principal d'une affaire qui a le plus de peine et d'embarras.

— Les tonneaux vides sont ceux qui font le plus de bruit.

Les sots et les ignorants sont ceux qui parlent le plus.

— Gros-Jean en remontre à son curé.

Se dit de quelqu'un qui prétend instruire plus savant que lui.

— Il ne faut pas réveiller le chat qui dort.

Il faut laisser en repos un ennemi dangereux.

— Nager entre deux eaux.

Se ménager entre deux partis sans oser se déclarer pour aucun.

— River le clou à quelqu'un.

C'est lui répondre vertement, lui fermer la bouche par des raisons auxquelles il ne trouve rien à répliquer.

---

(1) Notre bon roi Henri IV a dit, au sujet de ce proverbe, un mot qui fait l'éloge de son cœur et de son esprit. Un poète en a fait une épigramme intitulée : *Dialogue entre un prince et son ministre:*

Dans le besoin pressant qui vous menace,
Sire, il faudrait recourir aux impôts.
— Ah, des impôts ! laissons cela de grâce :
Mon pauvre peuple a besoin de repos.
Le voulez-vous sucer jusqu'à la moelle ?
Je prétends, moi, qu'il n'en soit pas ainsi.
— Sire, songez quel est en tout ceci
Mon embarras ; songez que de la poêle
Qui tient la queue est le plus mal loti.
— Qui dit cela ? — Qui ? le proverbe, sire.
— Ventre saint gris ! le proverbe a menti ;
Car, de par Dieu, c'est celui qu'on fait frire.

CENT VINGT-CINQUIÈME LEÇON.

Ventre affamé n'a point d'oreilles.
Aide-toi, le ciel t'aidera.
Ils s'accordent comme chien et chat.
L'appétit vient en mangeant (1).
Il y a plus d'un âne à la foire qui s'appelle Martin.
Troquer son cheval borgne contre un aveugle.
Aux royaumes des aveugles les borgnes sont rois.
Jeter de l'huile sur le feu.
Donner carte blanche à quelqu'un.
Manger son blé en herbe.
Dans les petites boîtes sont les bons onguents.
Qui langue a, à Rome va.
Larmes de crocodile.
L'occasion fait le larron.
Qui court deux lièvres n'en prend aucun.
A beau mentir qui vient de loin.
Quand on parle du loup, on en voit la queue.
Les loups ne se mangent pas.
Tourner à tous les vents.
Pierre qui roule n'amasse pas mousse.
C'est de la moutarde après dîner.
Cet homme tirerait de l'huile d'un mur.

---

(1) Ce proverbe vient, dit-on, d'Amyot, précepteur de Henri III. Il disait souvent à son royal élève qu'il se contenterait volontiers d'un seul bénéfice; le roi le pourvut d'une riche abbaye. Peu de temps après, l'évêché d'Auxerre étant venu à vaquer, il le demanda au roi, qui lui rappela son ancienne morale; Amyot lui répondit: Sire, *l'appétit vient en mangeant.*

CENT VINGT-SIXIÈME LEÇON.

Il n'est si bon cheval qui ne bronche.
Qui n'entend qu'une cloche n'entend qu'un son.
Faire maison nette, maison neuve.
Œil pour œil, dent pour dent.
Tout ce qui reluit n'est pas or.
Il a de la corde de pendu dans sa poche.
Faire d'une pierre deux coups.
Quand le diable devient vieux, il se fait ermite.
Le diable bat sa femme et marie sa fille.
Faire l'école buissonnière.
Prendre le chemin des écoliers.
Il faut rendre à César ce qui appartient à César.
Les petits ruisseaux font les grandes rivières.
Il vaut mieux s'adresser à Dieu qu'à ses saints.
C'est saint Roch et son chien.
Il n'y a point de fumée sans feu.
Il ne faut qu'une brebis galeuse pour gâter tout le troupeau.
Tuer le veau gras.
Tirer à quelqu'un les vers du nez.
C'est le ton qui fait la musique.
Tomber de Charybde en Sylla.
C'est le baiser de Judas.
Bonne renommée vaut mieux que ceinture dorée.

CHAPITRE X.

DE LA FABLE OU ALLÉGORIE.

CENT VINGT-SEPTIÈME LEÇON.

PREMIÈRE FABLE.

Certaines gens s'adjugent tout l'honneur dans une affaire où ils ont été tout-à-fait inutiles.

2e FABLE.

Une position modeste que l'on s'est créée soi-même, vaut mieux qu'une place plus élevée que l'on doit à la protection, et qui dépend du caprice d'autrui.

Un lierre sur un mur raille à brûle-pourpoint
Un humble thym. « Nain tortu, pauvre hère!
Quand je touche le ciel, toi, tu touches la terre.
— Il te faut un appui, drôle; il ne m'en faut point. »

3e FABLE.

Un petit chez soi vaut mieux qu'un grand chez les autres.

4e FABLE.

Celui qui raille les autres quand ils sont dans le malheur, mérite de ne trouver aucune pitié s'il devient malheureux à son tour.

5e FABLE.

Le vaniteux se figure que tout le monde parle de lui et l'admire.

6e FABLE.

Le méchant fait le mal pour le seul plaisir de le faire.
Autre moralité : Tout le profit de la médisance est de nuire.

7e FABLE.

Sachons souffrir une gêne salutaire. Il en a coûté à beaucoup de jeunes gens pour avoir voulu être trop tôt émancipés.

8e FABLE.

Une parole de bravade dite dans un moment inopportun peut devenir la cause de notre perte.

9e FABLE.

La renoncule un jour dans un bouquet
Avec l'œillet se trouva réunie :
Elle eut le lendemain le parfum de l'œillet.
On ne peut que gagner en bonne compagnie.

10e FABLE.

Quand nous donnons des conseils aux autres, que l'exemple soit conforme au précepte.

11e FABLE.

L'activité fortifie le corps. Celui qui travaille se porte toujours mieux que celui dont la vie s'écoule dans l'inaction.

12e FABLE.

Aucun bien-être matériel n'est capable de compenser la perte de la liberté.

13e FABLE.

Une poule pondait des œufs d'or à son maître.
« Dans son corps, se dit-il, est un trésor peut-être. »
Il l'ouvrit : ô douleur ! il n'y trouva plus rien.
Par trop d'avidité, souvent on perd son bien.

CENT VINGT-HUITIÈME LEÇON.

PREMIÈRE FABLE.

Un enfant s'admirait monté sur une table.
« Je suis grand, » disait-il. Quelqu'un lui répondit :
« Descendez, vous serez petit. »
Quel est l'enfant de cette fable?
Le riche qui s'enorgueillit.

Le riche fonde tout son mérite sur ses richesses.

2e FABLE.

On quitte la vie sans regret quand on laisse derrière soi le souvenir de ses vertus.

3e FABLE.

On refuse à la sottise orgueilleuse l'hommage que l'on se plaît à rendre au talent modeste.

4e FABLE.

L'oisiveté nous mène droit au vice ; l'occupation nous en préserve.

5e FABLE.

Avant de reprocher un défaut aux autres, examinons si nous ne l'avons pas nous-même.

6e FABLE.

Un jour tombe et se brise un mauvais violon !
On le ramasse, on le recolle,
Et de mauvais il devient bon.
L'adversité souvent est une heureuse école.

7e FABLE.

Il arrive souvent qu'on attire sur soi de grands malheurs en cherchant à se venger d'une légère offense.

8e FABLE.

Une sotte précaution produit souvent le mal que l'on voulait éviter.

9e FABLE.

Ceux qui dans un État occupent les plus hauts emplois ne sont pas toujours les plus heureux.

10e FABLE.

L'esprit est préférable à la beauté. Florian a dit :

La beauté passe, un talent reste.

11e FABLE.

Les révolutions donnent souvent pour maîtres des gens dont on n'aurait point voulu pour valets.

12e FABLE.

Vous avez beau avoir de l'esprit, si vous êtes caustique, tout le monde fuira votre société.

CHAPITRE XI.

DE L'EMBLÈME ET DU SYMBOLE.

CENT VINGT-NEUVIÈME LEÇON.

La rose est le symbole de la beauté.
Le lis est le symbole de la pudeur.
La violette est le symbole de la modestie.
L'immortelle est le symbole de la constance dans le souvenir.

L'olivier est le symbole de la paix.

Le laurier est le symbole de la victoire.

Le pavot est le symbole de la fécondité.

Le chien est le symbole de la fidélité.

Le serpent est le symbole de la prudence.

Le caméléon est le symbole de l'inconstance dans les opinions.

La colombe est le symbole de la fidélité conjugale.

Le lion et le chêne sont les symboles de la force.

L'abeille et la fourmi sont les symboles du travail et de la prévoyance.

Le paon et le dindon sont les symboles de l'orgueil et de la suffisance.

L'ibis, la cigogne et le pélican sont les symboles de l'amour paternel.

Le roseau est le symbole de la souplesse et de la docilité.

Un bandeau, une balance et un glaive sont les attributs de la Justice.

La faucille est le symbole des moissons.

Une corne pleine de fruits, d'épis de blé, etc., est le symbole de l'abondance.

Une marotte est le symbole de la folie.

Le niveau est le symbole de l'égalité.

Un collier est le symbole de la servitude.

Un doigt posé sur les lèvres est le symbole du silence, de la discrétion.

Jésus-Christ nous a donné son corps et son sang sous le symbole du pain et du vin.

Deux mains jointes peignent la concorde, ou les alliances, ou l'amitié.

Le cours d'un fleuve est l'emblème de la vie.

La lyre est l'emblème de la haute poésie.

La harpe est l'emblême de la poésie sacrée.

La musette est l'attribut des bergers et des poëtes champêtres.

Une ancre est le symbole de l'espérance, du salut.

L'arc-en-ciel est le signe de l'alliance que Dieu fit avec Noé.

La croix est le signe du salut.

La boule est l'emblême de l'inconstance.

La poule couvrant ses poussins de ses ailes peint la protection maternelle.

Une femme placée debout sur une roue représente la Fortune.

Une figure appuyée sur une urne représente un fleuve.

Le thyrse, javelot entouré de pampre, est l'attribut de Bacchus.

Le caducée, verge accolée à deux serpents et surmontée de deux ailes, est l'attribut de Mercure.

Une verge de fer entourée de velours caractérise un homme qui, sous des dehors affables, cache un caractère ferme et des principes d'une extrême rigidité.

Un roseau peint en chêne est l'image de celui qui n'est austère et même vertueux qu'en apparence; ces mots se prennent donc d'ordinaire en mauvaise part; ils se disent le plus souvent d'un homme en place qui se montre superbe avec ses inférieurs, et souple, rampant avec ses supérieurs.

Les Gaulois représentaient l'Éloquence par une statue herculéenne de la bouche de laquelle sortaient des chaînes d'or, qui allaient captiver les auditeurs.

A Rome, l'Amitié était représentée sous les traits d'une femme simplement vêtue. Sur la frange de sa tunique on lisait ces mots : *La mort et la vie;* sur son front : *Hiver et été.* De la main droite elle montrait son côté gauche, ouvert jusqu'au cœur ; on y lisait : *De près et de loin.*

Qui donc nous amène tous ces mendiants ? C'est une vieille femme laide et noire. Sa robe est de moitié trop courte, et elle n'a pas de bâton, quoiqu'elle trébuche à chaque pas, parce qu'elle ne regarde jamais devant elle : on l'a nommée dame Imprévoyance.

CENT TRENTIÈME LEÇON.

Le bandeau et la balance de la Justice marquent l'impartialité de ses arrêts, et son glaive signifie qu'elle est préposée à la garde des lois.

Le javelot du thyrse caractérise la fureur que le vin inspire.

Les serpents du caducée marquent la prudence et les ailes la diligence, qualités nécessaires pour réussir dans les entreprises.

Les pharmaciens prennent deux serpents pour enseigne, parce que la prudence, dont le serpent est le symbole, doit toujours présider à leurs préparations.

Deux épées placées en croix sur un point géographique signifient qu'une bataille a été livrée en cet endroit.

La roue de la Fortune marque l'inconstance de cette déesse, qui accorde et retire successivement ses faveurs.

Le chameau est l'emblême de l'Afrique.

L'éléphant est l'emblême de l'Asie.

Jupiter pénétra dans la tour où était enfermée Danaé en corrompant les gardes avec de l'argent.

Jupiter est représenté la foudre à la main et l'aigle à ses pieds.

Le Nil est pour l'Égypte la source de l'abondance comme de la stérilité ; c'est du Nil que tout sort : fécondité, si ses eaux inondent les campagnes ; disette, si elles demeurent en leur lit. Quant aux vaches maigres et aux épis vides dévorant les vaches grasses et les épis pleins, c'est l'image de la famine vidant les greniers qu'avait emplis l'abondance.

L'écolier trouva sous la pierre une bourse de cuir qui contenait deux cents ducats, avec une carte sur laquelle étaient écrites ces paroles : « Sois mon héritier, toi qui as eu assez d'esprit pour démêler le sens de l'inscription, et fais un meilleur usage que moi de mon argent. »

CENT TRENTE-ET-UNIÈME LEÇON.

Le cercle est l'emblême de l'Éternité ; ainsi la réponse du philosophe était que le monde n'avait ni commencement ni fin.

La longue chevelure était le caractère distinctif des princes de la première race. Clotilde avait donc à choisir entre la mort et la dégradation de ses petits-fils : « J'aime mieux les voir morts que tondus, » répondit-elle.

Un peintre recouvrit d'une toile d'araignée l'ouverture d'un tronc d'église, pour donner à comprendre que ce tronc n'avait reçu aucune aumône.

La discipline est le gage de la victoire ; l'empire qu'un chef exerce sur ses soldats en décuple le nombre.

L'arc qui reste toujours tendu perd de son élasticité ; mais si on le débande de temps en temps, il conserve le ressort qui lui est indispensable. Il en est de même de l'esprit ; il faut qu'il ait ses délassements afin qu'ensuite il puisse se remettre à la méditation.

« Si tu ne t'envoles dans les airs comme cet oiseau, ou ne te caches dans les eaux comme cette grenouille, ou ne fuis dans la terre comme cette souris, tu n'échapperas pas à nos flèches. »

Le malheureux prisonnier comprit qu'il était condamné à mort ; et pour se soustraire à la honte de l'échafaud, il se laissa mourir de faim.

Alexandre ordonnait par là à Éphestion de ne rien révéler de ce qu'il venait de lire.

L'épée est le symbole de la Guerre, et l'olivier celui de la Paix : « Voilà la paix et la guerre, dirent les Manduriens à Idoménée : choisis. » FÉNELON.

Par cette action courageuse, Pompée donnait à comprendre que les supplices dont il était menacé étaient trop faibles pour l'obliger à découvrir les secrets de la République.

Albuquerque dit à l'envoyé du Sophi que le roi de Portugal répondait à coups de canon, c'est-à-dire par une déclaration de guerre, aux réclamations de cette nature.

CHAPITRE XII.

DE LA COMPARAISON.

CENT TRENTE-DEUXIÈME LEÇON.

Malheureux comme les pierres.
Heureux comme le poisson dans l'eau.
Vivre aussi longtemps que Mathusalem.
Je m'en lave les mains comme Pilate.
C'est vieux comme Hérode.
Être menteur comme un arracheur de dents.
Je serai muet comme un poisson.
Cet homme est faux comme un jeton.
Être gai comme pinson.
Être innocent comme l'enfant qui vient de naître.
Être bossu comme Ésope.
Être droit comme un I.
Briller comme un éclair.
Le pauvre malade s'est éteint comme une chandelle.

Disparaître comme l'ombre.
Laborieux comme une fourmi.
Industrieux comme le castor.
Je me porte comme le Pont-Neuf.
Vivre sans réflexion comme la brute.
Entêté comme un mulet.
Il me glissa des mains comme une anguille.
Plein comme un œuf.
Je reçus toute la pluie et rentrai chez moi trempé comme une soupe.
Souffrir comme un damné, comme un martyr.
Manger comme quatre, comme un ogre.
Boire comme un trou, comme un templier.
Avoir de la barbe comme un capucin, comme un sapeur.
Jurer comme un possédé, comme un charretier.
Avoir de l'argent comme un marchand de bœufs, comme un sonneur de cloches.
Chanter comme un rossignol, comme une sirène.
Rire comme un fou, comme un bossu.
Ces deux frères se ressemblent comme deux œufs, comme deux gouttes d'eau.
Travailler comme un nègre.
Frapper comme un sourd.
Trembler comme la feuille.

CENT TRENTE-TROISIÈME LEÇON.

Pauvre comme Job.
Riche comme Crésus.
Rusé comme Ulysse.
Sage comme Nestor.
Être incrédule comme saint Thomas.
Fier comme Artaban.
Vertueux comme Socrate.
Brave comme Bayard.
Éloquent comme Démosthène.
Fort comme un Turc.
Avare et sot comme Midas.

Furieux comme une lionne à qui on a enlevé ses petits.
Beau comme le jour.
Clair comme de l'eau de roche.
On dit pauvre comme un rat d'église.
Méchant comme un âne rouge.
Gras comme un moine.
Hardi comme un coq.
Honteux comme un renard qu'une poule aurait pris.
Ce jeune homme est savant comme un livre.
Cet enfant est sage comme une image.
Long comme un jour sans pain.
Froid comme le marbre.
Bavard comme une pie.
Noir comme du jais.
Il était pâle comme la mort.
Implacable comme le remords.
Triste comme un bonnet de nuit.
Trembler comme la feuille.
Arriver comme mars en carême.
Errer comme une âme en peine.
Pousser comme un champignon.
Pleurer comme une Madeleine.
Dormir comme une marmotte.
Sauter comme un cabri.
Se démener comme un diable dans un bénitier.
Chanter comme un rossignol.
Partir, s'élancer comme une flèche.
Bâiller comme une huître.
Crier comme un aveugle qui a perdu son bâton.

CENT TRENTE-QUATRIÈME LEÇON.

Il est gracieux comme la porte d'une prison.
Il est gras comme un cent de clous.
Il a le cœur tendre comme du bronze.
Il est droit comme une faucille.
Il est fin comme Gribouille.
Il est heureux comme le poisson sur la paille.

Il est adroit de ses mains comme un âne de sa queue.
Ce remède vous fera comme un cautère sur une jambe de bois.
Nager comme un chien de plomb.
Il s'amuse comme une croûte de pain derrière une malle.
Il a de la cervelle comme une linotte.
Il fut reçu comme un chien dans un jeu de quilles.
Il parle français comme une vache espagnole.
Avoir faim comme la rivière a soif.
On y voit clair comme dans un four.
Il chante comme un rossignol à gland.
Il a des mollets comme un coq.
Aimer une chose comme les chiens aiment les coups de bâton.
Tu t'y entends comme à ramer des choux.
Ses cheveux frisent comme des baguettes de tambour.

CENT TRENTE-CINQUIÈME LEÇON.

L'indifférence est pour les cœurs ce que *l'hiver* est pour la terre.

> L'honneur est comme *une île* escarpée et sans bords ;
> On n'y peut plus rentrer dès qu'on en est dehors.

L'homme est caché tout entier dans l'enfant, comme le chêne dans *le gland*.

Celui qui parle sans réfléchir ressemble au chasseur qui tire sans *viser*.

Les préceptes de morale sont comme *les bons grains* : quelque part qu'ils tombent, il y en a toujours quelques-uns qui germent.

L'homme courageux qui résiste aux coups de l'adversité, ressemble *au rocher* contre lequel viennent se briser les vagues écumantes.

L'indiscret est comme *une lettre décachetée* que tout le monde peut lire.

Le *parasite* ressemble au gui, qui se nourrit aux dépens du chêne.

Les conseils du sage sont des *perles fines* qu'il faut recueillir avec soin.

Les lois sont semblables à des *toiles d'araignée*, qui retiennent les petites mouches et qui ne peuvent arrêter les grosses.

Une vertu dans le cœur d'un enfant est *un diamant* sur son front.

Le passage d'une génération ne laisse guère plus de traces sur le globe, que celui d'une caravane dans *les sables du désert*.

Le mauvais exemple est contagieux comme *la peste*.

La poudre enivre comme *le vin*.

Un conquérant est un *joueur* déterminé qui prend l'univers pour tapis et un million d'hommes pour jetons.

Nos passions sont *des tyrans* qui nous forcent à leur obéir.

On a comparé le rugissement du lion au *bruit du tonnerre*.

La mort n'est pas une chose aussi terrible que nous nous l'imaginons ; c'est *un spectre* qui nous épouvante à une certaine distance, mais qui disparaît dès que nous en approchons.

CENT TRENTE-SIXIÈME LEÇON.

Les calomnies ressemblent aux *boules de neige*, qui grossissent à mesure qu'elles avancent.

Dieu dit à Abraham : Ta postérité sera aussi nombreuse que *les étoiles du ciel*.

La lecture est à l'âme ce que *les aliments* sont au corps.

Les bavards ressemblent souvent aux *perroquets* : ils parlent sans savoir ce qu'ils disent.

Montesquieu comparait ses domestiques à *une horloge* : il faut, disait-il, les remonter de temps en temps pour qu'ils aillent.

Ceux qui gouvernent sont comme les *corps célestes* : ils ont beaucoup d'éclat et point de repos.

La terre est comme une grande ruche ; les hommes ressemblent *aux abeilles*.

Le *labourage* et le *pastourage*, répétait souvent Sully, voilà les deux mamelles dont la France est alimentée, les vraies mines et trésors du Pérou.

Paul et Virginie étaient comme deux *branches* greffées sur le même tronc.

La vie est une *mer* sur laquelle on navigue; mourir, c'est arriver au *port.*

La lèpre est au corps ce que *le vice* est à *l'âme.*

L'univers ressemble à *une sphère infinie,* dont le centre est partout, la circonférence nulle part.

Une armée sans *chef* est un corps sans âme.

Les *hommes* passent comme les *fleurs,* qui s'épanouissent le matin et qui le soir sont flétries et foulées aux pieds.

L'avare qui se prive pour ses héritiers ressemble à *un chien* qui tourne la broche pour son maître.

Un bon *roi* ressemble à un bon père.

Dans l'éducation, le naturel est le sol; l'instituteur est le *laboureur;* les bons avis sont les *semences.*

La parole, comme la *flèche*, ne revient plus : regarde donc avant de la lancer si elle n'est ni aiguë, ni empoisonnée.

La cupidité vit au milieu de la société comme un *ver destructeur* au sein de la fleur qu'il habite, qu'il ronge et qu'il fait périr.

Le *jour* n'est pas plus pur que le fond de mon cœur.

CENT TRENTE-SEPTIÈME LEÇON.

Les faux amis nous quittent en même temps que la fortune ; ainsi font les hirondelles, qui *abandonnent nos climats vers la fin des beaux jours.*

La calomnie s'attache aux meilleures réputations, comme *les vers aux meilleurs fruits.*

Les voleurs ressemblent aux hiboux : ils *ne sortent que la nuit.*

Dans les champs, l'ivraie étouffe le bon grain, comme les vices étouffent *les bons sentiments prêts à germer dans notre cœur.*

Les lois ressemblent aux habits : elles gênent un peu, mais *elles préservent.*

Celui qui prend une détermination dans la colère ressemble au navigateur qui *met à la voile pendant la tempête.*

Les grandes armées ressemblent à ces nuées de sauterelles qui *détruisent tout sur leur passage.*

Le cœur de l'ingrat est semblable à un désert qui boit *avidement la rosée du ciel, l'engloutit et ne produit rien.*

Les gens qui menacent toujours sans exécuter ressemblent aux chiens qui *aboient et qui ne mordent pas.*

La plante, lorsqu'on l'a mise en liberté, garde toujours l'inclinaison qu'on l'a forcée à prendre; ainsi l'homme *conserve toute la vie quelque chose de sa première éducation.*

On juge d'un homme par ses actions, comme on juge *d'un arbre par ses fruits.*

Celui qui fait du bien en secret ressemble à la violette qui *embaume cachée sous le buisson.*

Le sang nourrit et vivifie toutes les parties de notre corps, comme *la sève nourrit et vivifie les arbres.*

L'affabilité attire les cœurs, comme *l'aimant attire le fer.*

Celui qui s'arrache volontairement la vie ressemble à la sentinelle qui *abandonne lâchement le poste qu'on lui a confié.*

La mémoire ressemble à un champ : elle ne produit que *si elle est cultivée.*

De même que la cire molle reçoit aisément toutes sortes d'empreintes et de figures, de même un jeune homme *reçoit facilement toutes les impressions qu'on veut lui donner.*

Les hypocrites, comme les abeilles, ont le miel à la bouche, et *l'aiguillon caché.*

L'oisiveté ressemble à la rouille: elle *use plus que le travail.*

Les petits esprits ressemblent aux épis vides, qui *lèvent le plus la tête.*

Plus l'homme rétrécit sa sphère, plus il se garantit du malheur : le limaçon *est plus en sûreté lorsqu'il ne sort pas de sa coquille.*

Croire qu'un faible ennemi ne peut nuire, c'est croire qu'une étincelle *ne peut allumer un incendie.*

Les gens grossiers, mais bons, ressemblent aux fruits savoureux en dedans, mais *tout hérissés de piquants en dehors.*

Les hommes retombent toujours dans les mêmes fautes, ils sont faits comme les oiseaux, qui *se laissent prendre dans le même filet où l'on a déjà pris cent mille oiseaux de leur espèce.*

CENT TRENTE-HUITIÈME LEÇON.

LE CYGNE.
Le corps.
La queue.
Les pieds.
Les ailes.

UN CERCLE (*terme de géométrie*)
La circonférence.
Le centre.
Le rayon.

LA VIE DE L'HOMME.
La jeunesse.
L'âge mûr.
La vieillesse.

UN ARBRE.
Le tissu cellulaire.
Les petits vaisseaux.
La sève.
L'écorce.

LA RELIGION CHRÉTIENNE.
Dieu.
Jésus-Christ.
L'Évangile.

UN VAISSEAU.
La carène.
Le gouvernail.
Les rames.
Les voiles (1).

UNE ROUE DE VOITURE.
Les jantes.
Le moyeu.
Les rais.

UNE JOURNÉE. UNE ANNÉE.
Matin. Printemps.
Midi. Été, Automne.
Soir. Hiver.

LE CORPS DE L'HOMME.
La chair.
Les veines.
Le sang.
La peau.

LA RELIGION MAHOMÉTANE.
Allah.
Mahomet.
Le Coran.

---

(1) « A sa noble aisance, à la facilité, à la liberté de ses mouvements sur l'eau, on doit reconnaître le cygne, non-seulement comme le premier des navigateurs ailés, mais comme le plus beau modèle que la nature nous ait offert pour l'art de la navigation. Son *cou* élevé et sa *poitrine* relevée et arrondie semblent en effet figurer la *proue* du navire fendant l'onde; son large *estomac* en représente la *carène*; son *corps*, penché en avant pour cingler, se redresse à l'arrière et se relève en *poupe*; sa *queue* est un vrai *gouvernail*; ses *pieds* sont de larges *rames*, et ses grandes *ailes*, demi-ouvertes au vent et doucement enflées, sont les voiles qui poussent le vaisseau vivant, navire et pilote à la fois. »

BUFFON.

Une église. — Une mosquée.
Un prêtre. — Un mufti.
Le carême. — Le ramadan.
Jérusalem (*lieu où les chrétiens vont en pèlerinage.*) — La Mecque.

LES NÈGRES. — LES BLANCS.

Ils ont les cheveux crépus. — Ils ont les cheveux lisses.
La peau noire. — La beau blanche.
Les lèvres grosses. — Les lèvres minces.
Ils sont esclaves. — La plupart des blancs sont libres.
Ils sont à demi sauvages. — Ils sont civilisés.
Privés des bienfaits de l'instruction. — Ils jouissent des bienfaits de l'instruction.

CENT TRENTE-NEUVIÈME LEÇON.

LE CONQUÉRANT et LE TORRENT.

Ce fleuve transformé par les neiges en torrent impétueux, roule avec fracas ses eaux débordées ; sur son passage tout est renversé ; rien ne résiste, rien ne reste debout ; nulle barrière n'est capable de l'arrêter ; il répand partout le ravage, la désolation, la mort. Tel est le conquérant à la tête de ses bataillons effrénés : il passe ; et les peuples vaincus courbent la tête en gémissant ; le monde retentit du bruit de sa course, et il ne s'arrête que lorsqu'il ne reste plus rien à détruire.

LA VIOLETTE et L'HOMME MODESTE.

Cachée dans l'herbe, la violette reste inaperçue ; son parfum seul la trahit, et il faut chercher pour la découvrir. Humble comme la violette, l'homme modeste vit dans le silence ; il évite le bruit ; il ne connaît pas l'ostentation ; nul ne saurait qu'il existe sans les bienfaits qu'il répand autour de lui. Il ne s'enorgueillit pas d'être vertueux.

LE FLEUVE et LE TEMPS.

Comme un fleuve majestueux roule paisiblement ses eaux à travers les villes et les campagnes, et coule en silence sans s'arrêter aux accidents de la rive, sans ramener jamais ses flots en arrière, ainsi s'écoule le temps de notre vie; rien ne peut l'arrêter dans sa course rapide; il traverse les plus grands événements de l'humanité sans que sa course en soit jamais ni précipitée, ni ralentie.

LE PAON et L'ORGUEILLEUX.

Le paon se dresse fièrement au milieu des autres oiseaux de la basse-cour, comme pour leur faire admirer l'éclat azuré de son cou, la richesse de ses plumes, les mille nuances étincelantes de sa queue; il se complaît dans sa beauté; il oublie la laideur de ses pieds et de sa voix: tel est l'orgueilleux au milieu des autres hommes; il cherche à attirer tous les regards; il se pavane; il fait la roue; s'il parle, c'est pour étaler l'esprit qu'il croit avoir; s'il marche, c'est pour faire remarquer sa tournure, sa taille et la coupe élégante de ses vêtements. Il lui semble que le reste de la terre n'est fait que pour l'admirer; il s'aveugle sur ses défauts; il ne voit que ses minces qualités. Il croit faire envie; il fait pitié.

LA POULE ET SES POUSSINS, LA MÈRE ET SES ENFANTS.

Dans tous ses mouvements, la poule manifeste le plus tendre amour pour sa petite famille; elle a un regard pour chacun de ses poussins. Si l'un d'eux s'éloigne, elle le rappelle aussitôt; si quelque grain se rencontre sous son bec, c'est pour ses petits qu'elle le réserve; elle s'oublie entièrement pour eux, et ne pense qu'aux dangers qui peuvent les menacer. La poule est l'image fidèle de la mère avec ses enfants: attentive à tous leurs besoins, veillant sur eux sans cesse, la mère la plus faible devient forte pour les défendre; elle ne compte ni les heures, ni les nuits passées auprès d'eux; sa vie tout entière leur appartient.

L'HIVER et LA VIEILLESSE.

Dès que le sombre hiver a étendu sur la nature son manteau de neige et de glace, tout s'attriste; plus de fleurs, plus de fruits; la terre garde ses trésors dans son sein; la chaleur bienfaisante ne fait plus circuler dans les arbres la sève vigoureuse; ils ressemblent à des troncs morts: ainsi la vieillesse vient glacer l'homme; plus de vigueur dans ses membres raidis par l'âge; le sang s'est refroidi; c'en est fait des généreux élans et des riantes illusions: tout est mort.

LE SOMMEIL et LA MORT.

Le sommeil n'a pas plus tôt fermé nos paupières que nous cessons d'agir, de penser ; nos facultés sont comme anéanties ; un voile épais s'étend sur notre esprit, que le flambeau de la raison n'éclaire plus; nos membres enchaînés restent immobiles. Quelle image plus vraie de la mort? Elle aussi éteint la pensée, arrête les mouvements ; elle aussi éteint, et pour toujours, le flambeau de la raison ; par elle, l'homme, tout à l'heure vivant et pensant, n'est plus qu'une masse inerte et insensible.

LE JARDINIER et L'INSTITUTEUR.

Le jardinier prend un soin égal de toutes les plantes qui peuplent son jardin ; il choisit avec habileté le lieu et les conditions différentes dans lesquels chacune doit vivre ; d'une main délicate, il redresse celles qui prennent une mauvaise direction ; il arrache soigneusement les mauvaises herbes qui croissent autour d'elles et qui pourraient les étouffer ; enfin il leur dispense tour à tour les rayons du soleil, l'air, l'eau, pour développer les germes des fruits qu'elles doivent produire : de même l'instituteur veille avec la plus vive sollicitude sur tous ses élèves, et partage également ses soins entre toutes ces jeunes plantes. Il a étudié, il connaît le caractère de chacun d'eux ; il sait ce qui leur convient : aux uns quelque légère réprimande, aux autres de douces paroles d'encouragement. Ses leçons et ses conseils paternels les mettent en garde contre les sociétés pernicieuses, et détruisent leurs défauts naissants avant qu'ils aient eu le temps de se développer.

CENT QUARANTIÈME LEÇON.

LE LABOUREUR DILIGENT et LE LABOUREUR NÉGLIGENT.

Le laboureur diligent se lève avant le jour ; le soleil se montre à peine qu'il est à son champ ; il le tourne, le retourne sans relâche ; il l'arrose de sa sueur, jusqu'au moment où la moisson dorée vient le récompenser de ses travaux, et remplir ses immenses greniers de gerbes laborieusement acquises. Combien est différent le laboureur paresseux ! il boit, il mange, il se repose tout le jour, laissant au soleil seul le soin de féconder son champ. Pour lui aussi arrive le temps de la moisson ; mais l'ivraie a étouffé le bon grain ; il ne recueille que de maigres épis, digne récompense de sa coupable négligence.

LE CHIEN et LE CHAT.

Le chien est le symbole de l'amitié, de la fidélité ; il obéit sans résistance ; s'il fait une faute, il vient avec docilité en recevoir le châtiment, et lèche la main qui le punit ; l'affection, la reconnaissance, les regrets de l'absence, la joie du retour, voilà les sentiments de ce fidèle compagnon de l'homme. Bien au contraire, le chat est indocile, faux, méchant, ingrat, volontaire, familier par intérêt, traître par caractère, insensible aux caresses, irrité des mauvais traitements, dangereux dans sa colère : il est le symbole de l'hypocrisie, de la fausseté et de la trahison.

LE BON FILS et LE MAUVAIS FILS.

Dévoué à ses parents, chéri de Dieu, aimé et estimé de tout le monde, le bon fils jouit dans son cœur du bonheur que donne l'accomplissement du plus sacré des devoirs : il est heureux. Dur et insensible pour les auteurs de ses jours, le mauvais fils est méprisé de ses semblables ; il vit comme s'il était seul dans le monde. Ce n'est pas impunément qu'il a méconnu les plus saintes lois de la nature ; car le remords vient déchirer son cœur : il est malheureux.

LE BON ROI et LE MAUVAIS ROI.

Le bon roi aime ses sujets ; il se souvient que Dieu n'a pas fait les peuples pour les rois, mais les rois pour les peuples ; il travaille sans cesse au bonheur de tous ; il évite la guerre ; il fait jouir ses états des bienfaits de la paix ; il apporte une grande économie dans ses dépenses ; aussi pas un de ses sujets n'hésiterait à mourir pour lui. Loin de vivre pour son peuple, le mauvais roi rapporte tout à lui ; ses sujets sont accablés d'impôts, et ses trésors, fruits des sueurs des malheureux, servent à contenter une vaine cupidité, à satisfaire des passions coupables, ou à poursuivre des guerres injustes : tous ceux qu'il gouverne font des vœux au Ciel pour qu'il les délivre de ce tyran insupportable.

LE JOUR et LA NUIT.

Le jour éclaire le travail des hommes, la nuit protége leur repos ; le jour est rempli de tumulte et de mille bruits divers, la nuit est calme et silencieuse ; le jour inonde la terre de lumière et il assiste à des actions que l'homme ne craint pas de montrer ; la nuit, par son obscurité, devient trop souvent complice des crimes des scélérats.

L'AVARE et LE PRODIGUE.

L'avare amasse péniblement, et au prix de mille privations, des richesses qu'il cache à tous les yeux dès qu'il les possède, et dont il ne jouira jamais. Le prodigue reçoit, sans en savoir le prix, les biens que la fortune aveugle lui envoie ; il les dissipe follement, sans compter, et il vit insoucieux du lendemain, jusqu'à ce que sa prodigalité l'ait conduit à la misère.

LA PAIX et LA GUERRE.

La paix favorise le commerce et les arts ; elle encourage les progrès des sciences et l'étude des lettres ; elle enrichit les peuples, elle leur fait pratiquer ce principe sacré : *Aimez-vous les uns les autres ;* elle les rend heureux. La guerre met aux mains des hommes des armes funestes ; avec la guerre, plus de commerce, plus de richesses ; les arts sont abandonnés, les sciences languissent, celles du moins qui n'apprennent pas aux hommes à s'entre-détruire ; les trésors des peuples sont épuisés, comme leur sang ; la guerre fait leur malheur.

CHAPITRE XIII.

DE LA STRUCTURE DE LA PHRASE.

CENT QUARANTE-ET-UNIÈME LEÇON.

PHRASE EXPOSITIVE.

Les naturalistes sont persuadés que l'*Océan* est plus peuplé que la terre.

La *paresse* est une lèpre morale.

Il paraît que les Chinois connaissaient l'*imprimerie* avant nous.

Le *blé*, notre principal aliment, est peut-être la seule plante qui croisse dans tous les climats et dans tous les terrains.

Dieu nous a ordonné d'aimer *notre prochain*.

Etc. etc. etc.

CENT QUARANTE-DEUXIÈME LEÇON.

Presque toujours la *présomption* est une preuve d'*ignorance*.

Jérémie pleura sur les malheurs de *Jérusalem*.

Paris est une très-*grande* ville.

La *noix* est le mets favori du *singe*.

La *folie* est la reine du *carnaval*.

Etc. etc. etc.

CENT QUARANTE-TROISIÈME LEÇON.

DE LA PHRASE CITATIVE.

Ne dites point à votre ami : Allez et revenez, je vous rendrai service, lorsque vous pouvez l'obliger sur-le-champ. Nous nous plaignons souvent des peines de la vie ; ne nous souvient-il plus que Dieu a dit à l'homme : Tu gagneras ton pain à la sueur de ton front. Quand Dieu voulut former la femme, il dit : Il n'est pas bon que l'homme soit seul. Un mort nous invite à la méditation et semble nous dire : J'ai été comme tu es ; tu seras comme je suis. Diogène voyant un tireur d'arc maladroit, alla s'asseoir tout près du but, et dit : De cette façon, il ne me blessera pas. Quand l'empereur Titus avait passé un jour sans trouver l'occasion de faire une bonne action, il disait à ceux qui l'environnaient : Mes amis, j'ai perdu ma journée. Comme on demandait à Aristote ce que c'était qu'un ami : Une seule âme dans deux corps, répondit-il. La loi de Moïse disait aux hommes : Vengez-vous ; œil pour œil, dent pour dent ; l'Évangile de Jésus-Christ leur dit : Aimez vos ennemis, faites du bien à ceux qui vous persécutent. Le Créateur a dit à la mer, en lui traçant ses limites : Ici viendra se briser l'orgueil de tes vagues. Il est bien triste de se dire après avoir perdu la vue : Je ne verrai plus ni la voûte céleste, ni la verte parure de la terre, ni mes parents, ni mes amis ; il n'y a plus pour moi ni jour ni nuit. Job répondit à sa femme et à ses amis, qui lui reprochaient sa confiance en Dieu après la perte de tous ses biens : Dieu me les avait donnés, Dieu me les a ôtés ; que son saint nom soit béni. L'orgueilleux se dit à lui-même : Il n'y a pas de mérite plus distingué que le mien. Rends les armes, dit Xerxès à Léonidas ; celui-ci répondit : Viens les prendre. Le serpent dit à la femme : Pourquoi ne mangez-vous pas du fruit de cet arbre ? Ève répondit : C'est Dieu qui nous l'a défendu ; si vous en mangez, a-t-il dit, vous mourrez. On meurt content quand on peut dire à sa dernière heure : Je n'ai fait que de bonnes actions pendant ma vie. La religion chrétienne est tout entière dans ces mots : Faites aux autres ce que vous voudriez qu'on vous fît.

CENT QUARANTE-SIXIÈME LEÇON.

DE LA PHRASE INTERROGATIVE.

— Pourquoi le vent du midi nous apporte-t-il toujours de la pluie ?

Réponse. — Parce que l'air s'est saturé de vapeur d'eau en passant sur la mer Méditerranée.

— A qui Dieu a-t-il donné la raison ?

Réponse. — Dieu a donné la raison à l'homme.

— A qui devons-nous faire des excuses ?

Réponse. — Nous devons des excuses à ceux que nous avons offensés.

— Quels sont les défauts et les vices que l'on rencontre le plus ordinairement chez les enfants ?

Réponse. — Ces vices sont le mensonge, la gourmandise et la paresse.

— Quels sont les élèves que le maître doit récompenser ?

Réponse. — Les maîtres doivent récompenser dans leurs élèves le travail, l'application, la bonne conduite, et punir les défauts opposés à ces qualités.

— Quel est le jour le plus triste pour des écoliers en vacances?
Réponse. — C'est le jour de la rentrée des classes.

— Pourquoi le maréchal et le serrurier font-ils chauffer le fer qu'ils veulent travailler?
Réponse. — Pour le rendre plus mou et par conséquent plus malléable.

— Pourquoi le jardinier lie-t-il ses pieds de salade?
Réponse. —Pour les faire blanchir en les privant des rayons du soleil.

— Pourquoi ferre-t-on les chevaux?
Réponse. — Afin que le frottement n'use pas cette espèce de sabot dont leurs pieds sont pourvus. Le cheval qui marcherait déferré sur les pavés et les cailloux, ne tarderait pas à boiter, et par là il priverait l'homme des services qu'il lui rend. Franklin a dit : Faute d'un clou le cheval perd son fer, et faute d'un fer le cavalier *perd son cheval.*

— Où trouve-t-on les métaux?
Réponse. — On trouve tous les métaux dans le sein de la terre.

CENT QUARANTE-SEPTIÈME LEÇON.

—Quel est l'animal, demandait le Sphinx, qui marche à quatre pieds le matin, à deux pieds à midi, et à trois pieds le soir?
Réponse. — C'est l'homme : jeune, quand il n'est encore qu'au matin de la vie, il s'aide de ses mains pour marcher; dans l'âge mûr, il marche sur ses deux pieds, la tête levée vers le ciel; dans sa vieillesse, il s'appuie sur un bâton.

— Devons-nous préférer un talent à une vertu?
Réponse. — On peut allier de grands vices à de grands talents; mais celui qui est vertueux est toujours bon : préférons donc la vertu à la science.

— Qui a rendu le plus grand service à l'humanité, Guttemberg, qui a découvert l'imprimerie, ou le moine Roger Bacon, qui a inventé la poudre à canon?

Réponse. — La poudre est un agent de destruction; elle joue le rôle principal dans ces guerres fratricides qui déciment les peuples. L'imprimerie a donné à l'homme les moyens de s'instruire, et par conséquent de se moraliser. Guttemberg sera toujours mis au rang des bienfaiteurs de l'humanité.

— Quel est le plus malheureux des hommes?

Réponse. — « Le plus malheureux des hommes est celui qui croit l'être; car le malheur dépend moins des choses qu'on souffre, que de l'impatience avec laquelle on augmente son malheur. » Fénelon.

— Pourquoi le soleil, qui est si gros, nous paraît-il si petit?

Réponse. — A cause de son prodigieux éloignement de la terre.

— Quelles sont les ressources que l'homme trouve dans la nature pour satisfaire ses appétits?

Réponse. — La terre lui donne le blé, les légumes, la pomme de terre; une foule d'arbres produisent pour lui des fruits de toute espèce; la vache, la chèvre, la brebis lui fournissent du lait en abondance; enfin la chair d'un grand nombre d'animaux, d'oiseaux et de poissons sert à flatter son goût et à réparer ses forces.

— Pourquoi l'homme s'est-il construit une habitation?

Réponse. — Pour s'abriter contre la pluie, le froid, l'ardeur du soleil, et pour ne pas être exposé pendant la nuit à être dévoré par les bêtes féroces.

— Est-ce le soleil que nous devons remercier des bienfaits de sa lumière et de ses rayons?

Réponse. — Le soleil a été créé pour nous envoyer sa lumière et sa chaleur: c'est au Créateur que nous devons faire remonter nos sentiments de reconnaissance. Certains peuples, confondant l'effet avec la cause, adorent le soleil; notre religion nous a appris à ne voir en lui que l'image la plus splendide de la Divinité.

NARRATIONS FRANÇAISES.

1. LE LABOUREUR ET SES ENFANTS.

Travaillez, prenez de la peine, c'est le travail qui donne le revenu le plus assuré.

Un riche laboureur étant sur le point de mourir, fit venir ses enfants auprès de son lit, et lorsqu'il fut seul avec eux, il leur dit : « Quand je serai mort, gardez-vous de vendre le champ que nous ont laissé nos pères : un trésor y est caché ; je ne connais point l'endroit ; mais avec un peu de courage vous finirez par le trouver. Remuez le champ dès que vous aurez fait la moisson ; bêchez, creusez, fouillez ; ne laissez aucun endroit où la main ne passe et repasse. » Après la mort du père, les enfants prirent des bêches et des hoyaux, et se mirent à retourner le champ de tous côtés. A la vérité, ils ne trouvèrent point de trésor ; mais la terre qui avait été si bien remuée, produisit du blé en abondance. Alors, les enfants comprirent que le travail était le trésor dont leur père avait voulu parler.

2. L'ENFANT ESPIÈGLE.

Un grave magistrat réunit un jour à sa table quelques amis ; son fils, jeune enfant de six ans, s'apprêtait à s'asseoir près de lui : « Que fais-tu là ? lui dit le père, tu n'as pas encore la barbe assez longue pour dîner avec moi ; retire-toi bien vite. » L'enfant se retira tout confus et s'en alla conter sa peine à sa mère. Celle-ci pour le consoler lui fit dresser une petite table sur laquelle elle eut soin de faire servir force gâteaux et confitures. Pendant que l'enfant mangeait, un vieux chat, commensal habituel du logis, osa porter sur le petit dîner une patte audacieuse. Indigné d'une telle familiarité, l'enfant frappa avec sa fourchette la tête de l'insolent et lui dit : « Va-t'en, va-t'en manger avec papa ; ta barbe est assez longue. »

3. LA JEUNE FILLE.

Par un beau dimanche de printemps, la jeune Euphémie, parée de ses plus frais atours, sortait de la maison paternelle pour se rendre à l'église.

Rayonnante de bonheur, elle s'avançait à pas mesurés, se redressait d'un air important, et, sans tourner la tête, lançait quelques coups d'œil furtifs pour apprécier l'effet que produisait sa toilette. « Quelle fraîcheur! quel éclat! se prit à dire quelqu'un qui causait sur le seuil de sa porte avec un voisin ; depuis longtemps je n'ai rien vu de si beau. » Et notre petite vaniteuse de faire sa plus belle révérence pour remercier du compliment. Les deux amis ne purent s'empêcher de sourire, et le voisin ajouta : « Je suis vraiment peiné de ta méprise, ma chère amie; mais ce n'est nullement de toi qu'il s'agissait; nous admirions cette belle rose dont tu te pares, la première que nous ayons vue de l'année. »

4. LES ÉCOLIERS ET LE PETIT MARCHAND DE GATEAUX.

Un petit colporteur de pâtisserie passait devant une classe, son panier sur sa tête ; il fut aussitôt entouré d'une troupe bruyante d'écoliers. *Cet âge est sans pitié*, et le panier aux pâtés courait un danger manifeste. Le petit marchand, qui vit le péril, voulut s'enfuir, mais il n'était plus temps ; les enfants l'avaient saisi : chacun le retenait et feignait d'en vouloir à sa boutique, qu'il défendait avec une sollicitude peu commune. Enfin après de longs débats, force coups de poing reçus et donnés, il parvint à se dégager, et il s'échappa des mains de nos lutins sans avoir rien perdu. Mais en fuyant il laissa tomber, sans s'en apercevoir, la plus belle tartelette qui fût dans sa corbeille. Un de ceux qui avaient paru les plus acharnés à le persécuter, un enfant d'environ dix ans, qui semblait fort vif, se jette sur cette proie, la ramasse avec soin, court après le marchand qui fuyait de toutes ses jambes, l'atteint, et remet sain et sauf son gâteau dans la corbeille. Un passant qui avait été témoin de cette scène, acheta la boutique du petit marchand, et la distribua aux écoliers en récompense de la bonne action de leur petit camarade.

5. ENFANT.—PAPILLON.—RUISSEAU.

Voyez cette riante prairie : comme ses couleurs verdoyantes éclatent doucement sous les rayons du soleil ; le mois de mai a ranimé la nature, il a fait sortir les fleurs de leur triste prison d'hiver ; tout rit, tout se réjouit, tout chante ; l'oiseau sur la branche, les agneaux sur l'herbe ; le lièvre dans la forêt, et jusqu'au petit ruisseau qui semble murmurer plus doucement, en roulant son onde transparente sur les cailloux argentés. Voyez aussi le papillon aux brillantes couleurs ; comme il bat joyeusement des ailes, comme il va inconstant d'une fleur à l'autre. Pauvre papillon léger, ta belle robe diaprée sera peut-être cause de ta mort.

Voici un jeune enfant qui accourt armé d'un réseau vert, il poursuit l'insecte léger qui lui échappe et va se poser plus loin pour lui échapper encore ; mais il ne pourra le tromper longtemps. Au bord du ruisseau s'élève une touffe de belles fleurs bleues ; c'est là qu'il va se cacher, mais l'enfant ne le perd pas de vue : il étend doucement son bras armé du fatal réseau, il va l'abattre, mais son pied glisse, le voilà dans l'eau, et le papillon léger s'envole.

Pauvre enfant, va sécher tes frais habits d'été, va recevoir en pleurant les douces gronderies de ta mère, et souviens-toi que tu as été puni pour avoir été cruel.

6. UN BON CONSEIL.

Le père de Livorno était un savant du seizième siècle. Comme tous ceux qui étudient par amour de la science et non dans le but d'amasser des richesses, il était resté pauvre. En revanche le ciel lui avait donné un fonds inaltérable de bonne humeur, qui se traduisait en toute occasion par des propos remplis de gaîté. Un jour qu'il voyageait en Toscane, il arriva sur le bord d'une rivière. Point de pont : il fallait pourtant gagner l'autre rive. Un batelier se tenait près de là et semblait inviter le voyageur à lui demander le secours de sa barque. Le bon père tâte son escarcelle : d'argent, point. La situation était embarrassante... embarrassante pour tout autre que le père de Livorno. « Mon ami, dit-il au batelier, approchez votre barque ; je n'ai pas d'argent ; cependant comme toute peine mérite un salaire, je vous donnerai un conseil qui vaut son pesant d'or. — Eh ! qu'ai-je besoin de votre conseil ! lui répond le batelier d'un air peu gracieux ; c'est de l'argent que je veux. » Enfin séduit par les paroles éloquentes du passager, qui continue à lui vanter l'utilité de son conseil, le batelier s'adoucit, avance sa barque, se met à ramer, et dépose bientôt notre rusé voyageur sur l'autre rive. « Merci, dit celui-ci, grand merci ! et maintenant écoutez mon conseil : *Si vous ne passez jamais que de pauvres gens comme moi, vous ne ferez pas de sitôt fortune.* » Le batelier

N'était pas content, ce dit-on.

7. LE VIEUX COQ ET LES VOLEURS.

Des voleurs s'étant introduits nuitamment dans un poulailler, s'emparaient des meilleures poulardes, des chapons et des poulets les plus gras. Un vieux coq tout décrépit, étonné qu'on ne fît nul cas de lui, s'imagina qu'on l'épargnait à cause de son mérite. « Vous avez bien raison de ne pas porter la main sur moi, leur dit-il en se rengorgeant ; la moindre insulte commise contre un personnage de mon importance, ne resterait pas longtemps impunie. Apprenez que je suis très-utile dans cette ferme ; c'est moi qui chaque matin réveille le maître, les valets et toute la maison. — Ah ! c'est toi qui réveilles tout le monde, reprit un des voleurs, c'est toi qui abréges les instants de la nuit, déjà si courts et si difficiles à mettre à profit. Eh bien, tu ne réveilleras plus personne. » Et il lui tordit le cou.

La vanité qui nous pousse à vouloir interpréter tout à notre avantage, finit presque toujours par nous faire parler à contretemps.

8. L'ENFANT ET LE CHARDONNERET.

La liberté est le plus précieux de tous les biens. On peut adoucir l'esclavage, jamais on ne le fait oublier. Un jeune et joli chardonneret fut pris par un enfant dans des filets. Celui-ci, enchanté de son petit prisonnier, ne pense plus qu'à en avoir les plus grands soins : il lui donne le grain le plus beau, le biscuit le plus frais, l'eau la plus pure ; il arrange sa cage avec élégance, et la remplit de toutes sortes de friandises. Un jour cependant il oublia de fermer la porte de cette charmante prison, et le petit favori de prendre joyeusement congé de son maître. L'enfant le rappelle avec douceur : « Où vas-tu, lui crie-t-il, mon pauvre petit oiseau ? as-tu donc manqué de quelque chose, que tu me fuis à présent ? Ne t'ai-je pas donné tout ce qui rend la vie agréable ? Ta cage avec ses fils d'archal dorés était jolie comme un palais, et ma main t'a présenté assez de morceaux de sucre. Viens donc, petit mignon ; viens, je te prie. — Non, répond le chardonneret ; loin de moi ton esclavage doré. J'ai maintenant plus que tout ce que je pouvais recevoir de toi : je suis libre ! »

9. LE PETIT BERGER MENTEUR.

Au loup ! au loup ! s'écriait Colas, berger de son métier ; et bergers, ses voisins, d'accourir, les uns avec des bâtons, les autres avec des fourches et des épieux. « Où est-il? que nous l'assommions sur l'heure. — Vous ne l'avez pas vu? leur dit Colas, eh bien! ni moi non plus : le loup, c'était moi. » Et le joyeux garçon de rire. Le dépit des bergers fut grand d'avoir été ainsi joués; l'un d'eux faillit même prendre Colas au mot, et eut envie de le traiter en loup; mais il se retint espérant bien prendre sa revanche.

A quelque temps de là, un jour que les bergers et les bergères dansant en rond, célébraient gaîment la fête du village, un loup, un vrai loup cette fois, sort du bois et se précipite avec furie sur le troupeau de Colas. « Le loup! au secours! à moi! » s'écrie-t-il épouvanté; mais l'écho seul lui répond.« Bon! se disaient en riant les bergers, à d'autres! laissons-le; il est loup! » Ne consultant que son désespoir, le pauvre Colas s'avance contre le loup la houlette levée. La bête cruelle le renverse, lui fait une terrible morsure et se sauve dans le bois, emportant une des plus grasses brebis. Ce ne fut pas la seule punition de Colas; il fut la risée de tout le village.

Un menteur n'est pas cru alors même qu'il dit la vérité.

LE PETIT BERGER MENTEUR.

« Au loup! au loup! à moi! » criait un jeune pâtre,
Et les bergers entre eux suspendaient leurs discours.
Trompé par les clameurs du rustique folâtre,
Tout venait, jusqu'au chien, tout venait au secours.
Ayant de tant de cœurs éveillé le courage,
Il se mettait à rire, il se croyait bien fin.
« Je suis loup, » disait-il; mais attendez la fin.
Un jour que les bergers au fond d'une vallée,
Appelant la gaîté sur leurs aigres pipeaux,
Confondaient leurs repas, leurs chansons, leurs troupeaux,
Et de leurs pieds, joyeux, pressaient l'herbe fleurie,
« Au loup! au loup! à moi! » dit le jeune garçon.
« Au loup! » répétait-il d'une voix lamentable.
Pas un n'abandonna la danse ni la table!
« Il est loup, dirent-ils, à d'autres la leçon. »
Et toutefois le loup dévorait la plus belle
De ses belles brebis;
Et pour punir l'enfant qu'il traitait de rebelle,
Il lui montrait les dents, et rompait ses habits.
Et le pauvre menteur élevant ses prières,
N'attristait que l'écho; ses cris n'amenaient rien.
Tout riait, tout dansait au loin dans les bruyères.
« Eh quoi! pas un ami, dit-il, pas même un chien! »
On ajoute, et vraiment c'est pitié de le croire,
Qu'il serrait la brebis dans ses deux bras tremblants;

Et quand il vint en pleurs raconter son histoire,
On vit que ses deux bras étaient nus et sanglants.
« Il ne ment pas, dit-on ; il tremble ! il saigne ! il pleure !
» Quoi ! c'est donc vrai, Colas ! » il s'appelait Colas.
« Nous avons bien ri tout à l'heure;
» Et la brebis est morte ! elle est mangée.... hélas ! »
On le plaignit. Un rustre, insensible à ses larmes,
Lui dit : « Tu fus menteur, tu trompas notre effroi :
» Or, s'il m'avait trompé, le menteur fût-il roi,
» Me crierait vainement : Aux armes ! »

10. LE JEUNE CHIEN.

Animé par l'exemple d'un perroquet, un jeune chien voulut apprendre le langage des hommes ; mais en dépit de ses efforts et de sa bonne volonté, jamais il ne put retenir que la seule particule *oui ;* et encore ne la prononçait-il que d'une voix lamentable et traînante. Or, toute science imparfaite est souvent plus nuisible qu'utile; notre philologue de nouvelle espèce devait en faire la triste expérience : accusé d'avoir étranglé un poulet, il fut traîné devant un juge impitoyable. « Votre nom ? lui demanda celui-ci d'un ton sévère. — *Ou...i*, répondit le pauvre animal tout tremblant. — Votre nom? vous dis-je ! — *Ou...i, ou...i.* — C'est un entêté, continua l'interrogateur, il a juré de ne pas me répondre ; passons à une autre question : Avez-vous étranglé le poulet dont voici les restes sanglants? — *Ou...i, ou...i.* — Ah ! voilà donc enfin qu'il avoue ; qu'on le pende sans plus de retard ! »

11. LE PINSON.

Un jeune pinson venait de prendre son premier essor; il essayait ses ailes autour du nid paternel, et parcourait d'un regard impatient la forêt où il avait pris naissance. Notre pinson songeait à se chercher un asile. La jeunesse est présomptueuse : il choisit tout d'abord un chêne dont le front sourcilleux dominait tous les arbres des environs. « J'y serai, pensait-il, comme un roi. Du haut de mon nid (il disait presque de son trône), je sifflerai tous les pinsons du voisinage. » L'audacieuse ardeur dont son âme était animée méritait d'être punie; la correction ne se fit pas attendre. Le nid était à peine achevé qu'il fut frappé de la foudre et réduit en cendres. Par bonheur, notre jeune audacieux était absent durant ce vacarme. Il revint à son domicile dès que l'orage fut passé; mais il n'en retrouva pas même les débris ; le chêne, fendu en éclats, fut tout ce qui s'offrit à ses yeux. Il comprit alors, non sans étonnement, qu'une place si élevée n'est jamais bien sûre. Ce n'était pas un de ces pinsons entêtés qui méprisent les leçons de l'expérience et les regardent comme des coups aveugles de la fortune. Il résolut, dans le choix d'une nouvelle demeure, de sacrifier son amour-propre à son repos; et la frayeur agissant encore en lui, il alla se loger au pied d'une humble bruyère. Il s'y croyait bien en sûreté; mais les insectes, la poussière et l'humidité le firent bientôt déguerpir. Instruit par une double expérience, et devenu sage à ses dépens, il choisit un buisson écarté pour son troisième asile; et loin des nues sans être trop voisin de la terre, il vécut paisible et content dans cette modeste retraite.

Les jours heureux ne se trouvent ni sur le trône ni dans les fers. Le sage demande à Dieu de n'avoir ni maître ni valet. Le bonheur est l'apanage de la médiocrité.

12. L'ARAIGNÉE ET L'ABEILLE.

Immobile au fond de sa retraite, l'araignée voyait avec surprise une abeille laborieuse voltiger sans relâche à travers la prairie. « A quoi donc t'occupes-tu si diligemment? lui demanda-t-elle. — A chercher ma nourriture que je recueille sur des milliers de fleurs. — Tu es bien bonne de te donner tant de tourment! A ta place, avec les ressources dont tu disposes, je voudrais me procurer le nécessaire sans le moindre travail. Que ne fais-tu la guerre aux insectes sans défense? Vois, je ne possède ni ta force, ni ton vol, ni ton aiguillon pénétrant, et néanmoins je me tiens ici bien tranquille; je prends dans mes piéges force mouches et moucherons dont le sang fournit abondamment à mes besoins, et me permet de passer ma vie dans une heureuse oisiveté. — Tais-toi! infâme scélérate, s'écria l'abeille avec indignation; n'as-tu pas honte de ne vivre que de la mort d'autrui! Pour moi, sans nuire à qui que ce soit, je sais me suffire, et qui plus est, me rendre utile; aussi la plus noble des créatures, l'homme me bénit et se plaît à préparer ma demeure, tandis qu'à ton aspect il détourne les regards avec horreur, et ne manque jamais de détruire ta trame meurtrière. »

13. LA PLUIE.

Un marchand, parti de bon matin, se rendait à la ville voisine. Il était à cheval et avait une valise remplie d'or et d'argent. La pluie tombait par torrents, et l'eau ruisselait sur les vêtements du pauvre homme. « En vérité, disait-il, Dieu qui fait tomber la pluie quand il lui plaît, aurait bien pu m'accorder cette journée, et attendre à ce soir pour inonder les chemins et faire déborder les ruisseaux. » Enfin la pluie cessa, et le marchand arriva sur le bord d'un grand bois qu'il lui fallait traverser. Quand il fut au milieu, il vit paraître deux voleurs qui lui crièrent d'arrêter, et comme il s'enfuyait de toute la vitesse de son cheval, les voleurs qui avaient d'excellentes carabines toutes chargées, voulurent s'en servir ; mais la poudre avait été mouillée par la pluie, et ils ne purent faire usage de leurs armes.

Quand le marchand fut hors du bois, il éleva les mains au ciel. « O Dieu ! s'écria-t-il, j'ai murmuré contre toi et contre la pluie qu'il te plaisait d'envoyer, parce qu'elle m'incommodait dans mon voyage ; cependant cette pluie était un bienfait : si le temps eût été beau, la poudre des voleurs se serait enflammée ; ils m'eussent dépouillé, tué peut-être. Pardonne-moi cette offense, ô mon Dieu ! quels que soient tes desseins, ils sont toujours adorables. Ce que nous croyons un mal est souvent un effet de ta bonté, qui sait tirer le bien du mal même. A l'avenir je me soumettrai respectueusement à ta sage volonté. »

14. LE CHEVAL ET SON MAITRE.

L'ingratitude est un vice des plus méprisables : il dégrade l'homme et lui fait trouver des maîtres même parmi les animaux. Aussi les Athéniens, qui élevaient des autels à la Reconnaissance, avaient-ils établi des tribunaux contre l'ingratitude. Toutefois ce vice était si rare parmi eux que les juges n'avaient presque jamais occasion de le punir. L'un d'eux, témoin de l'inutilité de ses séances, fit placer une cloche à sa porte et attendit patiemment que des plaignants vinssent le distraire de ses occupations domestiques. Mais le repos de la cloche dura longtemps, si longtemps que l'herbe crût à l'entour, et qu'elle grimpa bientôt le long de la corde destinée à la mettre en mouvement. Un jour pourtant elle s'agita d'une manière étrange. L'ingratitude était-elle de retour à Athènes? Notre juge, tout surpris d'avoir enfin un plaignant, accourt à sa porte. Qu'aperçoit-il? Un cheval, mais un cheval vieux, décrépit, à l'œil morne, à la tête basse, au poil hérissé, à la crinière inculte et flottante ; ce cheval paissait tristement quelques brins d'herbe, et en paissant, il tirait bien innocemment la corde de la clochette ; de là une sonnerie saccadée et irrégulière. Le juge voyant à quel genre de client il avait affaire, interroge les voisins et demande à qui appartient ce cheval. « A personne, lui dit-on ; son maître lui a donné son congé parce qu'il n'est plus bon à rien. — Vraiment, fit le juge ; eh bien, cette affaire me regarde, car c'est une véritable ingratitude à cet homme de jeter à la porte un vieux domestique qui a usé sa vie à son service. » Il fit venir le maître ingrat, lui reprocha sévèrement son indigne action, et le condamna à donner une somme pour l'entretien du cheval, durant tout le temps qu'il lui resterait à vivre.

Ne soyons pas ingrats, même envers les animaux.

15. LES DEUX MOINEAUX.

Ne renvoie pas à demain ton ami malheureux, si tu peux l'obliger aujourd'hui.

Dans une année de disette, deux moineaux languissaient tourmentés par la faim. « Recueille encore ce qui te reste de forces, mon bon frère, dit le plus faible des deux, et va voir si tu ne trouves point par hasard un peu de nourriture ; je voudrais bien t'accompagner, mais je ne le puis pas ; va donc, et si tu découvres quelques provisions, apporte-m'en ; mais bientôt, bientôt, ou sans cela je serai mort de faim. » L'autre promet ce que son frère lui demande et part. La fortune lui sourit, il aperçoit un cerisier chargé de fruits bien mûrs. « A présent, s'écrie-t-il plein de joie, mon ami et moi nous sommes sauvés. » Et voilà qu'il vole sur l'arbre, commence à manger, trouve les cerises excellentes, s'en donne à cœur joie et apaise sa faim. Une heure se passe, le soleil commence à décliner. Alors le moineau songe à son ami ; il veut prendre des cerises et lui en porter ; « mais non, dit-il, je suis encore trop faible ; il faut auparavant que je mange celle-ci, et puis celle-là ; » si bien qu'il s'arrête, voltige de branche en branche, jusqu'à ce que vienne la nuit, qui l'endort. Le lendemain il se réveille de bon matin, prend des cerises en toute hâte, et retourne bien vite auprès de son ami ; mais il le trouve mort de faim.

Que rien ne te soit plus sacré que l'accomplissement d'une promesse, surtout si tu l'as faite à quelqu'un qui souffre du besoin. Un cœur généreux n'oublie pas dans la prospérité le malheur de son frère.

16. NID. — PETIT BERGER. — CHUTE. — BOSSE AU FRONT.

Les moutons paissent tranquillement, l'herbe est tendre, le soleil chaud, et le sommeil est bien doux à l'ombre des grands arbres. Mais ce n'est pas au sommeil que pense le petit berger, ce n'est pas non plus à ses moutons. Depuis quelques jours, en ramenant son troupeau dans le village, il a entendu dans les branches de l'orme de la haie de gais pinsons qui saluent par leurs chants le retour du printemps ; c'est un père et une mère qui viennent tour à tour apporter à leurs petits la douce nourriture, et le soir toute la gracieuse famille s'endort, et chaque jour le petit berger, quand il passe, soupire en pensant au bonheur qu'il aurait à tenir dans sa main le nid, frêle construction des oiseaux.

Mais le soleil monte de plus en plus; il est midi, la chaleur étend au loin dans la campagne son voile pesant, les jeunes oiseaux sont endormis, la tentation est trop forte, l'enfant y succombe, il quitte ses blancs moutons, il est au pied de l'arbre, il grimpe, il étend la main, il va toucher le nid, mais son pied que soutient une faible branche, glisse, et voilà l'enfant à terre.

Il pousse un cri, il se relève lentement, il porte la main à son front que l'arbre a déchiré, ses mains s'emplissent de sang, une grosse bosse s'élève au-dessus de son œil, et il retourne auprès de ses moutons le cœur triste.

Pauvre petit berger, regagne ton village, et désormais ne quitte plus tes moutons; laisse les petits oiseaux dormir tranquillement dans leurs nids.

17. LE LOUP A L'AGONIE.

Le loup était près de rendre le dernier soupir; il jetait un regard sur sa vie passée et examinait ses actions. « Je suis vraiment un grand pécheur, disait-il; j'ai dévoré bien des créatures innocentes, et la mort de ce pauvre petit agneau que j'étranglai si injustement autrefois, me pèse aujourd'hui sur la conscience. Cependant je crois qu'il y a encore de plus grands coupables que moi. J'ai fait du mal, mais j'ai fait aussi du bien. Un jour, par exemple, un jeune mouton écarté de son troupeau vint en bêlant se jeter au-devant de moi; nous étions seuls sur la lisière du bois; le ciel semblait m'envoyer cette victime, rien ne m'était plus facile que de l'immoler; eh bien! je fis taire mes appétits gloutons, et je le ramenai sain et sauf à la prairie qu'il avait quittée. Vers le même temps, j'eus la patience d'écouter les railleries d'une brebis, avec une philosophie d'autant plus louable que je mourais de faim, et qu'il n'y avait là ni chien ni berger pour défendre l'insolente créature. »

« Je puis attester tous ces faits, interrompit un renard de ses amis, qui l'assistait dans ses derniers moments. Toutes les circonstances en sont encore présentes à ma mémoire : c'était à l'époque où tu manquas d'être étranglé par cet os que la cigogne te retira du gosier. »

18. LES SINGES ET LES BONNETS DE COTON.

Il y a des animaux qui sont rebelles à toute éducation ; il en est d'autres que l'on instruit à reproduire certains gestes, certaines allures. Le singe imite l'homme de lui-même ; mais son imitation est comme sa figure... une contrefaçon.

Un jour un pauvre colporteur passait dans un bois peuplé de singes. C'était vers le midi. Notre homme fatigué des courses de la matinée et épuisé encore plus par la chaleur, s'assit au pied d'un marronnier. Bientôt une douce langueur s'empare de ses membres, le sommeil appesantit ses paupières. Le lieu semblait l'inviter au repos. Au-dessus de sa tête, des ombrages touffus ; autour de lui, une mousse épaisse et jaunissante. Le marchand s'étend aussitôt sur le tapis que lui a préparé la nature. Mais pourquoi ne prendrait-il pas toutes ses aises ? Sa balle ouverte, il en tire un bonnet de coton (il cultivait cette intéressante branche de commerce), le met sur sa tête, s'étend de nouveau, ferme l'œil et s'endort... Or, notre homme n'avait pas remarqué que l'arbre sous lequel il prenait un sommeil réparateur, était l'asile d'une multitude de singes. A peine est-il endormi, que de toutes parts arrivent messieurs les singes. En un clin-d'œil la balle est pillée et chacun de nos magots coiffé d'un bonnet de coton.

Bientôt le colporteur se réveille. Est-il le jouet d'une hallucination ? Mais non ; le fait n'est que trop réel. Plus de balle, ou plutôt plus de bonnets de coton ! Sa balle, tout à l'heure si ronde, si pesante, vide maintenant, n'offre plus à sa vue consternée qu'une informe enveloppe, dépliée, sans valeur. « Volé, je suis volé ! » s'écrie-t-il, et il est sur ses pieds. A ce mouvement subit, un bruit confus se fait entendre dans le feuillage d'alentour. L'infortuné lève la tête et voit toute une armée de singes gambadant de branches en branches. Autant de têtes, autant de bonnets de coton, qui semblent lui rire au nez. Comment faire pour rentrer en possession de son bien ? Courir après les singes ? Autant vouloir mettre la forêt dans sa poche. Enfin il croit avoir trouvé un moyen, et le voilà lançant des pierres. Les singes ripostent et font pleuvoir sur lui une grêle de marrons. Il injurie les voleurs ; ceux-ci lui répondent par mille cris discordants. Hors de lui et se croyant ruiné, notre homme frappe du pied la terre, saisit avec rage le bonnet qu'il a sur la tête, le seul hélas ! qui lui reste, puis il le lance violemment à terre. C'est par là qu'il aurait dû commencer ; car nos magots, poussant jusqu'au bout leur talent d'imitation, se découvrent aussitôt, grincent des dents, et font pleuvoir sur le colporteur une pluie de bonnets de coton.

Heureux qui n'a affaire qu'à d'aussi sots voleurs.

19. ORIGINE D'ARLEQUIN.

Dans une ville d'Italie appelée Bergame vivait un jeune enfant, qui se distinguait autant par l'excellence de son caractère que par la vivacité de son esprit. Arlequin (c'était le nom de l'aimable petit garçon) était l'orgueil de ses parents et l'idole de ses condisciples. Ceux-ci ne montraient aucune jalousie envers les progrès de leur petit camarade; car Arlequin était aussi modeste qu'instruit, et lui seul semblait ignorer la supériorité qu'il avait sur les autres élèves. Ce qui n'aurait pas manqué d'exciter l'envie contre un autre, était précisément un nouveau sujet d'attachement envers un camarade toujours prêt à les obliger.

On était alors dans l'usage de donner tous les ans, à l'époque du carnaval, un habit neuf aux enfants. Les écoliers attendaient ce jour avec impatience; car leur petite vanité était flattée d'une parure nouvelle qu'ils avaient attendue toute l'année. Longtemps avant ce jour de fête, nos petits marmots s'entretenaient entre eux du costume qu'on leur préparait. L'étoffe, la couleur, la forme, tout était jugé, censuré, et cette grave critique remplissait toutes les récréations. Arlequin écoutait et ne disait mot. « Et toi, lui dit un de ses meilleurs amis, quelle sera la couleur de ton habit? — On ne m'en fait pas, répondit Arlequin, mes parents sont pauvres, et cela coûte trop cher. » Cette nouvelle affligea tous les élèves : Arlequin était si bon! Ce jour de fête pour eux allait donc être un jour de tristesse pour leur meilleur ami. À cette pensée leurs jeunes cœurs s'émurent; ils se consultèrent et convinrent ensemble d'apporter chacun un morceau du drap dont on devait faire leur costume. Ils vinrent le lendemain, tout rayonnants de joie, présenter leur offrande à leur petit ami; mais ils demeurèrent confus de leur distraction à la vue de ces pièces de différentes couleurs. Dans leur vivacité d'enfant, ils n'avaient pas réfléchi à la bizarrerie de leur cadeau. Mais Arlequin, qui vit leur embarras, les rassura en leur disant que leur présent lui causait un véritable plaisir, et qu'il lui était d'autant plus précieux qu'il contenait plus de pièces, puisque chacune d'elles lui représentait un ami.

Le mardi gras arrivé, Arlequin endossa son habit, se couvrit le visage d'un masque noir, coiffa sa tête d'un feutre gris orné d'une queue de lapin, s'arma d'un sabre de bois, et parcourut toute la ville, sautant, dansant, disant mille gentillesses, mille saillies aimables.

Depuis lors, Arlequin est resté l'un des ornements les plus originaux de notre carnaval. Tous les ans à la même époque, de grands enfants renouvellent l'innocente folie de l'écolier de Bergame; mais on a oublié depuis longtemps que ce fut l'amitié qui l'inventa.

20. LE FERMIER ET SON FILS.

Un fermier avait un fils, et ce fils un vilain défaut: il mentait à tout propos. Or, un jour que le père se rendait à la ville, il lui prit fantaisie d'emmener l'enfant: celui-ci n'était jamais sorti de son village. Chemin faisant, nos voyageurs rencontrèrent un chien énorme. Le père en admirait hautement la taille. « Il n'est déjà pas si gros, repartit l'enfant; j'en ai vu un hier qui était aussi haut que ton cheval.—Cela pourrait bien être, répliqua le père; on voit des choses si extraordinaires. Imagine-toi, qu'avant d'entrer dans la ville, on passe sur un pont, et que sur ce pont, il y a une grande femme de pierre représentant la Vérité. On se garde bien de traverser ce pont quand on a menti dans la journée; car la statue attire à elle le menteur, et lui brise la tête de sa lourde main. » L'enfant ne répondit pas, mais il commença à trembler de tous ses membres. Après quelques moments de silence, il reprit pourtant: « Oh! quel chien! haut comme ton cheval, c'est peut-être un peu dire, mais il était bien gros comme un âne. Oui, oui, un petit âne, » ajouta-t-il après quelques pas. « C'est encore assez raisonnable, dit le fermier; mais tu vas voir la femme de pierre. — Dis-moi, père, repartit l'enfant d'un ton inquiet, le pont est-il encore bien loin? — Derrière ces arbres qui nous le cachent. » A ces mots l'enfant s'arrête tout court. « Eh bien, lui dit le fermier, est-ce que tu as peur? — Oui, père. — Et pourquoi cela? — C'est que tout à l'heure j'ai menti; maintenant que je réfléchis, il me semble que le chien n'était pas plus gros qu'un autre. — Que cette leçon te soit profitable, mon fils, dit le fermier en le rassurant; tu ne m'en avais pas fait accroire. Il n'y a pas de femme de pierre sur le pont; mais sache que la Vérité, c'est le bon Dieu, et qu'il punit tôt ou tard celui qui l'outrage par le mensonge. »

21. LE COQ, L'ANE ET LE LION.

Un coq, un âne et un lion s'étaient rendus dans le même champ: le coq pour chercher quelques grains de blé, l'âne pour chatouiller son palais avec des chardons, et le lion dans l'espérance de trouver une proie à dévorer. Voici l'âne tout trouvé, il faut bien que le lion s'en contente; et déjà il allait se jeter sur lui, lorsque le coq fait retentir l'air de ses sons aigus. Le lion effrayé prend la fuite; car le coq a reçu de la nature le privilége de faire fuir les lions aussitôt qu'il chante. Notre baudet, témoin de la frayeur et de la fuite du roi des animaux, a la sottise de se croire un animal des plus redoutables; il s'imagine que c'est lui que l'on craint. Enfin son aveuglement est si grand qu'il poursuit le lion en le traitant de lâche. Il l'appelle en champ clos, lui crie d'arrêter et maudit ses jambes qui trahissent son ardeur impatiente. Mais le lion, n'entendant presque plus la voix du coq, s'arrête tout-à coup, retourne la tête, et surpris de voir le baudet à sa poursuite, il revient sur ses pas, étrangle le sot animal et le dévore.

La sottise accompagnée de l'arrogance conduit les hommes à une perte certaine.

22. L'ÉCOLIER CHÉRI.

Un bon maître avait chez lui un grand nombre d'écoliers à qui il enseignait *la charité et la crainte de Dieu.* L'un de ces écoliers se distinguait de tous les autres : c'était le plus jeune; et le maître l'aimait par-dessus tous ses condisciples. Ceux-ci demandèrent un jour au maître pourquoi il marquait de la préférence à l'un d'entre eux. « Je vous le dirai, répliqua le maître; mais auparavant que chacun de vous prenne un de ces oiseaux (il en tenait toute une nichée dans sa main). Puis allez dans un endroit où nul regard ne puisse pénétrer; étranglez ces oiseaux, et rapportez-les-moi. »

Ils s'en allèrent et tous rapportèrent leurs oiseaux morts, tous, à l'exception du plus jeune, de l'écolier chéri, qui revint avec son oiseau en vie. « Pourquoi ne l'as-tu pas étranglé? » dit le maître. « C'est, répondit l'enfant, parce que je n'ai pas trouvé d'endroit où le regard ne pût pénétrer : Dieu voit tout, et sa justice condamne toute mauvaise action. » Alors le maître regarda autour de lui : les écoliers étaient ébahis et muets. Ils venaient d'apprendre pourquoi le maître préférait leur jeune condisciple : c'est qu'il comprenait mieux *la charité et la crainte de Dieu.*

23. LE GRAND-PÈRE ET LE PETIT-FILS.

Il y avait une fois un vieillard si décrépit qu'il pouvait à peine marcher; ses genoux tremblaient; il n'entendait et il ne voyait presque plus ; sa tête branlante retombait sur sa poitrine, et il ne lui restait plus de dents depuis longtemps; si bien que lorsqu'il était à table, les forces lui manquant pour tenir sa cuillère, une partie des aliments tombait sur la nappe, une autre coulait le long de sa bouche. Son fils et sa belle-fille finirent par se dégoûter de ce spectacle, et le vieux grand-père fut réduit à se mettre derrière le poêle dans un coin de la maison; et ils lui présentèrent sa soupe dans une écuelle de terre, encore ne lui en donnaient-ils pas toujours assez. Le pauvre vieillard portait d'un air affligé ses yeux sur la table où étaient assis ses enfants, et de grosses larmes coulaient le long de ses joues ridées.

Or, il arriva un jour que ses mains tremblantes ne purent soutenir l'écuelle, elle tomba et se cassa. La jeune femme le gronda durement; il ne répondit rien et se contenta de gémir. Alors ils lui achetèrent, pour quelques sous, une petite jatte de bois dans laquelle il fut obligé de manger. Pendant ce temps, son petit-fils, âgé de quatre ans, assis au coin du feu, s'amusait à ajuster ensemble quelques petites planchettes. « Que fais-tu là? » lui demanda son père. — Dame, répliqua l'enfant, je fais une petite auge; papa et maman mangeront dedans quand je serai grand et qu'ils seront devenus vieux. »

Alors le mari et la femme se regardèrent pendant quelque temps, puis ils se mirent à pleurer. A partir de ce jour, ils admirent de nouveau le vieux grand-père à leur table; et quand il répandait un peu de soupe sur la nappe, sa belle-fille l'essuyait patiemment sans jamais lui rien dire.

---

24. LE CHAMEAU, LE SINGE ET LE CHIEN.

Un roi avait trois fils déjà grands, et pensait à choisir un d'entre eux pour son successeur. Ce roi aimait beaucoup son peuple, et en était aussi beaucoup aimé. Son royaume n'étant pas héréditaire, il dépendait de lui de choisir entre ses enfants celui qu'il préférait pour lui succéder. Il aurait bien voulu connaître à fond le caractère de ses trois enfants; mais tous les trois témoignaient en sa présence le même respect pour lui et le même désir de rendre les peuples heureux. Il s'avisa d'un stratagème pour découvrir leurs véritables inclinations. Il avait une belle ménagerie dans laquelle il nourrissait des animaux de toute espèce. Les enfants allaient souvent les voir et s'en amuser. Il leur dit un jour : « Mes enfants, je veux vous faire un présent qui soit conforme à votre goût; vous allez souvent à ma ménagerie, demandez-moi l'animal qui vous plaît le plus, et je vous le donnerai. — Mon père, dit l'aîné, il y a un chien que j'aime bien ; dès que j'arrive, il vient me caresser, il devine tout ce que je désire, et fait tout ce qu'il sait devoir me plaire. — Je vous le donne mon fils, reprit le roi ; cependant je vous avertis de vous défier des flatteurs, qui seront souples à toutes vos volontés. — Et moi, mon père, dit le second prince, j'aime un singe plus que tous les autres animaux ; il fait des grimaces et des tours de passe-passe qui me font rire à gorge déployée : il a le talent de m'amuser plus que tout le reste de la ménagerie. — Eh bien ! mon fils, je vous le donne ; mais sachez aussi que ceux qui n'ont d'autre mérite que celui d'amuser leur maître ne sont pas les plus estimables. » Enfin, le troisième prince dit : « Mon père, j'ai vu dans votre ménagerie un chameau qui porte votre bagage à la guerre et dans vos voyages ; je l'aime à cause des bons et utiles services qu'il vous rend. » Le roi embrassa son troisième fils, et lui dit : « Mon fils, je vous donne le chameau, la ménagerie et tout mon royaume, que vous gouvernerez après moi, puisque vous savez préférer un serviteur utile aux flatteurs et aux plaisants. »

25. LES MOUCHES ET LES ARAIGNÉES.

Vous êtes curieux; tous les enfants le sont. Vous désirez connaître les causes de tout ce que vous voyez; à chaque instant du jour on vous entend dire : Pourquoi ceci, pourquoi cela ? pourquoi fait-il chaud, pourquoi fait-il froid ? pourquoi pleut-il ? qu'est-ce que le soleil, la lune, les étoiles ? à quoi servent les orages, les volcans, les tremblements de terre ? Et si elle n'a pas une réponse prête à toutes ces questions, votre petite philosophie s'imagine que Dieu a créé des choses inutiles.

A ce propos, il me souvient d'une histoire que je vais vous raconter ; vous y verrez que rien n'est inutile dans la nature, et qu'il ne faut pas se hâter de condamner les œuvres du Créateur, parce qu'on ne les comprend pas.

« A quoi peuvent servir les mouches et les araignées ? que font-elles sur la terre ? » demandait un jeune prince à son gouverneur. Celui-ci lui répondit : « Mon enfant, soyez sûr que ces petits animaux ont leur utilité, ne servissent-ils qu'à en nourrir d'autres ; mais vous, moins que personne, vous devriez vous plaindre de leur existence ; car ces insectes ont deux fois sauvé la vie au roi votre père ; c'est à eux que vous devez de pouvoir l'embrasser encore. — Comment cela ? » demanda l'enfant, déjà repentant.

« Quand votre père monta sur le trône, des méchants le lui

disputèrent; ils employèrent pour le faire périr les moyens les plus criminels.

Pendant une nuit d'été, il fut tiré d'un profond sommeil par une vive piqûre au visage : c'était une mouche qui lui causait cette douleur. Ainsi réveillé, il entendit que l'on ouvrait doucement la porte de sa chambre; il appela du secours, et l'on arrêta un assassin qui se glissait dans l'ombre jusqu'à son lit pour le poignarder.

L'année suivante, votre père avait à se défendre contre une armée de rebelles; ayant été assailli dans son camp par des forces supérieures, il fut obligé de fuir et de se retirer dans une forêt. Des soldats l'y poursuivirent; afin de leur échapper, il entra par une petite ouverture dans une caverne, au milieu des rochers. Il y passa la nuit, et pendant l'obscurité une araignée forma sa toile à l'entrée.

Un détachement qui cherchait le prince, passa au point du jour devant sa retraite; quelques-uns voulaient visiter la caverne; mais un soldat les en détourna, en disant: « S'il s'y était réfugié, il aurait emporté la toile d'araignée; il n'y a personne là; cherchons ailleurs. » Votre père, dans cette occasion comme dans l'autre, rendit gloire à Dieu, qui pour protéger les grands de la terre, sait employer les plus faibles animaux. »

26. LE CHIEN DU BERGER.

Un jeune roi de Perse était monté sur le trône à l'âge où les hommes sont faits pour être gouvernés plutôt que pour gouverner leurs semblables. Ne se croyant élevé à la suprême puissance que pour vivre dans l'oisiveté, il se débarrassait sur un visir des soins pénibles de son empire. Ce visir abusait indignement de son autorité, et tous ceux qu'il employait aux affaires de l'État, imitant son exemple, songeaient moins au bien général qu'à leur intérêt particulier. Les troupes, mal payées, faisaient mal leur devoir; plus d'ordre, plus de discipline, plus d'économie. Les peuples se révoltèrent, et le prince apprit avec étonnement que ses sujets ne voulaient plus lui obéir. Il se réveilla du sein de la mollesse et chercha d'où pouvait provenir ce mal, que jamais il n'avait prévu, et qui menaçait de le précipiter du trône. Ses plus fidèles conseillers, qui tremblaient encore devant le visir, lui montraient le désordre sans oser lui en découvrir les causes. Un jour que le prince se promenait dans la campagne, tout pensif et tristement occupé du mal auquel il voulait remédier, il rencontra un berger qui pendait à un arbre le chien de son troupeau. « Qu'a fait cet animal, lui dit le prince, pour mériter un pareil châtiment? — Ce qu'il a fait, répondit le berger; il a trahi ma confiance : je l'avais élevé, je l'avais nourri pour qu'il défendît mes brebis du loup; il s'est entendu avec ces animaux voraces, et il a partagé avec eux la proie qu'il leur abandonnait; mon troupeau a été dévoré par la perfidie de mon chien : *c'est ainsi que les malheurs de la multitude viennent presque toujours de ceux qui la conduisent.* » Ces mots ouvrirent les yeux au roi; il comprit qu'il avait eu tort d'accorder une confiance aveugle à son visir, aussi perfide que le chien du berger. Il lui fit subir le même supplice. Cet exemple intimida tous ceux qui l'avaient imité; l'ordre se rétablit peu à peu, et le roi apprit d'un conducteur de troupeaux comment un monarque doit conduire les hommes.

27. ENFANT. — AVEUGLE. — BATON.

Pauvre aveugle, tu marches tristement sur la route poudreuse; en vain tu lèves tes yeux et tu offres ton front aux rayons brûlants du soleil; tes yeux sont à jamais fermés, ils ne verront plus la douce lumière du jour. Appuie-toi sur ton bâton et prends bien garde, en côtoyant le fossé de la route, que tes pieds ne quittent le sentier poudreux.

Mais voici qu'une ronce a retenu violemment l'utile bâton, il échappe des faibles mains de l'aveugle, il roule au fond du fossé, et le malheureux reste là immobile, n'osant faire un pas.

Un joyeux petit enfant arrive en chantant : de loin, il voit le vieil aveugle arrêté, il s'approche, et dès qu'il a entendu ses plaintes : « Ne craignez rien, bon vieillard, je vais chercher votre bâton. » Et il descend dans le fossé, il remonte, et tout ému d'un doux contentement, il met le bâton dans la main du vieil aveugle qui lui dit : « Va, mon enfant, cette nuit tu dormiras heureux, car tu as un bon cœur. »

28. LE SOUHAIT DE MIDAS.

(Sujet mythologique.)

Bacchus étant venu en Phrygie suivi de sa cohorte accoutumée, le vieux Silène, qui l'accompagnait, s'arrêta vers une fontaine où Midas avait fait verser du vin pour l'attirer. Le bonhomme en était friand ; il y resta longtemps, et s'endormit auprès de la source en attendant que la soif lui revînt. Les pâtres de Phrygie l'ayant trouvé ivre et chancelant, le couronnèrent de fleurs, et le conduisirent au palais de Midas; ce prince, ravi d'avoir en sa puissance le ministre fidèle des mystères de Bacchus, lui fait un accueil magnifique, et le ramène aux champs de Lydie après dix jours de réjouissances et de festins. Le dieu, charmé de revoir son père nourricier, et reconnaissant de l'hospitalité qu'il a reçue à la cour phrygienne, permet à Midas de former un souhait qu'à l'avance il exauce : « Que tout ce que je touche, s'écrie Midas, se change en or à l'instant même. » Bacchus accomplit son souhait, et lui fait ce don funeste en regrettant qu'il n'ait pas mieux choisi. Le roi, qui se croit au comble de la félicité, se retire joyeux du pouvoir qu'il vient d'obtenir. Osant à peine croire à une faveur si singulière, il veut en faire l'essai : une branche de chêne pendait verdoyante au-dessus de sa tête ; il la cueille, et c'est un rameau d'or ; il coupe quelques épis, qui deviennent à l'instant même la plus précieuse de toutes les moissons ; il détache une pomme, et l'on croirait un fruit sorti du jardin des Hespérides ; il touche les portes de son palais, et l'or rayonne sur les panneaux resplendissants ; il plonge sa main dans l'eau, et l'or coule sous ses doigts en filets jaunes et limpides. C'était un enchantement, et Midas pouvait à peine contenir les transports de sa joie. Cependant, ses domestiques dressent devant lui une table chargée de viandes et de fruits. Mais *voici bien une autre fête :* le prodige continue, et tous les mets se changent en or à mesure qu'il y porte les doigts : il touche aux dons de Cérès, et c'est un lingot qu'il essaye de broyer sous sa dent ; il porte une orange à sa bouche, et le fruit délicieux n'est plus qu'un métal froid sans saveur et sans goût ; il mêle à une eau pure les doux présents de Bacchus, et c'est un or liquide qui coule dans sa bouche. Effrayé de ce malheur étrange, riche et pauvre tout à la fois, il commence à maudire le souhait qu'il a formé. Alors, levant au ciel ses mains encore toutes chargées de l'or qu'elles ont touché, il supplie le dieu de le délivrer d'une faveur aussi funeste. Les dieux sont indulgents : Bacchus pardonne à Midas une faute qu'il avoue, et lui commande d'aller se laver dans le Pactole. La brillante prérogative du roi passa aux eaux du fleuve ; et maintenant encore, le Pactole est célèbre par les paillettes d'or qu'il roule.

29. LES OREILLES DE MIDAS.

(Sujet mythologique.)

Le dieu Pan eut un jour la témérité de préférer sa flûte à la lyre d'Apollon. Il poussa la vanité jusqu'à lui porter un défi. Les deux rivaux prirent pour arbitre Midas, roi de Phrygie, qui, après les avoir entendus, adjugea la victoire au dieu des forêts contre le sentiment de tous les assistants. Apollon jugeant que des oreilles aussi grossières étaient indignes de conserver plus longtemps la forme humaine, les lui allongea, les couvrit de poils grisâtres et les rendit mobiles ; en un mot, il affubla sa tête d'une paire d'oreilles d'âne. Midas, désolé de la dimension formidable de ses cartilages auditifs, eut grand soin de cacher sa honte sous une tiare magnifique. Mais il n'est tiare qui tienne; quand vint le barbier, le pauvre Midas, obligé de quitter son diadème, mit à nu son étrange difformité. Il employa et menaces et promesses pour obtenir le silence. Mais que font des millions devant le plaisir de parler? Le coiffeur promit le secret ; mais il fut à peine sorti du palais, qu'il brûlait déjà de le divulguer. La crainte d'encourir la colère de son maître lui ferma quelque temps la bouche. A la fin, succombant à la tentation, il va dans un lieu écarté, fait un trou dans la terre, et s'approchant au fond de l'étroite cavité : « Midas, dit-il tout bas, le roi Midas a des oreilles d'âne. » Il comble la fosse et se retire, croyant avoir enseveli son secret dans les entrailles de la terre. Mais, au bout de quelques mois, des roseaux poussèrent en cet endroit; et l'automne les ayant séchés, on les entendait murmurer entre eux quand un vent léger les agitait : « Midas, le roi Midas a des oreilles d'âne. »

30. LE KAN ET LE DERVICHE.

Le kan d'une tribu tartare s'en allait un jour à la chasse accompagné d'une suite nombreuse. Il rencontra au milieu du chemin un derviche qui criait de toutes ses forces : « Lequel d'entre vous veut me faire présent de cent pièces d'or, je lui donnerai un bon conseil. » Le kan lui fit aussitôt compter la somme, et le derviche dit d'une voix solennelle : « N'entreprends rien sans y avoir d'abord mûrement réfléchi. » Et il passa son chemin. Le cortége du kan se mit à rire, bafoua le pauvre derviche et se moqua de son conseil qu'il vendait si cher ; mais le kan en prit une tout autre opinion. « Ce que le derviche vient de nous dire, observa-t-il à ses courtisans, est, à la vérité, une maxime très-commune ; mais elle n'en doit pas être moins rigoureusement suivie ; et pour ne pas l'oublier, je veux qu'elle soit écrite sur toutes les portes de mon palais, sur tous les murs de mes appartements. » Cet ordre fut exécuté, et l'on vit bientôt le conseil du derviche briller partout en lettres d'or.

A quelque temps de là, un gouverneur ambitieux forma le projet de faire assassiner le kan et de s'emparer de son trône. A cet effet, il décida, moyennant une forte récompense, le médecin royal à plonger une lancette empoisonnée dans les veines du kan, aussitôt qu'il en trouverait l'occasion.

Cette occasion ne tarda pas à se présenter. Mais comme le médecin tenait déjà le vase dans lequel devait jaillir le sang de son maître, il voit ces paroles écrites sur la muraille : *N'entreprends rien sans y avoir mûrement réfléchi*. Et alors il chancelle dans sa résolution, et avec une anxiété visible, il rejette la lancette empoisonnée pour en prendre une autre. Le kan, qui s'aperçoit de ce manége, veut en connaître la cause. A cette demande, le chirurgien hésite, balbutie, et tremble comme un coupable devant son juge. « Misérable, lui dit le kan en s'élançant vers lui, ton anxiété trahit le secret d'une mauvaise action pour laquelle tu n'étais pas encore mûr : il n'y a qu'un aveu sincère qui puisse te sauver. »

Le médecin tombe alors aux genoux de son maître, et lui découvre l'horrible projet dont l'inscription placée sur la muraille a arrêté l'exécution. « J'ai donc bien fait de payer au derviche son conseil, » s'écria alors le kan en levant les mains au ciel.

Il fit grâce au médecin, condamna le bey au supplice des régicides, et fit chercher partout le derviche, qu'il combla de biens et d'honneurs. « Car, disait-il, un conseil qui sauve la vie des hommes ne peut jamais recevoir une trop magnifique récompense. »

31. LE LOUP ET LE RENARD.

Un loup avait forcé un renard à se placer sous son patronage ; et ce que seigneur loup désirait, maître renard devait le faire, car il était le plus faible. Un jour qu'ils chassaient dans la forêt, le loup dit : « Renard rouge, trouve-moi quelque chose à manger ou je te mange. — Je connais, répondit le renard, une métairie où il y a une jolie paire de petits agneaux ; si tu veux nous irons les chercher. » Le loup consent et ils partent. Le renard vole un agneau, l'apporte au loup et se sauve. Quand l'agneau fut mangé, le loup, qui n'était pas encore content, s'en alla pour enlever l'autre ; mais la brebis l'aperçut et se mit à bêler si haut, que les paysans accoururent, et battirent mon loup tant et si bien, qu'il s'échappa tout meurtri de leurs mains, et s'en revint auprès du renard en hurlant et en boitant. « Ah ! lui dit-il, tu m'as fait faire là une belle campagne. » Le renard lui répondit : « Pourquoi n'es-tu jamais rassasié ? »

Le lendemain, ils s'en vont dans la campagne, et le loup dit à son compagnon : « Renard rouge, trouve-moi quelque chose à manger ou je te mange. — Je connais, dit le renard, une maison où l'on cuit de bons gâteaux; laisse-moi t'en aller chercher. » Le renard se glisse adroitement le long du mur, s'introduit dans la ferme, et trouve moyen d'enlever six gâteaux, qu'il apporte au glouton.

« Voilà de quoi manger, » lui dit-il, et il s'esquive. Quand les six gâteaux furent dévorés, le loup qui les trouvait bons, voulut encore en avoir. Il entre dans la maison et se dispose à faire curée; mais au bruit qu'elle entend, la maîtresse du logis accourt, l'aperçoit, appelle du monde, et voilà que l'on rosse mon loup jusqu'à le rendre perclus de deux jambes; il se traîne avec peine aux pieds du renard, et lui adresse de nouveaux reproches; mais le renard lui répond. « Pourquoi n'es-tu jamais rassasié? »

Le troisième jour, ils sortent encore ensemble, et le loup dit: « Renard rouge, trouve-moi quelque chose à manger ou je te mange. — Je connais, dit le renard, une cave toute remplie de viandes fraîchement salées; nous pouvons aller en prendre. — Oui, dit le loup, mais je ne veux pas que tu me quittes cette fois, afin de m'aider en cas de besoin. » Et ils arrivent dans la cave qu'ils trouvent abondamment fournie. Le loup s'en donne à cœur joie. Il pensait : Jusqu'à ce que je m'arrête, il y a encore du temps. Le renard mangeait bien aussi; mais il s'en allait à tout moment visiter le soupirail par où ils avaient passé, afin de s'assurer si son corps était encore assez mince pour sortir. Le loup qui ne comprenait rien à ce manége, lui disait: « Mais, mon cher renard, qu'as-tu donc à courir ainsi de côté et d'autre et à sauter en haut et en bas?— Il faut bien, répondit le rusé compère, que je voie si personne ne vient; mais mange, mange toujours. — Oh! dit le loup, je ne sors pas d'ici que la place ne soit vide. » Alors le renard voyant que le glouton était devenu gros et rond comme un tonneau, se mit tout à coup à faire un tapage d'enfer. Le maître de la maison, qui entend du bruit dans sa cave, accourt. Le renard s'élance par le soupirail et s'évade; le loup veut en faire autant; mais il est devenu trop gros et ne peut plus passer. Alors les garçons de la ferme tombent sur lui et le font expirer sous les coups. Quant au renard, il s'en retourna dans la forêt, bien content d'être débarrassé de son incommode compagnon qui n'était jamais rassasié.

32. LES TROIS FRÈRES.

Un homme avait trois fils entre lesquels il partageait également son affection. Comme il commençait à ressentir les premières atteintes de la vieillesse, il aurait bien voulu procurer à chacun de ses enfants un établissement convenable. Mais toute sa fortune consistait en une maison, modeste héritage de ses pères, qu'il voulait laisser en entier à l'un des membres de sa famille. Ne sachant sur qui fixer son choix, il commanda à ses fils de parcourir le monde, de choisir un état, et promit de donner la maison à celui qui se distinguerait le plus dans la profession qu'il aurait embrassée.

Les trois fils partirent après avoir fixé le terme qui les verrait de retour à la maison paternelle. L'aîné se fit maréchal-ferrant, le cadet barbier, et le plus jeune professeur d'escrime.

Le hasard voulut que chacun d'eux trouvât un bon maître, qui pût lui donner d'excellentes leçons. Le maréchal-ferrant fut employé à ferrer les chevaux du roi, et il se disait en lui-même : Il est impossible que la maison me manque. Le barbier, qui ne rasait que de riches seigneurs, comptait aussi que la maison lui reviendrait. Quant au maître d'escrime, il reçut de terribles bottes ; mais il serrait les dents et supportait tout en disant : « Si tu crains les bottes, tu n'auras pas la maison. »

Lorsque le terme fixé pour le retour fut arrivé, ils reprirent le chemin de leur village. Le père les accueillit avec empressement. Au bout de quelques jours, il leur proposa une promenade dans la campagne ; car, pensait-il, ils trouveront peut-être, chemin faisant, l'occasion de me prouver leur talent. Tout à coup ils virent un lièvre courir à travers champs. « Parbleu, dit le barbier, tu viens à propos. » Aussitôt il prend son pinceau, fait mousser le savon jusqu'à ce que le lièvre soit tout près de lui, le savonne à la course, le rase, lui fait de jolies moustaches, et ne le coupe ni ne l'endommage le moins du monde. « Cela me plaît, dit le père ; la maison t'appartiendra à moins que tes frères ne se distinguent plus particulièrement. »

Quelques moments après, ils aperçurent sur la grand'route un beau cheval que son maître lançait au galop. « Maintenant, mon père, dit le maréchal-ferrant, vous allez voir mon savoir-faire. » Et il vole sur les traces du cheval, emboîte le pas, lui arrache les quatre fers tandis qu'il galope toujours, et lui en attache quatre nouveaux avec autant d'aisance que si le coursier avait été en repos.

Le père était émerveillé, et il ne savait en vérité à qui des deux il devait adjuger la maison. Ils s'en retournaient alors au logis. Le troisième fils, qui n'avait pu trouver une circonstance favorable pour déployer son adresse, suivait tout pensif et regardait tristement son épée qu'il maudissait de tout cœur. La pluie vint à tomber subitement : le maître d'escrime tire son épée, la brandit en coups croisés au-dessus de sa tête, et fait si bien que pas une goutte ne tombe sur lui ; la pluie redouble et tombe enfin par torrents ; il se démène de plus belle ; et tandis que son père et ses frères, prenant leur course, arrivent tout trempés à la maison, notre spadassin les rejoint non plus mouillé que s'il eût été sous un toit. Le père enchanté, et criant presque au miracle, lui remit sur-le-champ la maison.

---

33. LA PIÉTÉ FILIALE.

Il y a trois cents ans, un riche marchand mourut à Lyon, laissant une fortune considérable. Cet homme n'avait pour héritier qu'un fils unique, qui, tout jeune, était allé aux Indes auprès d'un de ses oncles. On apprit qu'en revenant en Europe, ce jeune homme avait fait naufrage, mais qu'il n'avait pas péri.

Jusqu'à la dernière heure, le malheureux père avait espéré le retour de son enfant; mais voyant enfin qu'il fallait mourir seul, sans qu'une main chérie lui fermât les yeux, il avait confié toute sa fortune à un ami sûr et dévoué, pour la remettre fidèlement à son fils, s'il revenait jamais. Au bout d'une année, un jeune homme se présenta : il dit qu'il était le fils du marchand et qu'il venait recueillir sa succession. Peu de jours après, il en vint un autre qui prétendit au même titre et réclama les mêmes droits. Enfin un troisième se présenta le mois suivant. Tous trois allèrent devant le dépositaire pour faire reconnaître leurs prétentions. Mais comme chacun disait avoir perdu ses papiers dans le naufrage, le juge était fort embarrassé, faute de preuves. « Il y a nécessairement parmi vous deux imposteurs, leur dit-il, et comme il m'est impossible de les reconnaître, je vais vous faire remettre à chacun un arc, et celui qui approchera le plus près d'un but marqué, sera l'héritier; car j'espère que Dieu fera triompher la bonne cause. »

Alors conduisant le premier des jeunes gens dans le jardin, il lui dit : « Voici le portrait de votre père, visez à cette marque blanche qui est à la place du cœur. » Le jeune homme décocha sa flèche, et elle atteignit près de l'endroit désigné. On fit venir le second prétendant qui fut encore plus heureux. Enfin, le troisième vint à son tour; mais quand on lui eut montré le portrait du père, qu'il lui fallait percer d'une flèche, il jeta avec indignation l'arc et les traits, et protesta qu'il aimait mieux perdre son héritage que de commettre un parricide, ne fût-ce que sur une image. « Tu es un brave jeune homme, s'écria le dépositaire, et l'héritage t'appartient, car c'est toi qui es le véritable fils; les deux autres sont des imposteurs. Si le marchand avait été leur père, son portrait eût été pour eux une relique sacrée, qu'ils n'auraient jamais osé percer d'une flèche. »

---

34. LES TROIS FILOUS.

Un paysan conduisait une chèvre à la foire ; il était monté sur son âne, et la chèvre suivait par derrière ayant au cou une petite clochette. Trois filous qui étaient en embuscade, virent passer cette petite caravane et ne tardèrent pas à la convoiter. Comme ils étaient ce jour-là de joyeuse humeur, ils résolurent de s'égayer aux dépens du pauvre homme. « Je gage, dit le premier, que je lui enlève sa chèvre sans qu'il s'avise jamais de me la redemander. — Et moi, dit le second, je lui enlèverai l'âne sur lequel il est monté et il sera bien aise. — Oh ! oh ! dit à son tour le troisième ; il ne lui restera plus que ses habits. Eh bien ! je veux les lui ôter tous et qu'il me remercie. »

Alors le premier filou suivant le paysan à pas comptés, délie adroitement la clochette du cou de la chèvre, l'attache à la queue de l'âne et se retire prestement avec sa proie. Le cavalier qui entendait toujours derrière lui le grelot, continuait tranquillement sa route, convaincu que l'animal le suivait. Mais il tourne la tête, et il est bien étonné de ne plus retrouver sa chèvre ; il en demande des nouvelles à tous les passants.

Le second filou s'avance et lui dit : « Je viens d'apercevoir un homme qui en entraînait une vers le sentier de la montagne. » Le paysan descend avec précipitation de son âne, prie le filou de vouloir bien le lui garder, et court de toutes ses forces sur les traces du prétendu ravisseur. Après avoir parcouru bien du terrain, il revint accablé de fatigue et tout essoufflé ; mais pour comble de malheur, il ne retrouva plus ni âne ni gardien.

Le troisième filou attendait son homme auprès d'un puits, où celui-ci devait nécessairement passer. A son approche, le filou pousse de grands cris, s'arrache les cheveux, se frappe la poitrine, et tout cela si naturellement joué que le paysan est un instant distrait de sa douleur. » Qu'avez-vous donc à vous désespérer ? lui dit-il, vous n'êtes sûrement pas aussi malheureux que moi : j'ai perdu un âne et une chèvre qui faisaient toute ma fortune. — Voilà, ma foi, une singulière plaisanterie, s'écria le filou d'un ton qu'il s'efforçait de rendre brusque, et vous me la donnez belle avec votre âne et votre chèvre. Plût à Dieu que j'eusse perdu mille ânes et mille chèvres, je m'en moquerais comme d'une prise de tabac. Dites-moi, bonhomme, avez-vous, comme moi, laissé tomber dans ce puits une cassette pleine de diamants que je portais au calife. Je vais être assurément pendu comme ravisseur. — Que n'allez-vous au fond du puits, dit le paysan, il n'est pas profond. — Eh ! mon ami, que dites-vous là ? repartit le filou en s'éloignant rapidement du puits et en feignant de trembler de tous ses membres; l'eau m'a toujours fait une peur effroyable, et je suis si maladroit que je me noierais infailliblement. J'aime encore mieux courir la risque d'être pendu. Mais si quelqu'un voulait me rendre ce service, je lui donnerais volontiers dix pièces d'or.» La pauvre dupe remercia le fripon, qui lui présentait une occasion si favorable de réparer les pertes qu'il avait faites. « Promettez-moi dix pièces d'or et je vous rapporte votre cassette. » Aussitôt dit, aussitôt fait. Il ôte ses habits et descend dans le puits avec tant de légèreté que le filou vit bien qu'il n'aurait que le temps d'enlever sa proie. Le paysan, arrivé au fond du puits, n'y trouva point de cassette; et quand il fut remonté, il ne lui fut plus permis de douter de son nouveau malheur: les habits, l'âne et la chèvre avaient tous pris la même route; et leur malheureux maître regagna avec bien de la peine un village voisin, où il put couvrir sa nudité.

---

35. LE PETIT MOQUEUR.

Dans un village de la Champagne, vivait un bon tonnelier qui avait trois fils, dont le plus jeune était âgé de onze ans. L'un était bossu, l'autre borgne, et le troisième boiteux; mais tous les trois, quoique fort disgraciés de la nature, étaient intelligents, adroits et surtout bons garçons. Dans l'ancien château de ce village habitait un riche monsieur dont le fils, Rodolphe, qui n'avait que dix ans, était bien paresseux, bien ignorant, bien fat et très-moqueur. Le petit impertinent, qui se croyait le plus beau garçon du monde et un habile personnage parce que son père était riche, avait coutume de se moquer des fils du pauvre tonnelier; et, faisant parade du peu de science qu'il avait acquise en travaillant malgré lui, il avait donné au bossu le nom de *Chameau*, au borgne celui de *Cyclope*, et celui de *Vulcain* au boiteux. C'était ainsi qu'il les appelait toujours quand il passait devant la boutique; et les pauvres garçons, sans comprendre l'allusion de ces sobriquets, s'apercevaient fort bien, au ton dont les prononçait Rodolphe, que c'étaient des injures. Cependant ils s'avisèrent enfin d'en demander l'explication au maître d'école du village, qui leur apprit qu'un chameau était un quadrupède bossu, qu'un cyclope était un être fabuleux n'ayant qu'un œil au milieu du front, et que Vulcain était un dieu de la Fable, que Jupiter avait jeté du ciel sur la terre, et qui avait eu le bonheur de ne se casser que la jambe dans cette chute.

Or, peu de temps après, il arriva que monsieur Rodolphe alla s'amuser à pêcher à la ligne; et, malgré la défense de son père, il s'avança de bateau en bateau jusqu'au milieu de la rivière.

Enfin, voulant passer dans un dernier bateau, le pied lui glissa, et voilà notre pêcheur dans l'eau. Heureusement le bossu se trouvait sur le bord; il oublie que Rodolphe l'a offensé, s'élance à la nage, parvient à saisir le petit malheureux, et le met sur son dos pour le rapporter au rivage. Sans la bosse, qui soutenait la tête de Rodolphe, celui-ci, qui était déjà presque évanoui, aurait pu être noyé dans le trajet. Lorsqu'il fut sauvé, son libérateur se contenta de lui dire: « Mon beau Monsieur, ne vous moquez plus de la bosse du *Chameau*, vous voyez qu'elle est bonne à quelque chose. »

A peu de jours de là, dans une prairie sur la lisière du bois, Rodolphe courait après des papillons. Tout à coup il entend une voix qui lui crie: « Arrêtez! arrêtez! » Il se retourne et voit le borgne. Celui-ci avait aperçu un piége tendu pour prendre des renards. Rodolphe, qui ne l'avait point vu, était pris s'il eût fait un pas de plus; et si personne n'eût passé par là, il courait le risque d'y mourir de faim. « Mon beau Monsieur, dit le borgne, ne vous moquez plus de l'œil du *Cyclope*, vous voyez qu'il peut donner un bon avis à vos deux yeux. »

Une autre fois, Rodolphe avait imprudemment harcelé un chien méchant qu'il ne connaissait pas. Le chien s'élance furieux sur lui. Rodolphe pousse un cri; mais soudain un vigoureux coup de bâton arrête l'élan du chien. Quel était ce bâton? la béquille du boiteux: « Mon beau Monsieur, dit ce dernier, ne vous moquez plus de *Vulcain*, vous voyez que sa béquille peut être utile dans l'occasion. »

Cette fois, Rodolphe n'y tint plus, et il dit aux trois frères qui étaient présents, car cette dernière scène s'était passée devant leur demeure: « Mes amis, mes libérateurs, pardonnez-moi. Je vous » ai offensés, je suis un étourdi, mais je ne suis pas un mé» chant garçon. Je vous remercie des services que vous m'avez » rendus; le plus grand est de m'avoir à jamais corrigé d'un » vilain défaut. Permettez-moi de vous embrasser, et comptez » sur ma reconnaissance... »

36. JEUNE FILLE. — FÊTE DE SA MÈRE. — ROSE.

Le soleil vient de se lever radieux sur le grand parc, l'ombre des arbres séculaires s'étend au loin, mais elle ne va pas jusqu'au jardin couvert de fleurs aux mille couleurs. Une jeune enfant s'avance, elle semble rêveuse, elle cherche (ce beau jour est celui de la fête de sa mère), elle cherche ce qu'il faut lui dire; tout à coup elle jette un cri de joie, elle a vu au milieu du jardin une belle rose épanouie, elle l'arrache et court à sa mère : « Tiens, mère chérie, tiens, vois ton image et celle de mon cœur ; cette belle rose, belle comme toi, s'entr'ouvre et s'épanouit aux rayons du soleil, comme je m'épanouis, moi, aux rayons bienfaisants de ton amour. — O ma fille, mon joli bouton de rose, puisses-tu dire vrai, et, comme ce bouton qu'a épargné ta petite main, grandir toujours plus belle sous les yeux de ta mère ! »

37. LES SYBARITES.

Sybaris avait été bâtie par les Achéens à l'ombre des belles montagnes de la Laconie. Cette ville s'était laissé corrompre par ses richesses. Son nom est resté immortalisé pour ses vices ; et la mollesse de ses habitants a passé en proverbe jusqu'à nos jours. Ils décernaient des prix à ceux qui inventaient de nouvelles voluptés. On ne les voyait occupés que de festins, de jeux, de spectacles et de parties de plaisir. Il y avait des récompenses publiques et des marques de distinction pour les citoyens qui traitaient avec le plus de magnificence. On récompensait splendidement les cuisiniers qui réussissaient à faire de nouvelles découvertes dans le grand art de flatter le goût et de satisfaire le palais. Ils conviaient les gens à manger un an avant le jour du festin pour avoir le loisir de le faire plus délicat. Enfin ils portaient si loin le raffinement de la mollesse, qu'ils bannirent les coqs de peur d'en être éveillés, et qu'ils écartèrent sévèrement de leur ville tous les artisans qui faisaient trop de bruit en travaillant. On rapporte qu'un Sybarite suait à grosses gouttes en voyant un esclave qui fendait du bois ; et qu'un autre se plaignit d'avoir passé toute une nuit sans dormir, parce que, parmi les feuilles de roses dont son lit était semé, il y en avait une qui s'était pliée en deux.

On conçoit que de tels hommes ne devaient pas avoir l'humeur très-belliqueuse : ceux qui ne rencontrent pas le sommeil sur un lit de fleurs, s'accommodent peu des fatigues de la guerre. L'héroïsme qui poussait les Spartiates à mourir pour la patrie, avait été longtemps une énigme pour eux. A la fin, ils s'étaient imaginé que ces fiers républicains bravaient la mort, moins par amour de la vertu que pour se délivrer de la vie austère qu'ils menaient. Cette dépravation inouïe leur devint fatale. Les Crotoniates, leurs voisins, les attaquèrent ; ils étaient conduits par Milon, ce fameux athlète qui porta un bœuf aux jeux olympiques, le tua d'un coup de poing et le mangea tout entier. Les Sybarites ne tinrent pas longtemps : au premier bruit des instruments guerriers, leurs chevaux, qu'ils avaient accoutumés pendant la paix à sauter en cadence au son de la musique, se dressèrent tous en même temps au lieu de marcher à l'ennemi, et se mirent à danser une sarabande sur le champ de bataille. La défaite de Sybaris fut complète, et cette ville célèbre expia par une entière destruction, la corruption de ses mœurs et la vie efféminée de ses habitants.

---

38. LE DIAMANT AU PLUS VERTUEUX.

Un honnête père de famille, chargé de biens et d'années, voulut régler d'avance sa succession entre ses trois fils et leur partager ses richesses, fruit de ses travaux et de son industrie. Après avoir assigné à chacun son lot, « Il me reste, ajouta-t-il, un diamant de grand prix, je le destine à celui d'entre vous qui se distinguera le plus par quelque action noble et généreuse, et je vous donne trois mois pour vous mettre en état de l'obtenir. » Aussitôt les fils se dispersent; mais au temps prescrit, on les voit de retour à la maison paternelle.

Ils se présentent devant leur juge, et l'aîné, prenant la parole, lui dit : « Mon père, pendant mon voyage, un étranger me confia toute sa fortune; il n'avait de moi aucune sûreté par écrit, néanmoins je lui remis fidèlement son dépôt. Dites-moi, cette action ne mérite-t-elle pas des éloges? — Tu as fait, mon fils, ce que tu devais faire, lui répondit le vieillard, et celui qui en agit autrement est un fripon, car la probité est un devoir; ton action est une action de justice et non de générosité. »

Le second fils reprit ensuite : « Dans ma tournée, je passai un jour sur le bord d'un lac; un pauvre enfant venait de s'y laisser tomber; il allait se noyer. Je volai aussitôt à son secours, et lui sauvai la vie au risque de la mienne. — A la bonne heure, interrompit le père; mais il n'y a point encore de noblesse dans cette action, il n'y a que de l'humanité; tu as fait ce qu'en qualité d'hommes, nous sommes tous obligés de faire pour nos semblables. »

Enfin le plus jeune vint à son tour et dit : « Un jour, je trouvai mon ennemi mortel profondément endormi sur le penchant d'un précipice; le moindre mouvement qu'il eût fait à son réveil, ne pouvait manquer de le précipiter dans le gouffre; je l'ai doucement éveillé et je l'ai tiré du danger. — O mon fils, s'écria le bon père en le regardant avec tendresse, le diamant est à toi! Quelle grandeur d'âme que de faire du bien à son ennemi! »

---

39. LE DERNIER DES FITZ-GÉRALD.

Au premier rang des familles du comté de Leicester, en Angleterre, brillait jadis celle de Fitz-Gérald, marquis de Kildare, descendant en ligne directe de Bryen-Boirive, roi d'Irlande, qui, au 9e siècle, avait eu la gloire d'arracher ce pays à la tyrannique domination des Danois, et d'y rendre à la religion chrétienne toute sa splendeur. Malheureusement cette race illustre, chère aux populations par ses bienfaits et son humanité, était près de s'éteindre ; son dernier et unique représentant avait eu de son mariage six filles et pas de fils, et déjà il avait atteint un âge avancé. Des neuvaines, des prières publiques, auxquelles le peuple s'associait, furent prodiguées ; enfin Dieu les exauça ; la dame Fitz-Gérald accoucha d'un garçon.

Il y avait dans le château un grand singe, ou orang-outang, animal très-adroit, très-intelligent, et favori de son maître, dont il était le premier domestique. Il partagea la joie qu'il voyait régner autour de lui ; il vit caresser le petit enfant et le caressa aussi, mais avec tant de précautions qu'il intéressait tous les spectateurs. Entendait-il l'enfant pleurer, il allait doucement balancer son petit berceau, ainsi qu'il l'avait vu faire ; il le portait même dans ses bras, ce dont on s'effraya d'abord, mais on se rassura en voyant qu'aucune femme ne s'y prenait d'une manière plus adroite.

Aussitôt que le petit Fitz-Gérald eut quelque connaissance, il prit pour le singe toute l'amitié dont celui-ci lui donnait constamment des preuves. Ils ne pouvaient se passer l'un de l'autre, et malheur à celui dont un simple geste aurait pu épouvanter le petit seigneur.

Voilà que par une nuit de calme, la cloche d'alarme fait entendre des sons lugubres : le peuple s'éveille, se lève, et voit le ciel rougi par les flammes d'un incendie. Le feu dévorait le château de Fitz-Gérald qui, ainsi que toutes les maisons du pays, était en bois. Toute la population est accourue ; le vieux seigneur est enlevé ainsi que ses filles ; on se précipite dans la chambre de l'enfant, on n'y trouve, à côté du berceau vide, que la malheureuse mère étendue sans connaissance sur le plancher à demi consumé ; on l'enlève ; mais où est l'enfant? en vain les paysans, pour le découvrir, bravent héroïquement le danger dont plusieurs d'entre eux sont les victimes, le château s'écroule, et les dernières flammes sont emportées par le vent sur les maisons qui l'avoisinent.

Le désespoir était dans tous les cœurs et personne ne songeait à couper l'incendie, quand soudain un cri aigu se fait entendre ; tous les yeux se dirigent du côté d'où il est parti, et à la lueur des flammes on aperçoit le singe qui, accroupi sur un toit, tenait dans ses bras le petit Fitz-Gérald. Le premier, du fond du parc, il avait vu l'incendie ; franchir le fossé qui entourait le château, grimper par le mur à la chambre de son jeune maître, lever le loquet qui tenait le volet fermé, prendre l'enfant endormi, le transporter de toits en toits du côté opposé aux flammes, avait été pour lui l'affaire d'un instant ; maintenant il criait victoire. A cet aspect la joie revient dans les cœurs. On se précipite pour aider le singe et l'enfant à descendre ; on ne savait lequel des deux fêter le plus.

De ce jour la famille Fitz-Gérald, si miraculeusement conservée, ajouta le singe à ses armoiries, où il occupa la première place.

40. LE MILAN ET LA CORNEILLE.

Un mendiant traversait une forêt et faisait en lui-même de profondes réflexions sur les marques visibles et continuelles de la bonté et de la toute-puissance de Dieu. Il était plongé dans cette méditation, quand il vit un milan descendre du haut des airs et s'abattre sur un vieux nid qu'il couvrait de ses ailes, et dans ce nid était une pauvre petite corneille toute tremblotante, sans plumes et sans ailes, que ses parents avaient abandonnée. L'orpheline avançant sur le bord du nid sa tête toute nue, l'oiseau de proie lui donna à manger la pâture qu'il avait dans son bec, et puis il s'envola. A cette merveille : « Que la bonté et la miséricorde de Dieu sont grandes ! s'écria le mendiant. Chose admirable ! celui-là même qui ne peut chercher sa nourriture, n'est point délaissé. La surface de la terre est une table commune que Dieu a préparée à toutes ses créatures ; elles y sont toutes également conviées. Et moi, son plus parfait ouvrage, je mendierais mon pain ! non, désormais je m'abandonne entièrement à la providence de celui qui prend soin de toutes choses. » Et voilà qu'il se couche sous un arbre, louant et priant Dieu en attendant son dîner ; mais la journée s'écoula sans qu'il vît rien arriver. Ce sera pour demain, dit-il ; et il s'endormit. Le lendemain matin, en s'éveillant, il commençait à avoir grand'faim, et il attendait impatiemment son déjeuner ; l'heure du déjeuner se passa, celle du dîner aussi, et personne ne vint. Seulement un peu avant le soir, le milan apporta comme de coutume la pâture à la jeune abandonnée. Le troisième jour, notre homme était presque mort de faim ; il s'étonnait fort que Dieu l'eût oublié ; pourtant il se mit à prier de nouveau, et il attendit encore toute la journée. Le soir, le milan vint de nouveau visiter sa petite amie ; mais quand elle eut mangé, il lui dit : « J'ai pris soin de vous jusqu'à présent, parce que vous étiez incapable de quitter votre nid ; mais maintenant que vous voilà grande, et que vous pouvez voler pour aller chercher vous-même votre nourriture, je ne viendrai plus vous l'apporter. » Cela dit, le milan s'envola. L'homme comprit alors pourquoi Dieu n'avait pas écouté sa prière ; il se leva sur-le-champ, alla demander de l'ouvrage dans une ferme voisine, et se mit à travailler de bon cœur pour gagner sa vie.

41. LA PELOTE.

Un Génie parut un jour devant un enfant. « Tiens, dit-il, prends ce peloton, c'est le fil de tes jours. Tu peux en être à ton gré économe ou prodigue. Quand tu seras content de ton sort, ne touche pas au peloton, et le temps s'arrêtera pour toi. Quand ta vie te paraîtra un fardeau, tire le fil, et tes jours passeront comme un éclair. »

L'enfant reçut avec joie le mystérieux présent et ne tarda pas à en faire usage. Il souffrait impatiemment la tutelle des domestiques chargés de le garder ; quelquefois même il était sur le point de se fâcher, quand ses parents, pour son bien, s'opposaient à ses fantaisies.

« Qu'on est heureux, se dit-il, quand on n'a plus de bonne et qu'on est grand garçon, quand on a dix ans ! » Pour les avoir, il n'eut besoin que de dévider quelques tours du peloton. Mais à la surveillance des domestiques, succéda un autre genre d'autorité. L'enfant n'avait plus de bonne ; on lui donna un précepteur. Tous les jours, sans faire semblant de rien, il tirait un peu le fil pour abréger l'heure de la leçon. Mais le précepteur l'accompagnait même pendant les récréations et ce témoin éternel était pour lui un ennemi. Il résolut de s'en affranchir et il dévida le peloton tant qu'à la fin, il se sentit de la barbe au menton. « Me voilà heureux, s'écria-t-il ; je suis libre. »

Il fut bientôt dégoûté de ce bonheur et de cette liberté. Il enviait le sort des hommes faits qui ont un rang, une épouse, une famille. Il sacrifia encore un peu de fil et le voilà revêtu d'un emploi important, maître d'un hôtel brillant, environné de jolis enfants. « C'est bien, se dit-il, c'est très-bien ; ma place est belle, mais elle me condamne à une pénible servitude ; mes enfants sont charmants, mais ils me fatiguent souvent de leur babil. Ah ! que ne suis-je au temps où j'aurai ma retraite et où j'établirai mes filles et mes garçons ! » Comme il faisait cette réflexion, le peloton se trouvait sous sa main, il ne put s'empêcher de le tirer ; aussitôt une glace lui renvoya l'image de ses cheveux gris, et ses enfants dont le nombre était double vinrent se ranger autour de lui. Quand il se vit des brus, il voulut être grand-père : « Quel plaisir, se disait-il, de faire sauter sur mes genoux les enfants de mes enfants ! » Il eut encore recours à son peloton pour satisfaire cette fantaisie. Les petits garçons et les petites filles arrivèrent, remplissant de leurs cris la chambre de leur grand-père ; mais par malheur les rhumatismes, les paralysies et quelques autres infirmités arrivèrent en même temps. Le vieillard fut cloué sur son lit ; étranger à tous les plaisirs, affaibli de plusieurs sens, il s'écriait souvent : « Quand donc tout cela finira-t-il ? » Il pouvait d'un geste terminer toutes ses douleurs, puisqu'il avait encore le fatal peloton ; mais depuis quelque temps, il était devenu très-avare de ce fil précieux ; il le gardait religieusement sans y toucher. Un jour cependant, vaincu par la douleur, il tire le peloton, et le voilà tranquille pour jamais.

Le jeune homme n'avait pas en tout vécu plus de deux mois depuis la visite du Génie.

Si le Ciel écoutait nos désirs, telle serait bien souvent la durée de notre vie.

42. L'ARABE ET SON CHEVAL.

Les cavaliers du pacha d'Acre ayant rencontré un Arabe et sa tribu qui s'en retournaient chargés de butin, fondirent sur eux à l'improviste, en tuèrent un grand nombre, firent les autres prisonniers, et les ayant attachés avec des cordes, les emmenèrent à Acre pour en faire présent au pacha. L'Arabe ayant été grièvement blessé dans le combat, les Turcs l'avaient attaché sur un chameau, et s'étaient emparés de son cheval qu'ils emmenaient également. Le soir du deuxième jour, ils campèrent avec leurs prisonniers dans les montagnes de Japhad ; l'Arabe blessé avait les jambes liées ensemble par une courroie de cuir, et était étendu près de la tente où couchaient les Turcs. Pendant la nuit, tenu éveillé par la douleur de sa blessure, il entendit hennir son cheval parmi les autres chevaux attachés autour des tentes ; il reconnut sa voix, et ne pouvant résister au désir d'aller parler encore une fois à ce fidèle compagnon, il se traîna péniblement jusqu'à lui. « Pauvre ami, lui dit-il, que feras-tu parmi les Turcs ? Ma femme et mes enfants ne t'apporteront plus le lait du chameau ; ils ne te donneront plus l'orge dans le creux de la main ; tu ne courras plus libre dans le désert, comme le vent d'Égypte ; tu ne fendras plus du poitrail l'eau du Jourdain qui rafraîchissait ton poil aussi blanc que ton écume ; qu'au moins, si je suis esclave, tu restes libre. Tiens, va, retourne à la tente que tu connais ; va dire à ma femme que ton maître ne reviendra plus, et passe ta tête entre les rideaux de la tente pour lécher la main de mes petits enfants. » En parlant ainsi, l'Arabe avait rongé avec ses dents la corde de poil de chèvre qui lui servait d'entraves, et l'animal était libre; mais voyant son maître blessé et enchaîné à ses pieds, le fidèle et intelligent coursier comprit, avec son instinct, ce qu'aucune langue ne pouvait lui expliquer; il baissa la tête, flaira son maître, et le saisissant avec les dents par la ceinture de cuir qu'il avait autour du corps, il partit au galop et l'emporta jusqu'à ses tentes. En arrivant et en jetant son maître sur le sable, aux pieds de sa femme et de ses enfants, le cheval expira de fatigue. Toute la tribu l'a pleuré; les poètes l'ont chanté, et son nom est constamment dans la bouche des Arabes de Jéricho.

43. LES TROIS AMIS.

Ne comptez pas sur vos amis avant de les avoir éprouvés; les grands en ont beaucoup, le malheureux n'en a pas.

Un homme avait trois amis, deux surtout lui étaient chers; pour le troisième, quoiqu'il ne le traitât pas moins bien, il ne ressentait qu'une assez tiède affection. Or cet homme eut à se défendre d'une accusation calomnieuse. En pareille matière, on recourt aux témoignages : l'accusé est-il ou non homme d'honneur? quelle est sa vie? quels sont ses antécédents? Notre infortuné en appelle à ses amis; c'étaient des gens de probité. Mais le premier qu'il va voir s'excuse aussitôt : certaine affaire importante l'appelle ce jour-là même à la campagne; il y va de ses plus chers intérêts; du reste il n'a jamais pu supporter le regard d'un juge en colère. Notre homme desolé va frapper à la porte de son deuxième ami. Celui-ci était un personnage sensible et affectueux, mais faible. Il accueille l'accusé avec tendresse, il le plaint, il l'accompagne même jusqu'au tribunal, mais à la vue des juges, il se trouble, la voix lui manque, et il se retire en versant des larmes abondantes. Alors une voix ferme et éloquente retentit dans l'enceinte. L'accusé, qui s'abandonnait déjà au désespoir, tourne les yeux; ô bonheur! son troisième ami, celui sur lequel il n'avait point compté, est là; il est venu de lui-même. Il parle, et son langage, fondé sur la vérité, dissipe les ténèbres de l'accusation; sa voix, inspirée par les sentiments du cœur, porte la conviction dans l'âme des juges et excite un attendrissement général dans l'auditoire. Bientôt il entend proclamer son innocence.

L'homme a trois sortes d'amis en ce monde. Comment se comportent-ils avec lui à l'heure suprême, quand Dieu l'appelle à son tribunal? L'argent, ce qu'il avait de plus cher, l'abandonne le premier. Ses parents et ses amis l'accompagnent en pleurant jusqu'à la porte du tribunal, c'est-à-dire jusqu'à la tombe ; ils protestent un instant par leurs larmes devant le juge suprême, puis ils s'en retournent chez eux. Ses bonnes actions, qu'il a si souvent négligées pendant sa vie, restent seules ses fidèles compagnes ; elles marchent devant lui, franchissent le seuil, élèvent la voix en sa faveur devant le trône du souverain juge, et obtiennent pour lui grâce et miséricorde.

44. LES TROIS MINEURS.

(Légende.)

Voici une tradition populaire très-connue en Allemagne. Les bonnes femmes du Kuttenberg l'ont redite bien souvent pendant les longues veillées du soir, pour enseigner à leurs enfants la crainte et l'amour de Dieu.

Trois mineurs travaillaient depuis de longues années dans une montagne de la Bohême ; ils gagnaient honnêtement de quoi nourrir leurs femmes et leurs enfants. Quand ils s'en allaient le matin, ils prenaient avec eux trois choses : leur livre de prières, une lampe garnie d'huile et le morceau de pain de la journée. Avant de commencer leur travail, ils priaient Dieu de veiller sur eux dans la montagne, puis ils se mettaient gaîment à l'ouvrage. Or, un jour, ils oublièrent de faire leur prière accoutumée. Tout alla bien jusqu'au soir ; mais quand ils se disposèrent à sortir du souterrain, la montagne s'ébranla devant eux et leur ferma le passage. Ils se rappelèrent à l'instant l'oubli qu'ils avaient fait, et ils se crurent ensevelis pour toujours. Ils se prosternèrent tous les trois et se résignèrent à mourir ; car leur morceau de pain était presque entièrement consommé, et la lumière de leur lampe commençait à s'affaiblir. Tout à coup, ils distinguèrent au loin dans les profondeurs de la galerie une lumière qui se dirigeait vers eux ; ils eurent grand'peur en apercevant un homme d'une taille gigantesque et la tête affublée d'un noir capuchon de moine : c'était l'Esprit de la montagne ; il portait à la main une énorme lampe de mineur. Quand il fut arrivé près d'eux, il les regarda avec bonté, toucha le petit morceau de pain qui leur restait encore et versa un peu d'huile dans leur lampe, sans prononcer une seule parole ; puis frappant avec la main sur la voûte latérale, il s'ouvrit un passage, et disparut aux yeux des mineurs dans une longue galerie toute resplendissante d'or et d'argent. Or voici ce qui arriva : l'huile de l'Esprit de la montagne brûla dans leur lampe pendant sept ans sans diminuer jamais ; et leur pain dont ils mangeaient journellement demeura toujours entier. Ils ne restèrent pas oisifs un seul jour et ils continuèrent à travailler et à prier. Pendant ce temps-là, leurs femmes les tinrent pour morts, et comme elles pensaient ne plus jamais les revoir, elles songeaient à prendre de nouveaux maris. Or, il arriva que l'un des trois mineurs ensevelis, poussant un gros soupir qui partait du fond de son cœur, fit ce souhait : « Ah ! si je pouvais donc revoir une fois encore la lumière du jour ! après, je mourrais content ! » Le second dit : « Ah ! si je pouvais une fois seulement m'asseoir et manger à table avec ma femme et mes enfants ! après, je mourrais content ! » Le troisième dit à son tour : « Ah ! si je pouvais pendant une année, vivre tranquille et heureux au milieu de ma famille ! après, je mourrais content ! » A peine avaient-ils achevé que la montagne craqua avec force et se sépara en deux. Aussitôt le premier s'approchant de la crevasse regarda au-dessus de sa tête et contempla avec frémissement l'azur des cieux ; mais comme il se réjouissait de revoir la lumière du jour, il tomba à l'instant raide mort. Les deux autres mineurs se traînèrent en rampant à travers l'ouverture et ils sortirent de ce tombeau ; ils se rendirent à leur village, dans leurs maisons, et cherchèrent leurs femmes ; mais celles-ci ne voulurent pas les reconnaître. « Eh quoi ! leur dirent-ils, n'avez-vous jamais eu de maris ? — Si, répondirent-elles ; mais voilà sept ans que nos maris sont morts et ensevelis dans le Kuttenberg. » Ils avaient des barbes longues d'une aune, ce qui les rendait entièrement méconnaissables. Alors le second dit à sa femme : « Va me chercher mon rasoir et le petit morceau de savon que j'ai laissés là-haut dans l'armoire du mur. » Il se rasa, se peigna, se débarbouilla, et quand sa toilette fut achevée, celle-ci vit bien que c'était son mari. Elle s'en réjouit sincèrement, servit sur la table tout ce qu'elle avait de meilleur à manger et à boire ; puis ils s'assirent contents l'un à côté de l'autre. Mais quand le mari fut rassasié et qu'il eut mangé sa dernière bouchée, il tomba mort subitement. Le troisième mineur demeura une année entière paisible et content au milieu de sa famille ; mais à l'heure précise où il était revenu de la montagne, il tomba mort aux pieds de sa femme. C'est ainsi que Dieu accomplit leur souhait à cause de leur piété.

---

45. L'ENFANT DE CHOEUR.

Personne n'a encore oublié avec quelles rigueurs inattendues le coléra se fit sentir dans plusieurs villes de la France. Le fléau, comme s'il eût voulu déjouer par ses caprices toutes les prévisions de la science humaine, tantôt se contentait d'abattre une tête choisie, tantôt s'acharnait à frapper successivement tous les membres d'une famille.

A Rouen, où ses victimes furent nombreuses, il atteignit, dans la même journée, un pauvre ouvrier et sa femme, qui moururent après quelques heures de souffrances atroces. Parmi les convulsions de son agonie, la femme surtout semblait se débattre comme sous le remords d'un crime ; et elle ne recouvra quelque repos qu'après en avoir fait l'aveu à un enfant d'environ dix ans, qui pleurait auprès d'elle en l'appelant sa mère.

Elle lui apprit qu'elle n'était pas sa mère ; qu'il ne devait pas la pleurer, mais elle le suppliait de ne pas la maudire, car elle méritait bien quelque pitié, malgré son crime ; elle l'avait volé. Voici comment cela s'était passé :

La pauvre femme avait toujours demandé à Dieu le bonheur d'avoir un enfant, une petite créature sur laquelle elle pût porter ces trésors de tendresse que toutes les femmes, riches ou pauvres, ont dans le cœur ; et Dieu le lui avait refusé. Aussi Françoise Hurat ne s'apercevait ni de l'aisance que le travail de son mari avait amenée dans son ménage, ni de la misère que la mauvaise conduite faisait souvent régner chez les autres ; seulement elle était jalouse de toutes les mères.

Un jour, en traversant une place, elle vit un petit enfant seul, que sa bonne avait sans doute laissé, pour le rejoindre un instant après. Françoise s'approcha de lui. L'enfant lui sourit : un bel enfant aux yeux bleus et aux joues roses ! elle le prit dans ses bras ; l'enfant lui sourit encore. Alors, cédant à une coupable tentation, elle embrassa l'enfant, et s'enfuit comme une folle en l'emportant.

Son mari n'eut pas le courage de s'opposer à sa mauvaise action. Le ciel les en punit. Dès lors rien ne leur réussit, et la justice divine leur envoyait enfin une mort terrible pour dernier châtiment sur la terre.

Après avoir obtenu de l'enfant la grâce de son crime, Françoise lui attacha au cou un collier d'ambre jaune, qu'il portait le jour où elle l'avait volé, lui recommanda de le garder toujours en évidence ; puis elle mourut, en le remettant aux mains de Dieu, seul protecteur qu'elle lui laissât en ce monde.

Malgré les révélations qui venaient de lui être faites, l'enfant versa d'abondantes larmes, et resta près du cadavre de celle qu'il continuait à appeler sa mère, jusqu'à ce qu'on vînt l'enlever. Le couple décédé ne laissait rien après lui ; quelques voisins recueillirent l'orphelin ; mais leur générosité se lassa bientôt. Dans les temps de calamité générale, l'égoïsme l'emporte et fait taire facilement toutes les affections étrangères au cercle de la famille. Un jour, l'enfant se trouva dans la rue, sans asile et sans pain.

Il n'osait pas mendier, comme on le lui avait conseillé; il marcha devant lui, et arriva près de l'église Saint-Martin. Là, il s'assit sur un banc, à la porte du presbytère. Quelques moments après, le curé en sortit, et voyant cet enfant, dont la physionomie contrastait avec la misère de ses vêtements, il l'interrogea et apprit de lui son histoire. « Mon enfant, lui dit » le vénérable prêtre, lorsqu'il eut tout entendu, nous prierons » ensemble Dieu, pour qu'il vous rende à la mère qui vous » pleure; et, puisque vous n'avez plus que lui pour soutien, » c'est lui qui vous soutiendra et vous servira de père. »

Introduit à l'instant chez le digne ministre qui accomplissait sur lui les volontés du Très-Haut, l'enfant, après avoir échangé ses haillons contre des vêtements décents, fut initié à ces fonctions innocentes et pieuses, pour lesquelles il faut toute la pureté de l'enfance : il devint enfant de chœur. Jamais voix plus attendrissante, plus harmonieuse et plus pure ne s'était élevée sous la voûte d'une église.

Un jour de fête, l'église de Saint-Martin, toute brillante de ses plus riches ornements, était remplie d'une foule immense; l'encens fumait de toutes parts et la grand'messe était commencée.

Au moment de l'élévation, l'enfant de chœur se mit à entonner le *Salutaris hostia.* Sa voix, qui semblait celle d'un ange, troubla le recueillement d'une dame agenouillée au premier rang des fidèles; elle leva la tête pour regarder l'enfant; à sa vue, elle tressaillit; puis, lorsque ses yeux rencontrèrent le collier d'ambre jaune qu'il portait au cou, elle jeta un cri déchirant et tomba évanouie.

Quelques instants après, l'enfant était auprès de cette dame, qui le couvrait de larmes et de baisers, et le tenait étroitement serré, comme si elle eût craint qu'on ne le lui arrachât encore. Il avait retrouvé sa mère.

46. LA FUITE DU COLLÉGE.

Comme Édouard est triste! disaient ses jeunes amis de retour comme lui au collége, après de longues et bonnes vacances. En effet, Edouard a les yeux pleins de larmes; il ne prend part ni au jeu de balle, ni au jeu de barres, lui si adroit, lui si vif à la course. Il pense à la maison paternelle. Là point de murs odieux qui le retenaient captif; point d'autre barrière que l'horizon au ciel bleu et aux collines verdoyantes. Il travaillait peu, jouait beaucoup, mangeait et dormait de bon appétit. Tout est changé : les études sont longues, les récréations courtes; on n'a plus faim; on ne dort plus : décidément Édouard est malade ; et comme sa bonne mère ne veut pas qu'il soit malade, il ne peut rester au collége. Ayant fait ce beau raisonnement, l'écolier prend une résolution héroïque : il s'enfuit du collége. Oh ! quel bonheur il éprouva quand il se vit en pleine campagne ! que le ciel est beau ! que l'air est pur ! Edouard n'est plus malade ; le voici gai, léger, alerte. Chaque pas qui l'éloigne du collége augmente son bien-être. Mais lorsqu'il eut perdu le collége de vue, son imagination commença à se rembrunir. Tout à l'heure, il ne voyait que sa tendre mère qui essuyait ses larmes, qui le pressait dans ses bras ; maintenant surgit devant lui le visage sévère, courroucé, d'un père inflexible. Mais bah ! se dit-il, pour étouffer la voix de sa conscience, je ne puis rentrer au collége ; on s'est aperçu de ma fuite, je serais la risée de mes camarades. En avant donc ! Cela dit, Edouard entre dans un bois ; il s'engage dans les hautes futaies, et comme il craint qu'on ne soit à sa poursuite, il prend des chemins détournés : il se perd. Jugez de son inquiétude quand il se vit dans cette triste situation. Déjà la nuit approche, l'obscurité de la forêt devient de plus en plus impénétrable ; l'air se charge d'humidité ; un vent frais agite le feuillage des arbres, et le roulement lointain du tonnerre vient se joindre au tumulte des hautes cimes agitées par l'orage. Cependant la pluie tombe par torrents. Le pauvre Edouard à moitié glacé, ruisselant d'eau, glissant à chaque pas sur le sentier humide, croyant à tout moment entendre des voix étranges, s'imaginant à chaque éclair voir dans chaque goutte d'eau suspendue aux hautes herbes l'œil étincelant d'une bête fauve prête à le dévorer, Edouard frissonne de tous ses membres. Enfin harassé de fatigue, brisé par les émotions de la journée, couvert de boue des pieds à la tête, il arrive au milieu d'une clairière et se laisse tomber au pied d'un chêne. Comme il se repent alors de la faute qu'il a commise ! comme il regrette le collége ! et la grammaire ! et les pensums ! que ne donnerait-il pas pour n'avoir fait qu'un rêve et pour se réveiller dans son petit lit bien propre, bien chaud, au milieu du grand dortoir et près de ses bons amis ! Enfin il va s'endormir. Tout à coup des voix d'hommes se font entendre ; une torche brille à travers les arbres ; des rires sauvages mêlés d'affreux blasphèmes parviennent aux oreilles du pauvre enfant. « Oh ! voici des voleurs, se dit-il ; mon Dieu, ayez pitié de moi ! » Et il grimpe dans le feuillage de l'arbre. Les voleurs, car Edouard a deviné juste, s'arrêtent au pied de l'arbre qui lui sert de refuge, ils apportent du pillage un mouton et un tonneau plein de vin. Bientôt ils allument un grand feu pour préparer leur souper. Voilà notre fugitif livré à des transes mortelles. Sans doute la clarté de la flamme va découvrir sa retraite ; mais il est bientôt en proie à un autre malaise. La fumée qui s'élève du foyer l'enveloppe de toutes parts, et voilà qu'il éternue avec un bruit capable de réveiller tous les oiseaux du bois. « Il y a quelqu'un là-haut, s'écrie l'un des bandits, et il ajuste son fusil dans les branches. — Pitié ! pitié ! messieurs les voleurs ! crie aussitôt Edouard, ne me tuez pas, je suis un enfant, un pauvre enfant perdu. — Eh bien, descends donc... mauvais garnement. » Edouard ne se fit pas répéter l'invitation. Il est bientôt sur ses pieds plus mort que vif. Les voleurs l'examinent en tous sens et agitent la question de savoir ce qu'il faut en faire. Le tuer, dit l'un d'eux. A ce mot atroce, Edouard, déjà affaibli par la faim, par la fatigue et par la crainte, tombe sans connaissance. Quand il revint à lui... il était enfermé dans le tonneau, et il entendit les voleurs qui s'éloignaient en poussant de bruyants éclats de rire. Alors il pense à ses parents, à sa mère surtout, si bonne pour lui, et il pleure à chaudes larmes ; il fait en tremblant une courte prière que sa mère lui apprenait quand il était tout petit. Dieu l'a entendu : au bout de quelques instants, Edouard écoute, il retient sa respiration ; un objet qu'il ne peut voir marche doucement et tourne autour du tonneau ; il se demande en tremblant ce que cela peut être. Il approche sa main du trou, il sent quelque chose de doux, de soyeux ; c'est la queue d'un animal, de *maître Renard*, que l'odeur des restes du festin avait attiré en cet endroit. L'enfant la saisit fortement de ses deux mains. Aussitôt l'animal effrayé s'enfuit, entraînant derrière lui la prison et le prisonnier. Cette course improvisée dura longtemps. La futaille reçut tant de coups et de contre-coups dans les arbres et dans les racines, qu'elle finit par s'en aller en pièces. C'est ce que désirait Edouard. Il lâche la bienheureuse queue et se relève tout meurtri. Mais sa surprise est au comble, quand, cherchant à s'orienter, il aperçoit la maison paternelle. Il y court et raconte en pleurant tout ce qui lui est arrivé. La singularité de ses aventures fit trembler et rire sa pauvre mère jusqu'aux larmes. Le père, plus rigide, fit à son fils une sévère admonition, et le reconduisit le jour même au collége. Depuis, quand il arrivait à Édouard de regretter la liberté, il songeait au bois, à l'orage et aux voleurs.

47. LE TONNEAU.

(Légende.)

Dans la ville de Strasbourg, vivait un tonnelier nommé Rudulf, qui avait amassé de grands biens. Néanmoins il continuait à exercer sa profession, et on le voyait souvent au milieu de ses ouvriers leur donner l'exemple du travail. Cette grande activité n'était malheureusement inspirée que par le désir d'acquérir, car Rudulf était ambitieux, avare et bien rude aux pauvres gens.

Un jour qu'il achevait un tonneau devant la porte de son chantier, vint à passer une femme, jeune encore, mais si pâle et si délabrée qu'on lui aurait donné plus de cinquante ans. Ses pieds étaient meurtris par les cailloux de la route, ses traits hâlés par le soleil, ses membres endoloris par la fatigue. « Mon bon monsieur, dit-elle à Rudulf, ayez compas- » sion d'une pauvre voyageuse... Donnez-moi seulement un » verre d'eau ; j'ai bien soif. — La rivière est là-bas, répondit » brusquement le tonnelier ; ne faudrait-il pas que je quittasse » mes occupations pour faire rafraîchir une misérable men- » diante ? — Vous n'avez pas besoin de vous déranger ; appelez » seulement un de vos ouvriers. — Personne ne bougera ! s'é- » cria Rudulf. S'il m'arrivait d'accueillir un vagabond, ils se » diraient tous les uns aux autres : Le tonnelier Rudulf donne » à boire et à manger gratis, et ma maison serait bientôt » pire qu'une hôtellerie. Allons, passez votre chemin et lais- » sez-moi en repos. — Mauvais riche, dit l'étrangère, lançant » à Rudulf des regards d'indignation, je rends grâces au ciel » de ce qu'il m'a donné le pouvoir de t'infliger le châtiment » que tu mérites. Il me suffirait d'un signe pour te faire ramper » sous la forme d'un serpent, ou voler sous celle d'un hibou ; » mais je veux que ta punition soit utile à tes semblables et à » toi-même, en t'amenant à reconnaître ta faute. Tu m'as refusé » une goutte d'eau ; eh bien ! je te condamne à remplir d'eau le » tonneau que tu viens d'achever. »

A ces mots l'étrangère disparut, sans que l'on pût deviner par où elle avait passé. Rudulf essaya d'abord de ne point exécuter cette sentence ; mais, poussé par une force irrésistible, il s'achemina vers le Rhin, portant sur ses épaules son tonneau qu'il plongea dans le fleuve. Mais quelle fut sa stupeur, quand après l'y avoir laissé quelque temps, il le retira complètement vide. « Qu'est-ce donc ? » s'écria-t-il, pâle d'épouvante. A plusieurs reprises il remit son tonneau dans le Rhin ; les flots bouillonnaient à l'entour, mais sans y pénétrer. Rudulf, au désespoir, rentra chez lui, prit quelque argent, et, sans rien dire à sa femme, sans même embrasser ses petits enfants, il partit pour aller chercher une rivière où il lui fût permis de puiser ; il n'en trouva point. Au milieu des ruisseaux, des fleuves, des torrents, son tonneau restait toujours à sec.

Alors Rudulf fut saisi d'une contrition profonde, et s'écria, en se frappant la poitrine : « Mon Dieu ! il faut donc que je » vous aie bien offensé ! j'ai donc à expier par bien des pleurs » les souffrances des malheureux que j'ai refusé de secourir ! » Si j'ai repoussé leur prière, ne repoussez pas la mienne, Sei-

» gneur ! jugez-moi par mon avenir et non par mon passé ; rece-» vez-moi en grâce, et daignez accepter la promesse que je » vous fais d'être désormais charitable. »

En disant ces mots, Rudulf versa une larme, une seule larme de repentir..... et cette larme, qui tomba dans le tonneau, le remplit entièrement.

Sortant de la route du crime
Pour rentrer dans le droit chemin,
Le Repentir que la douleur abîme
Rencontre l'Innocence et s'éloigne soudain.
« Pourquoi rougir ? n'êtes-vous pas mon frère ?
Lui dit sa sœur en l'arrêtant,
Suivez mes pas, la Vertu vous attend :
Allons embrasser notre mère. »

48. LES DEUX VOISINS.

Deux hommes étaient voisins, et chacun d'eux avait une femme et plusieurs petits enfants, et son seul travail pour les faire vivre.

Et l'un de ces deux hommes s'inquiétait en lui-même, disant : Si je meurs ou que je tombe malade, que deviendront ma femme et mes enfants ?

Et cette pensée ne le quittait point, et elle rongeait son cœur comme un ver ronge le fruit où il est caché.

Or, bien que la même pensée fût venue également à l'autre père, il ne s'y était point arrêté ; car, disait-il, Dieu qui connaît toutes ses créatures et qui veille sur elles, veillera aussi sur moi, et sur ma femme, et sur mes enfants.

Et celui-ci vivait tranquille, tandis que le premier ne goûtait pas un instant de repos et de joie intérieurement.

Un jour qu'il travaillait aux champs, triste et abattu à cause de sa crainte, il vit quelques oiseaux entrer dans un buisson, en sortir, et puis bientôt y revenir encore.

Et, s'étant approché, il vit deux nids posés côte à côte, et dans chacun plusieurs petits nouvellement éclos et encore sans plumes.

Et quand il fut retourné à son travail, de temps en temps il levait les yeux, et regardait ces oiseaux qui allaient et venaient, portant la nourriture à leurs petits. Or, voilà qu'au moment où l'une des mères rentrait avec sa becquée, un vautour la saisit, l'enlève, et la pauvre mère, se débattant sous sa serre, jetait des cris perçants.

A cette vue, l'homme qui travaillait sentit son âme plus troublée qu'auparavant ; car, pensait-il, la mort de la mère, c'est la mort des enfants. Les miens n'ont que moi non plus. Que deviendront-ils si je leur manque?

Et tout le jour il fut sombre et triste, et la nuit il ne dormit point.

Le lendemain, de retour aux champs, il se dit : Je veux voir les petits de cette pauvre mère ; plusieurs sans doute ont déjà péri. Et il s'achemina vers le buisson.

Et regardant, il vit les petits bien portants; pas un ne semblait avoir pâti.

Et ceci l'ayant étonné, il se cacha pour observer ce qui se passerait.

Et après un peu de temps, il entendit un léger cri, et il aperçut la seconde mère rapportant en hâte la nourriture qu'elle avait recueillie, et elle la distribua à tous les petits indistinctement, et il y en eut pour tous, et les orphelins ne furent point délaissés dans leur misère. Et le père, qui s'était défié de la Providence, raconta le soir à l'autre père ce qu'il avait vu.

Et celui-ci lui dit : Pourquoi s'inquiéter? Jamais Dieu n'abandonne les siens. Son amour a des secrets que nous ne connaissons point. Croyons, espérons, aimons, et poursuivons notre route en paix.

Si je meurs avant vous, vous serez le père de mes enfants. Si vous mourez avant moi, je serai le père des vôtres.

Et si, l'un et l'autre, nous mourons avant qu'ils soient en âge de pourvoir eux-mêmes à leurs nécessités, ils auront pour père le Père qui est dans les cieux. LAMENNAIS.

---

49. MONSIEUR DE CRAC,

Voyageur.

Je parcourais le Nord de la Russie au cœur de l'hiver; grâce à une épaisse couche de neige et à une bonne gelée, les grandes routes de la Courlande, plus difficiles, au rapport des voyageurs, que le chemin du Temple de la Vertu, étaient devenues praticables. Je voyageais à cheval, ce qui est la meilleure manière de voyager, pourvu que le cheval et le cavalier se portent bien.

Or, imaginez-vous, messieurs, qu'un jour, ou plutôt une nuit, je m'égarai dans une espèce de désert, au milieu de l'obscurité la plus complète. Il soufflait une bise à me geler le cœur dans la poitrine. J'avais beau regarder autour de moi, j'avais beau écouter de toutes mes oreilles; pas un village, pas un hameau, pas une maison, ni de près ni de loin.

Le pays tout entier était couvert de neige et je ne savais ni route ni chemin. Que faire? me demandai-je.

Ma résolution fut bientôt prise. Harassé de fatigue, je descendis des étriers et attachai mon cheval à une espèce de tronc d'arbre dont la pointe sortait de la neige. Pour plus de sûreté, je pris mes pistolets sous mon bras, je m'enveloppai soigneusement dans mon manteau et me couchai non loin de là sur la neige où je m'endormis d'un si doux sommeil, que le jour était entièrement levé quand je rouvris les yeux. Mais quel fut mon étonnement en me trouvant à mon réveil, au milieu d'un village et couché dans un cimetière! Je regardai d'abord autour de moi, cherchant des yeux mon cheval sans le trouver. Ma surprise fut extrême comme vous pouvez bien penser. Mais presque au même instant j'entendis au-dessus de moi des gémissements sourds et prolongés. Je levai la tête, et j'aperçus mon pauvre compagnon attaché à la pointe du clocher, où il se trouvait suspendu par la bride. Diable! m'écriai-je.

Et de la main je me frappai le front; j'avais compris la cause de ce singulier événement. Car, sachez, messieurs, que le village avait été entièrement couvert de neige la veille, et que, pendant la nuit, le dégel était subitement survenu, de sorte que durant mon sommeil, j'étais descendu tout doucement, tout doucement, à mesure que la neige s'était fondue. Ce que, dans l'obscurité, j'avais pris pour une tige d'arbre qui pointait au-dessus de la neige, et à laquelle j'avais attaché mon cheval, était tout bonnement la croix du clocher de l'église.

Sans me perdre en longs expédients, je pris un de mes pistolets, visai droit à la bride du cheval et lâchai la détente. De cette manière, je revins heureusement en possession de ma monture et me remis immédiatement en route, laissant suspendu derrière moi un témoin oculaire de cette miraculeuse aventure.

Je continuais joyeusement ma route quand j'aperçus, au détour d'une forêt, un admirable renard noir. En vérité, c'eût été un péché de trouer d'une balle cette magnifique fourrure. J'avisai donc au moyen de le prendre d'une autre façon : messire renard se trouvait alors près du tronc d'un gros arbre; cette position, comme vous allez voir, favorisait merveilleusement mon projet. J'enfonçai dans mon fusil un gros clou en guise de balle : je fis feu, et j'eus la satisfaction de voir le projectile frapper la queue de l'animal et la clouer fortement contre l'arbre. Alors j'avançai vers mon prisonnier, tirai mon couteau de chasse; et après lui avoir donné au front une entaille en forme de croix, je me mis à le fouetter impitoyablement de toutes mes forces. J'y allai de si beau jeu et d'une main si ferme, que, chose merveilleuse et plaisante à voir, il se dégagea entièrement de sa peau, et me laissa en fuyant la plus belle fourrure que j'aie vue de ma vie.

50 MONSIEUR DE CRAC,

Marin.

J'imagine, messieurs, que vous ne serez pas médiocrement surpris quand vous apprendrez que j'ai commencé mon voyage maritime par le mont Etna. Les dissertations curieuses que j'avais lues dans ma jeunesse sur les éruptions volcaniques, avaient fait naître en moi le vif désir de visiter ces soupiraux merveilleux de l'enfer, et je saisis l'occasion d'un voyage en Sicile pour examiner, même au péril de ma vie, la disposition intérieure du volcan. Depuis trois semaines, le monstre grondait de tous ses poumons, et lançait par sa large gueule des montagnes de lave et de fumée. Quand je fus arrivé au sommet de cet immense entonnoir, je me décidai à y descendre et sautai résolûment à pieds joints. J'eus à peine exécuté ce saut périlleux, que je me sentis enveloppé d'une chaleur excessive; un bruit infernal, des cris de blasphème se produisaient autour de moi : j'étais dans le royaume des Cyclopes. Ces messieurs se querellaient depuis trois semaines, et c'était cette dispute qui remuait ainsi toute la Sicile. Malheureusement pour moi, j'arrivais au moment où messire Vulcain était de fort mauvaise humeur ; sans me permettre la moindre observation, le dieu me saisit rudement au collet, me tint suspendu au-dessus d'un gouffre affreux et me lança un coup de pied si bien appliqué que je roulai incontinent avec une rapidité effrayante, croissante, dans les profondeurs immenses de cet horrible précipice. La peur et le vertige m'eurent bientôt fait perdre connaissance. Mais quelle fut ma surprise quand je revins à moi et que je me vis à bord d'un navire hollandais. Un instant je me crus la victime d'un horrible cauchemar ; j'appris de ces braves gens que nous étions dans la mer du Sud et qu'ils m'avaient généreusement recueilli au moment où je m'embarquais pour l'autre monde. Il devint évident pour moi que j'avais traversé la moitié du globe, et que j'étais tombé par l'Etna dans la mer du Sud ; route, à coup sûr, infiniment plus courte que toutes les autres, et que je conseille de prendre à MM. les navigateurs qui sont économes du temps et amateurs des merveilles. Après quelques jours d'une heureuse navigation, nous fûmes assaillis par une violente tempête ; en peu d'instants, nos voiles furent mises en pièces, notre beaupré renversé et notre unique boussole brisée par la chute de notre mât de perroquet. Cette perte jeta mes malheureux compagnons au désespoir ; pour moi, toutes les situations me semblaient de vrais paradis après m'être échappé des mains de l'affreux Vulcain. Nous allions et nous voguions depuis trois mois à la grâce de Dieu, quand tout à coup nous nous trouvâmes en vue d'un poisson monstrueux d'une longueur si démesurée que nous ne pûmes apercevoir le bout de sa queue, même avec le secours de nos plus fortes lunettes. Il n'y avait pas moyen de reculer, le monstre fit un bond, saisit notre navire entre ses énormes mâchoires, et en un instant nous fûmes à l'ancre au milieu de son estomac. En portant les regards autour de nous, nous aperçûmes une immense quantité de chaloupes, de cordages et de grands navires que ce monstre avait avalés ; nous découvrîmes et nous tirâmes plus de quarante toises de câble d'une dent creuse plantée du côté gauche de la mâchoire inférieure. Ordinairement nous nous trouvions deux fois par jour à flot et deux fois à sec ; quand l'animal buvait, c'était le flux, et quand il lâchait l'eau, c'était le reflux. D'après un calcul que la science nous permit d'établir, il buvait chaque fois plus d'eau que n'en contient le lac de Genève, qui a trente lieues de tour. Le deuxième jour de notre captivité dans ce royaume des ténèbres, nous nous hasardâmes à faire une petite excursion au moment où le reflux, comme nous l'appelions, eut laissé notre navire à sec. Nous nous étions naturellement tous pourvus de flambeaux, et nous découvrîmes dans une position toute pareille à la nôtre, environ dix mille hommes de toutes les nations. Quelques-uns d'entre eux avaient passé plusieurs années dans l'estomac de l'animal. Ils ouvraient précisément un conseil pour savoir quel moyen il conviendrait de faire servir à leur commune délivrance. Mais au moment où le président exposait la question, le diable de poisson ayant soif, se mit à boire subitement ; l'eau entra en mugissant et avec une rapidité telle que nous n'eûmes que le temps de nous retirer au plus vite dans nos vaisseaux, que nous regagnâmes à la nage pour échapper à ce déluge inattendu.

Nous fûmes plus heureux quelques heures après, car le reflux étant arrivé, nous résolûmes qu'on réunirait par les deux bouts deux de nos plus grands mâts, et que cent hommes des plus vigoureux les placeraient verticalement dans la gorge de l'animal quand il l'ouvrirait pour boire. Tout alla à merveille, et le monstre se vit bientôt dans l'impossibilité de refermer la gueule. Lorsque le flux nous eut remis à flot, nous traînâmes nos bâtiments à la remorque à force de rames, et nous sortîmes voiles déployées de cette horrible captivité. La lumière du jour fut saluée avec une joie d'autant plus grande, que nous avions passé quinze jours dans ce gouffre périlleux. Quand nous nous retrouvâmes ainsi délivrés, nous composions une flotte de trente-cinq navires de toutes les nations. Mais nous laissâmes notre mât dans le gosier du poisson pour préserver du malheur que nous venions d'encourir ceux qui pourraient venir, après nous, se hasarder dans ces parages et s'exposer à être engloutis dans cet abîme d'horreurs et de ténèbres.

Nous reconnûmes alors que nous étions dans la mer Caspienne. Comme cette mer n'est à vrai dire qu'un grand lac qui ne communique en aucune manière à l'Océan, nous conclûmes naturellement qu'après nous avoir engloutis, le monstre nous avait transportés en cet endroit par quelque passage souterrain. Je mis pied à terre au premier rivage hospitalier qui se présenta, las de ma vie aventureuse et ne voulant tirer de mes voyages d'autre fruit que le plaisir de vous les raconter.

En passant par la Hongrie, je vis cinq hommes qui étaient pendus par les jambes à de très-hauts arbres. Je m'informai des crimes qu'ils avaient commis pour mériter une peine aussi sévère, et j'appris qu'ayant voyagé dans un pays étranger, ils avaient à leur retour raconté mille mensonges à leurs amis, leur décrivant des lieux qu'ils n'avaient pas visités et leur parlant d'événements qui n'avaient pas même la couleur de la vraisemblance. Je trouvai la punition très-méritée et fort juste, car le premier devoir d'un voyageur est de rester dans les bornes les plus sévères de la vérité.

FIN.

TABLE DES MATIÈRES.

Paris. — Typ. de Mme Ve Dondey-Dupré, rue Saint-Louis, 46, au Marais.

OUVRAGES DE M. P. LAROUSSE

LA

LEXICOLOGIE DES ÉC[illegible]

COURS COMPLET DE LANGUE [illegible]

PRE[illegible]

[illegible] de l'Élève [illegible]

2° Même ouvrage, Guide du Maître [illegible]

3° [illegible] GRAMMATICALE [illegible]

[illegible]

[illegible] 50 sujets de [illegible]

2° Même ouvrage, Guide du Maître [illegible]

[illegible]

[illegible] Syntaxe raisonnée [illegible]

2° Exercices [illegible]

3° Devoirs lexicologiques [illegible]

Paris. — Typ. de [illegible]

www.ingramcontent.com/pod-product-compliance
Lightning Source LLC
LaVergne TN
LVHW020558230826
846091LV00002B/523

* 9 7 8 2 0 1 3 0 6 9 6 7 0 *